A HISTÓRIA DA

GUERRA DO VIETNÃ

ANDREW WIEST E CHRIS McNAB

M.BOOKS

M.Books do Brasil Editora Ltda.

Rua Jorge Americano, 61 - Alto da Lapa
05083-130 - São Paulo - SP - Telefones: (11) 3645-0409/(11) 3645-0410
Fax: (11) 3832-0335 - e-mail: vendas@mbooks.com.br
www.mbooks.com.br

Dados de Catalogação na Publicação

WIEST, A.
A História da Guerra do Vietnã/Andrew Wiest e Chris McNab.
2016 – São Paulo – M. Books do Brasil Editora Ltda.
ISBN: 978-85-7680-280-8
1. Guerras e Batalhas 2. História Mundial 3. Guerra do Vietnã

Do original: The Illustrated History of the Vietnam War
Publicado em inglês por Amber Books Ltd.

Editor: Milton Mira de Assumpção Filho
Tradução: Christiane S. Caetano
Produção editorial: Lucimara Leal
Editoração e capa: Crontec

2016
Primeira reimpressão

M.Books do Brasil Editora Ltda.

Sumário

Capítulo 1

No Rastro dos Franceses

Tropas francesas acompanhadas por uma coluna de aliados vietnamitas. A Primeira Guerra da Indochina foi o início sangrento para mais de três décadas de conflito no Sudeste Asiático, e provou que mesmo um exército ocidental fortemente armado e bem estruturado pode ser derrotado por tropas de guerrilha motivadas e disciplinadas.

A Primeira Guerra da Indochina durou nove anos, e acabou com as mais de seis décadas de dominação colonial francesa na região. Enfrentando um inimigo muito eficiente na batalha, os franceses sofreram derrotas militares esmagadoras e contavam com pouco apoio interno.

A história do Vietnã é dominada por guerras de resistência contra potências estrangeiras. A China ocupou o Vietnã por mais de mil anos, de 111 a.C. até 938 d.C., e novamente entre 1407 e 1428. No período medieval, os reinos de Champa e do Camboja fizeram incursões frequentes no território vietnamita, e no século XIII os invasores da Mongólia foram repelidos pelas forças de Tran Hung Dao, um líder vietnamita que triunfou com um estilo de guerrilha que parecia profético.

Mais tarde, o Vietnã atraiu as potências europeias com aspirações coloniais: Portugal em 1535, Holanda em 1636 e França em 1680. Os três países tentaram estabelecer postos de comércio no Vietnã, ávidos para assegurar o monopólio sobre a seda, as especiarias, a porcelana, a borracha e a madeira, e para deixar uma impressão duradoura através da religião (a primeira missão católica foi estabelecida no Vietnã em 1615, na região onde hoje é a cidade de Danang).

Foi, entretanto, a influência francesa que prevaleceu. Em 25 de agosto de 1883, a França conquistou o controle militar das três regiões que compunham o Vietnã: Cochinchina (sul), Annam (centro), e Tonquim (norte). Em 1893, a França anexou o Camboja e o Laos às suas conquistas e criou o grande território conhecido como Indochina Francesa.

O governo francês era duro e partidário político, normalmente trabalhando exclusivamente para o lucro da classe mercantil e, diante disso, na década de 1920 proliferaram organizações nacionalistas

O GRANDE ESTRATEGISTA HO CHI MINH.

HO CHI MINH

Nascido Nguyen Sinh Cung, na província de Nghe An, no norte de Annam, Ho Chi Minh (1890-1969) foi um jovem de boa educação que, aos 17 anos, conseguiu um emprego de cozinheiro em um navio mercante com destino à Europa. Lá viveu, primeiro em Londres, e depois em Paris, bebendo do socialismo francês ao mesmo tempo que permanecia profundamente envolvido com a comunidade vietnamita da capital francesa. Mais tarde, Ho adotou o nome de Nguyen Ai Quoc (Nguyen, "o patriota"), e passou grande parte das décadas de 1920 e 1930 na União Soviética e na China, aconselhando-se sobre as questões do colonialismo.

A principal paixão de Ho era a independência da Indochina e, em 1930, em Hong Kong, ele ajudou na formação do influente Partido Comunista Indochinês. Em 1941, quando retornou para a Indochina, Nguyen Ai Quoc adotou o nome de Ho Chi Minh ("Aquele que Ilumina"). Depois de liderar as forças de guerrilha contra os ocupantes japoneses, Ho passou a ser a figura dominante da política norte-vietnamita até sua morte, em 1969. Ele liderou as duas derrotas da França entre 1946 e 1954 e grande parte da guerra subsequente contra o Vietnã do Sul, os Estados Unidos e seus aliados, o que, embora ele não tenha chegado a presenciar, acabou cumprindo seu sonho de uma reunificação vietnamita.

ESQUERDA: MULTIDÕES SAÚDAM AS TROPAS ALIADAS EM SAIGON NO OUTONO DE 1945, LOGO APÓS A LIBERAÇÃO DA INDOCHINA DA OCUPAÇÃO JAPONESA.

hostis. Talvez a organização mais significativa delas tenha sido a Liga Revolucionária Jovem do Vietnã, fundada por Nguyen Ai Quoc, que mais tarde seria conhecida por seu *nome de guerra* Ho Chi Minh (vide quadro na página anterior). Poucos observadores na década de 1920 imaginariam o efeito incrível que esse homem teria na história do Sudeste Asiático.

A PRIMEIRA GUERRA DA INDOCHINA

Homem culto e cosmopolita, Ho Chi Minh era um nacionalista comprometido, que uniu os três principais partidos comunistas do Vietnã para formar o poderoso Partido Comunista Indochinês (PCI). Em maio de 1941, o PCI deu origem ao Viet Nam Doc Lap Dong Minh ("Liga pela Independência do Vietnã"), uma organização que lutou pelo governo autônomo do Vietnã tanto contra a ocupação japonesa durante a Segunda Guerra Mundial, quanto contra o subsequente restabelecimento da autoridade francesa. O nome foi, por fim, encurtado para Vietminh.

Embora ocupados pelo Japão, os territórios franceses na Indochina permaneceram nominalmente sob o governo colonial francês, supervisionado pelos japoneses. Isso durou até 11 de março de

INDOCHINA PÓS-GUERRA

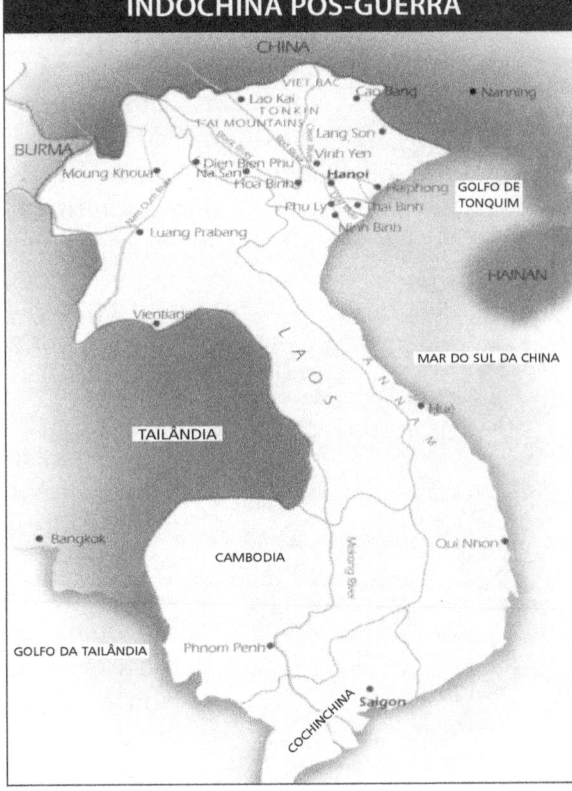

DIREITA: TROPAS BRITÂNICAS E FRANCESAS SE REÚNEM ANTES DAS AÇÕES CONTRA OS INSURGENTES VIETNAMITAS QUE OPERAM EM TORNO DE SAIGON. AS FORÇAS JAPONESAS FORAM DESARMADAS PELOS BRITÂNICOS, EMBORA MUITOS SOLDADOS JAPONESES TENHAM SIDO USADOS PELOS BRITÂNICOS COMO TROPAS DE COMBATE NA REPRESSÃO INICIAL AO VIETMINH.

1945 quando, em resposta a uma tentativa francesa de tomar o poder, o Japão declarou a independência da Indochina e deu poder ao jovem imperador vietnamita Bao Dai. No entanto, a derrota do Japão em 1945 levou Ho Chi Minh e o Vietminh a tentar tomar o poder (eles tomaram Hanói em agosto, mas Saigon era tarefa mais difícil), e ele substituiu Bao Dai, proclamando a existência da República Democrática do Vietnã (RDV) em 2 de setembro. Essa situação, entretanto, não durou muito. O desarmamento dos japoneses fez o sul cair sob as forças pró-coloniais britânicas e o norte, sob as forças chinesas, um arranjo que negou efetivamente o poder de Ho Chi Minh em Saigon. Quando os britânicos se retiraram em 1946, os franceses expulsaram os oficiais do Vietminh e tomaram mais uma vez as rédeas do gabinete colonial. Ho, entretanto, ainda era dominante nas áreas ao norte, e o seu poder foi confirmado nas eleições de 6 de janeiro de 1946. A França abriu negociações e prometeu que a RDV poderia existir como um estado livre dentro da Indochina Francesa se Ho permitisse o posicionamento temporário de 25 mil oficiais franceses no norte, a serem retirados da Indochina em 1951. Ho aceitou, mas a França logo voltou atrás no acordo, temendo que a perda do Vietnã precipitasse a perda de outras colônias francesas. Ho, muito insatisfeito, declarou, de forma ameaçadora, o início de uma "guerra de 100 anos".

ABAIXO: GENERAL DOUGLAS D. GRACEY SE ENCONTRA COM LÍDERES JAPONESES EM SAIGON. A TAREFA DE GRACEY ERA DESARMAR OS JAPONESES ABAIXO DO PARALELO 16 NO VIETNÃ.

Tentar apontar com precisão o início da Primeira Guerra da Indochina é problemático, mas um momento-chave deve ser a batalha de Haiphong, em 1946. Haiphong era o principal porto de Tonquim; controlado pelos comunistas, era um foco de conflito que havia sido bloqueado pela França desde 20 de novembro de 1946. Em 23 de novembro, o Coronel Pierre Louis Debès, comandante das forças francesas na cidade, recebeu ordens para tomar Haiphong por qualquer meio que fosse necessário. Os franceses começaram um bombardeio pesado utilizando as armas de 76 mm e 203 mm do cruzador *Suffren*, e toda a artilharia e poder aéreo disponível. Não há indicação clara de quantos vietnamitas morreram em Haiphong (as estimativas variam de 6 mil a 20 mil), mas em 28 de novembro, quando a batalha foi interrompida, a Primeira Guerra da Indochina estava em andamento.

A França participou da Primeira Guerra da Indochina com base na "teoria do dominó", similar àquela que influenciou o envolvimento posterior dos Estados Unidos, temendo uma deterioração de sua autoridade nas colônias francesas, tais como Argélia e Marrocos, se a Indochina fosse "perdida".

O TIGRE E O ELEFANTE

A Primeira Guerra da Indochina durou de 1946 a 1954. Em nove anos de conflito, o número total de soldados mortos ultrapassou os 200 mil, à medida que a França opunha a sua tradicional organização e poder de fogo contra as divisões totalmente não convencionais da guerrilha Vietminh. A importância da guerra francesa para a posterior Guerra do Vietnã é absoluta. Além de estabelecer os fundamentos das táticas dos Vietcongs e do Exército do Vietnã do

ABAIXO: UM BOMBARDEIRO MARTIN B-26 MARAUDER É ARMADO E ABASTECIDO PARA OS ATAQUES CONTRA OS VIETMINH.

ABAIXO: TROPAS FRANCESAS EQUIPADAS PELO DESEMBARQUE BRITÂNICO EM VINH LONG, EM OUTUBRO DE 1948. A FRANÇA SE TORNOU CADA VEZ MAIS DEPENDENTE DA AJUDA ECONÔMICA E MILITAR EXTERNA À MEDIDA QUE A GUERRA PROGREDIA.

Norte (EVN – precursor imediato do Exército do Povo do Vietnã, ou EPV, liderado por Vo Nguyen Giap), as forças francesas também cometeram alguns erros primordiais que seriam repetidos pelos Estados Unidos uma década mais tarde.

Esses equívocos são agora familiares a qualquer estudante da história do Sudeste Asiático. Os franceses distribuíram cerca de 150 mil soldados na Indochina, mas o território montanhoso e de densas florestas do Vietnã podia absorver facilmente esse número, e os franceses nunca tiveram pessoal suficiente para pacificar o território ocupado pelo Vietminh. Os comandantes militares locais tinham de justificar as suas ações para líderes políticos de Paris e Hanói, muitas vezes membros de governos instáveis de coalizão.

DIREITA: EX-SOLDADOS DA SS SERVINDO JUNTO À LEGIÃO ESTRANGEIRA FRANCESA SUPERVISIONANDO SEU TRABALHO. OS VETERANOS DA SS TINHAM EXPERIÊNCIA EM LUTAR CONTRA OS PARTIDÁRIOS NO FRONT.

Entretanto, os franceses tinham uma clara vantagem: o seu poder de fogo. Uma unidade típica de combate poderia conter submetralhadoras e carabinas de 9 mm, metralhadoras de 0,5 polegada, morteiros de 60 mm e 80 mm, tanques norte-americanos M4 Sherman e M24 Chaffee, e artilharia de 75 mm, 105 mm e 155 mm. O poder aéreo incluía bombardeiros Martin B-26 Marauder, e caças Grumman F-8 Bearcat e Vought F-4U Corsair. No entanto, tal aparato militar exigia uma logística grande e confiável, e o domínio do Vietminh sobre as estradas de selva e trilhos de trem em Tonquim, no norte de Annam e nas áreas costeiras da Cochinchina significava que isso era quase impossível de se alcançar. Um grande número de soldados franceses morreria em estradas e rios propensos a emboscadas e, como consequência, o suprimento aéreo se tornou vital, sendo que os franceses dependiam do seu avião de transporte AAC-1 – e, a partir de 1952, dos aviões de transporte americanos Douglas C-47 Skytrains e Fairchild C-119 Flying Boxcars.

O VIETMINH

O Viet Nam Doc Lap Dong Minh Hoi ("Liga pela Independência do Vietnã", ou Vietmihn) era um exército revolucionário competente que integrava forças militares implacáveis em programas efetivos de apoio. Eles eram divididos em três camadas estruturais. Primeiro, a milícia das aldeias: um apoio local normalmente desarmado, utilizado em um amplo leque de funções logísticas ou de inteligência. A milícia foi formada em 1949 a partir de uma mobilização nacional de homens e mulheres com idade entre 18 e 45 anos, alcançando um número que ultrapassava os 340 mil, em 1954. A seguir, vinham as tropas regionais, que se misturavam com a população civil, mas eram ativos em operações de guerrilha contra os franceses. Eles trabalhavam em pequenos grupos independentes ou em cooperação com o nível final do Vietmihn, o Chuc Luc ("força regular"). Este era um corpo de soldados formalmente organizados que, em 1954, tinha cerca de 125 mil soldados em sete divisões bem equipadas, com infantaria e armas de apoio de fontes francesas, chinesas e japonesas. O controle de todas as tropas Vietminh passava desde a liderança revolucionária até os escritórios dos comitês políticos regionais que supervisionavam as táticas locais. De 1946 a 1947, toda a Indochina foi dividida em 14 regiões operacionais, reduzidas a seis em 1948, quando apenas o território do próprio Vietnã se tornou objetivo militar.

CAMPONESES CARREGANDO SUPRIMENTOS DO VIETMIHN.

Ainda assim, quando o Vietminh e o Exército do Povo do Vietnã adquiriram armamentos antiaéreos mais sofisticados, até mesmo essa fonte de suprimentos se tornou cada vez mais perigosa e precária.

A França tinha comandantes excelentes, mas poucos com experiência em guerras contra insurgentes. Um dos pilares táticos dos franceses era o método *tache d'huile* ("maré negra"), no qual o "território hostil" era dividido em uma grade, onde cada quadrante era "varrido" sistematicamente pelas forças ofensivas. Os franceses também construíram fortificações defensivas ao longo da fronteira norte, sendo que as mais impressionantes delas foram as centenas de plataformas de ferro e concreto construídas para formar a Linha De Lattre, em 1951.

Os problemas com essas táticas logo ficaram claros. Os métodos "maré negra" eram muito inflexíveis – os Vietminh não estavam presos a nenhum quadrante de terra, e poderiam se retirar e atacar

ABAIXO: TROPAS FRANCESAS EM OPERAÇÃO CONTRA O VIETMINH EM **1948.** ATÉ **1950,** OS LÍDERES FRANCESES SUBESTIMARAM DE FORMA CONSISTENTE A CAPACIDADE DE SEUS OPONENTES LOCAIS.

Um dos pilares da tática Vietminh era a evasão. Ao manter uma luta somente quando estavam confiantes na vitória, os comunistas preservaram seus números, enquanto aumentavam continuamente as fatalidades francesas.

quando desejassem. Do mesmo modo, as fortificações defensivas apenas prendiam grande número de soldados franceses em um único ponto, isolado e vulnerável. Mas, para sermos justos, os franceses tinham algumas unidades táticas muito fortes para compensar esses problemas. As *divisions navales d'assaut*, uma divisão de ataque ribeirinha formada de soldados da Marinha e do Exército, e os *groupement des commando mixtes aéroportés*, um grupo de comando aéreo, utilizavam táticas de deslocamento rápido com um nível razoável de sucesso. Da mesma forma, os estimados *legionnaires* e paraquedistas eram utilizados continuamente como forças de elite sempre que a guerra ficava mais pesada (11.620 *legionnaires* morreram somente na Indochina).

Apesar das falhas francesas, não podemos subestimar a surpreendente capacidade das forças sob o comando de Ho. Os Vietminh eram um exército revolucionário extremamente motivado. Comandando o EPV/EVN e mais tarde o Vietcong por mais de trinta anos, estava o general Vo Nguyen Giap, um líder militar autodidata que misturava pragmatismo com comprometimento apaixonado com as estratégias da guerra revolucionária de Mao Zedong. O EPV, mais tarde conhecido popularmente como o Exército do Vietnã do Norte (EVN) durante a guerra com os Estados Unidos, foi construído como um exército convencional em associação e cooperação com o Vietminh (a ala mais política das forças militares de Ho). A expansão do EPV foi rápida: em 1951 ele consistia de 154 batalhões. O exército de Giap era totalmente diferente do francês – tinha um objetivo claro, era bem motivado, tinha conhecimento íntimo do território e das pessoas, e podia gerar apoio popular (o que os franceses, fatalmente, falharam em fazer). O exército de Giap poderia sobreviver e lutar com recursos limitados, embora os milhares de voluntários

DIREITA: *TIRAILLEURS* MARROQUINOS AVANÇAM POR MEIO DE UMA VILA EM CHAMAS PERTO DE TONQUIM EM 1951, DURANTE OPERAÇÕES DE LIBERTAÇÃO.

significassem que os suprimentos poderiam ser levados até os combatentes em segurança; e, mais importante, poderia absorver um grande número de baixas sem enfraquecer a sua ousadia estratégica ou a sua vontade política.

Em 1946, Ho Chi Minh comparou o conflito próximo ao confronto entre um tigre e um elefante. O elefante poderia esmagar o tigre em uma luta direta, mas, se o tigre não lutasse nesses termos, surgindo repetidas vezes da selva para atacar o elefante, este sangraria devagar até a morte. Dizendo isso no início da guerra, as palavras de Ho se provariam corretas.

O INÍCIO DA GUERRA (1946-1950)

Os primeiros quatro anos da Primeira Guerra da Indochina foram um período de ações de guerrilha de pouca intensidade, em que o Vietminh perseguiu táticas de emboscadas, assassinatos e bombardeios, enquanto os franceses respondiam com patrulhas de reconhecimento. A ação estava concentrada principalmente nos territórios disputados ao norte, em particular na região de Tonquim, e depois que negociações de paz sem convicção falharam em maio de 1947, os franceses lançaram as suas primeiras grandes ofensivas: a Operação Lea, em 7 de outubro, e a Operação *Ceinture* ("Cinturão"), em 20 de novembro. Elas tinham grandes objetivos: a captura de Ho Chi Minh e a derrota das suas unidades na região de Viet Bac, ao nordeste, e nos territórios ao norte de Hanói. As forças francesas tomaram o posto avançado de Thai Nguyen e cerca de 7.200 Vietminh foram mortos; e outros mil, levados como prisioneiros. Contudo, a liderança da RDV conseguiu escapar e, operando com apenas 12 mil homens em uma área de 207.200 km² de selva, os franceses não conseguiram consolidar o seu avanço e se retiraram – um padrão que seria repetido ao longo de todo o conflito.

ABAIXO: TROPAS FRANCESAS EM UM TANQUE AMERICANO M24 CHAFFEE. O BLINDADO TINHA UTILIDADE LIMITADA, JÁ QUE NAS ESTREITAS ESTRADAS DE SELVA ELE ESTAVA PROPENSO A SOFRER EMBOSCADAS.

O major-general Marcel Alessandri (no controle de todas as forças francesas em campo na época) obteve sucesso maior, empregando 20 batalhões para pacificar a área do delta do Rio Vermelho, muito disputada – território que se estendia da junção dos rios Vermelho e Day, ao norte de Hanói, até a costa em Haiphong. Alessandri tomou a região por meio de operações de "liberação" e de "limpeza", usando unidades mais flexíveis de terra e ribeirinhas, e também fez tentativas para cortar o suprimento de arroz dos Vietminh. Mesmo assim os franceses fracassaram em reforçar a área ou se fazer bem-vindos, e o Delta do Rio Vermelho permaneceria problemático durante todo o restante da guerra.

Em 1949, um evento fora do Vietnã mudou dramaticamente a cara do conflito na Indochina. A Guerra Civil da China terminou com a vitória dos comunistas de Mao, e posteriormente a China se tornou uma fonte inestimável de suprimentos, treinamento e refúgio para o Vietminh. Em 18 de janeiro de 1950, a China reconheceu formalmente a RDV como entidade política e começou a fornecer armamentos em quantidades cada vez maiores, que em 1953 chegariam a 4 mil toneladas por mês. O suprimento de armamento pesado, tal como obuseiros de 75 mm e morteiros pesados de 75 mm, era particularmente valioso. Isso capacitaria o Vietminh a tentar os estágios finais da guerra revolucionária.

A PRESSÃO AUMENTA

Em 1950, o Vietminh saiu para a ofensiva. Lançou ataques ao longo do Delta do Rio Vermelho e no nordeste de Tonquim, antes de voltar a sua atenção para os postos avançados franceses, isolados na fronteira com a China. Giap demonstrava uma mudança clara na tática. Nas posições francesas em Dong Khe, por exemplo, o Vietminh executou um bombardeio com artilharia de 75 mm por dois dias antes de lançar cinco batalhões do EPV em ondas humanas contra as defesas. Depois de um grande massacre entre os soldados de ataque, Dong Khe caiu frente à 308ª Divisão em 27 de maio, e foi recapturada pelo lançamento de um batalhão de paraquedistas, para depois cair novamente em submissão ao Vietminh e ser tomada por mais assaltos de ondas humanas.

ABAIXO: SOLDADOS DO EPV SE REÚNEM DEPOIS DE LIBERTAR UMA VILA QUE TINHA SIDO INCENDIADA PELAS FORÇAS FRANCESAS. OS FRANCESES ERAM ESPECIALMENTE VULNERÁVEIS AO ATAQUE INIMIGO NAS VÁRIAS FRONTEIRAS ISOLADAS E POSTOS AVANÇADOS DE SELVA QUE MANTINHAM.

A perda de Dong Khe isolou outro posto avançado francês, Cao Bang, mais ao nordeste, e a partir disso se seguiu uma das maiores tragédias da guerra. Decidiu-se evacuar as tropas de Cao Bang pelos 72 km da RC4 (*Route Coloniale 4* – Rota Colonial 4) em vez de pela RC3, mais longa, mas mais segura. A RC4 passava perto da perigosa fronteira chinesa e, consequentemente, a retirada se tornou uma tarefa penosa, com contínuas emboscadas do Vietminh, cuja eficiência resultou na

ESQUERDA: UMA EQUIPE DE METRALHADORAS CHATELLERAULT M1924/29 7,5 MM MANTÉM A ATIVIDADE INIMIGA SOB VIGILÂNCIA DURANTE A OPERAÇÃO LORRAINE.

ABAIXO: PARAQUEDISTAS DE ELITE DA FORÇA AÉREA EM AÇÃO EM HOA BINH. OS FRANCESES CONSEGUIRAM MANTER HOA BINH, MAS AS TÁTICAS VIETMINH LOGO INDICARAM QUE ISSO TINHA POUCO OU NENHUM VALOR ESTRATÉGICO.

morte de 4.800 soldados franceses e em grande quantidade de armamentos franceses (incluindo 112 morteiros e mais de 8 mil rifles) adicionados ao arsenal Vietminh.

Outros postos avançados caíram, e o Vietminh agora controlava a maior parte do nordeste do Vietnã. A França buscou uma mudança na liderança militar, e o general Jean de Lattre de Tassigny assumiu a autoridade militar e civil completa na Indochina. Pressentindo outra campanha Vietminh no Delta do Rio Vermelho, De Lattre começou a construção de 900 fortes e 2.200 postos de vigilância que alcançavam desde Haiphong até Vinh Yen, e dali até Phat Diem no sul. Ainda assim, em outro clássico erro de cálculo francês, a "Linha De Lattre" acabou tornando os franceses mais vulneráveis, fixando 20 batalhões de tropas que seriam mais úteis de outra forma.

Em janeiro de 1951, 81 batalhões Vietminh, totalizando cerca de 20 mil homens, atacaram 7 mil soldados franceses em Vinh Yen, cerca de 48 km a noroeste de Hanói. Contudo, o que parecia ser uma grandiosa derrota iminente para a França acabou sendo uma grande vitória. Grumman F-8F Bearcats e Douglas B-26 Invaders utilizaram uma nova munição, napalm, para destruir as formações de ataque, enquanto os soldados e a artilharia francesa esmagavam um ataque em grande escala do EPV em 16 de janeiro.

Somente em 1953, os suprimentos chineses para o Vietminh incluíram 24 obuseiros de 105 mm, mil submetralhadoras, milhões de balas de munição para armas pequenas, 40 mil minas e mais de 200 toneladas de explosivos.

Repetidos ataques do EPV em outros setores chegaram a ameaçar Hanói, mas dessa vez Giap tinha se excedido e a França trouxe o seu poder de fogo para infligir uma derrota maciça. O número de perdas foi tão alto (mais de 14 mil mortos) que o Vietminh chegou a sofrer níveis significativos de deserção, e Giap recuou de sua tentativa prematura de entrar na guerra convencional. Mesmo assim, os franceses não se saíram bem com a sua vitória: não tiveram os recursos humanos ou a visão tática para assegurar os territórios que conquistaram, e a estratégia geral Vietminh ficou desimpedida.

DIREITA: COM BARRAGEM DE ARTILHARIA, OS SOLDADOS DA LEGIÃO ESTRANGEIRA FRANCESA FAZEM A COBERTURA UTILIZANDO UMA CHATELLERAULT M1924/29. OS FRANCESES OBTIVERAM ALGUMAS VITÓRIAS SIGNIFICATIVAS EM 1950-51, EMBORA NÃO CONSEGUISSEM UMA DINÂMICA SUSTENTÁVEL.

ACIMA: UM SOLDADO DO EPV MANUSEIA UMA METRALHADORA JAPONESA 7,7 MM TIPO 92 PARA USO ANTIAÉREO. ESSAS DEFESAS AÉREAS RESTRINGIRAM O PODER AÉREO FRANCÊS EM DIEN BIEN PHU.

PRÓXIMO DO FIM

Em 1951, a opinião pública francesa estava oscilando contra a guerra. A espantosa lista de fatalidades e a falta de progresso começou a tornar a guerra politicamente questionável. O conflito precisava de uma resolução, e no final de 1951 os próprios franceses estavam indo para a ofensiva, com motivação militar extra fornecida pelo auxílio crescente dos Estados Unidos (ver Capítulo 2) e a pressão de uma revisão iminente do orçamento da Indochina em Paris. O objetivo de De Lattre era Hoa Binh, uma cidade dominada pelo Vietminh ao sul do delta do Rio Vermelho. Em 14 de novembro, três batalhões de paraquedistas fizeram um lançamento ousado sobre a cidade e a asseguraram. O Vietminh, mostrando a sua usual visão estratégica, retirou-se. Eles então juntaram cinco divisões, duas das quais foram dirigidas diretamente contra as rotas de suprimento francesas para Hoa Binh junto à RC6 e ao Rio Day. Hoa Binh acabou se transformando em uma área penosa de emboscadas, assaltos e duelos de artilharia para ambos os lados, e o Vietminh começou a contornar a cidade para atacar no interior do delta do Rio Vermelho. Hoa Binh custou aos franceses 894 mortos e desaparecidos, e embora o Vietminh tenha perdido muito mais homens (por volta de 9 mil), os franceses foram por fim forçados a se retirar devido à escalada dos ataques inimigos.

Giap respondeu à situação de Hoa Binh com grandes ofensivas. Usando as divisões 308, 312 e 316, atacou as guarnições francesas no Rio Nglia, no planalto do noroeste do Vietnã. A maioria dos postos avançados caiu por estarem isolados e não conseguirem reforços. Contudo, o desempenho do 6º Regimento Colonial de Paraquedistas Francês merece uma observação particular: depois de se lançarem sobre Tu Le Pass em 16 de outubro, eles tiveram de executar uma retirada de 80 km, lutando contra toda a 312ª Divisão. O 6º Regulamento Colonial conseguiu se retirar em segurança, com a perda de apenas 91 homens.

Neste ponto da guerra, o general Raoul Salan estava no controle, já que De Lattre tinha retornado para casa acometido por um câncer.

Giap em seu posto de comando perto de Dien Bien Phu.

GIAP E A GUERRA REVOLUCIONÁRIA

Como comandante em chefe e ministro do interior no governo revolucionário de Ho, Vo Nguyen Giap foi um dos principais estrategistas por trás do sucesso do Vietnã do Norte nas três décadas de conflito. Giap era um estrategista militar brilhante e autodidata que combinava excelente planejamento com uma busca deliberada das técnicas de "guerra revolucionária" de Mao Zedong. Para Giap, essa guerra abrangia dois tipos de *dau tranh* ("luta") – militar e política. A *dau tranh* militar se dividiu em três fases sucessivas: fase I, ações de guerrilha de pequena escala; fase II, uma mistura de guerrilha e ações convencionais; e fase III, guerra direta convencional. A *dau tranh* política era um amplo espectro de medidas econômicas, sociais, psicológicas e ideológicas para aumentar o apoio para a causa revolucionária enquanto, ao mesmo tempo, quebrava a força moral e política do inimigo.

A "guerra revolucionária" era a metodologia ideal para derrotar tanto os franceses quanto as iniciativas combinadas Estados Unidos-Vietnã do Sul no Sudeste Asiático. Uma forma de guerra imprevisível e prolongada, como a praticada por Giap, desestabilizou o inimigo em todos os níveis de operação. A única crítica à percepção estratégica de Giap é que ele às vezes forçou a Fase III das operações muito rapidamente em alguns setores, resultando em grandes perdas contra o poder de fogo superior do inimigo.

DIREITA: O CONSELHEIRO AMERICANO, GENERAL JOHN WILSON O'DANIEL (DIREITA), COM O GENERAL FRANCÊS CHRISTIAN DE CASTRIES, EM 2 DE FEVEREIRO DE 1954.

A tentativa de Salan de reverter a maré da guerra foi a Operação Lorraine, um comprometimento de 30 mil soldados em várias formações aéreas, motorizadas, a pé ou em tanques que atacaram a partir do delta do Rio Vermelho e esperavam atrair o Vietminh para as batalhas preparadas, preferidas pelos franceses.

Lançada em 29 de outubro de 1952, os objetivos eram os depósitos de suprimento de Yen Bay, cerca de 160 km para o interior do território Vietminh. No entanto, Giap não fez nenhum esforço real para encontrar os franceses em batalha, utilizando as suas divisões 304 e 320 para poderosos ataques de guerrilha. Longe demais e gradualmente enfraquecidas, as tropas francesas se retiraram em 14 de novembro, mas a sua tribulação ainda não tinha terminado – uma emboscada feita por dois regimentos Vietminh em 17 de novembro na RC2 resultou no massacre de um comboio inteiro, com 1.200 mortes francesas.

Abril de 1953 marcou outro grande desenvolvimento na guerra, quando o Vietminh invadiu o norte do Laos. O Vietminh já havia tomado as regiões de fronteira do Laos, que tinha apenas 13 mil

DIREITA: OS PARAQUEDISTAS ERAM PRATICAMENTE O ÚNICO MÉTODO DE REFORÇO DE ARTILHARIA QUANDO DIEN BIEN PHU FOI LIQUIDADA

soldados para se defender contra 44 mil Vietminh (o Laos era um estado independente, mas as suas forças estavam sob jurisdição francesa). Os franceses se encontravam à beira do esgotamento. O general Henri Navarre estava agora no comando. Ele propôs muitas medidas para acabar com a guerra, como aumentar o número dos seus soldados em 20 mil (ele tinha recebido apenas 10 batalhões extras) e dar a independência a outros estados da Indochina em troca do seu apoio na guerra. O "Plano Navarre" atraiu um grande interesse na França, e militarmente Navarre mudou para ataques de desenvolvimento rápido por paraquedistas e grupos de comando com alguns sucessos breves contra depósitos de suprimento e postos avançados Vietminh. Mesmo assim, a sua ambição geral ainda era atrair o Vietminh para a batalha convencional. Para isso, ele pretendia colocar unidades francesas em seções vitais da rota de invasão do Laos, o que ou sufocaria o suprimento Vietminh para o Laos, ou atrairia as forças comunistas para a batalha. O ponto-chave ao longo dessa rota era Dien Bien Phu, um vale plano nas T'ai Mountains, com 19 km de extensão e 13 km de largura, e duas pequenas pistas de pouso. As pistas de pouso eram importantes porque Dien Bien Phu estava a apenas 16 km do Laos, mas a 275 km de Hanói, e o suprimento aéreo seria o único método viável de manter as tropas francesas ali.

Em Dien Bien Phu, os franceses tinham na verdade menos poder de fogo que as forças do Vietmihn/EPV. Embora os franceses tenham redirecionado grande parte de sua artilharia para o posto avançado, as tropas comunistas escondidas nas montanhas que cercavam a área reuniram quase 200 peças de artilharia.

DIEN BIEN PHU

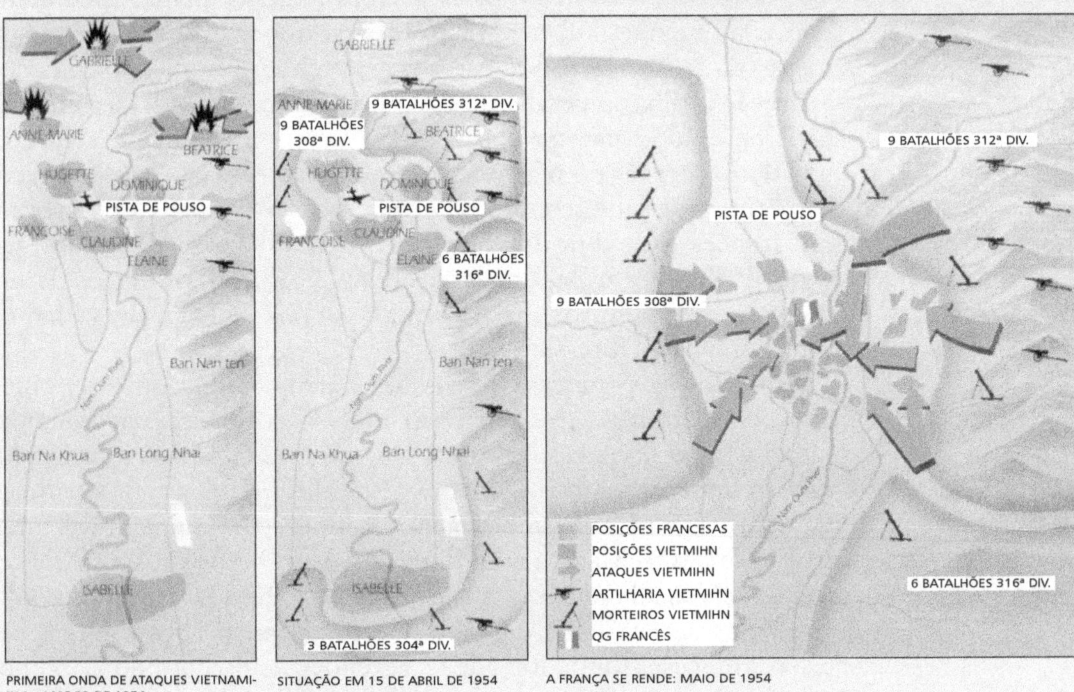

PRIMEIRA ONDA DE ATAQUES VIETNAMITAS – MARÇO DE 1954

SITUAÇÃO EM 15 DE ABRIL DE 1954

A FRANÇA SE RENDE: MAIO DE 1954

ACIMA: SOLDADOS VIETMINH DESFILAM POR HANÓI DEPOIS DA DERROTA FRANCESA NA INDOCHINA. CERCA DE 5 MIL SOLDADOS TOMARAM PARTE DA MARCHA, QUE SINALIZAVA A OCUPAÇÃO FORMAL DE HANÓI COMO CAPITAL DO VIETNÃ DO NORTE.

Apesar da grande preocupação de outros comandantes franceses, a Operação Castor – a captura e manutenção de Dien Bien Phu – foi colocada em ação.

DIEN BIEN PHU

Dien Bien Phu começou como uma operação de paraquedismo, quando dois agrupamentos de batalha aéreos foram lançados no vale em 20 de novembro de 1953. Os paraquedistas de elite eliminaram rapidamente os contingentes Vietminh pegos de surpresa, e estabeleceram Dien Bien Phu como uma fortaleza na selva. Criaram uma série de pontos fortes ao longo do vale, cada um com o nome de uma amante do comandante, general Christian de Castries. Depois de uma série de pontes aéreas, a força francesa em Dien Bien Phu consistia em 10.800 homens (mais tarde alcançando 16 mil), e o seu armamento incluía peças de artilharia de 75 mm e 105 mm, quatro obuseiros 155 mm e dez tanques M24 Chaffee.

Mas, novamente, os franceses subestimaram Giap. Acreditando que as montanhas cobertas de floresta ao redor proibiriam o lançamento de artilharia, os franceses ficaram chocados quando começou a chover artilharia pesada de cima das montanhas. O Vietminh tinha conseguido arrastar obuseiros de 75 mm e 105 mm e inúmeros morteiros através do planalto, evitando a ameaça de ataques aéreos ao permanecerem escondidos entre a densa vegetação. O poder aéreo francês foi enfim limitado pelo fogo antiaéreo Vietminh, que agora incluía 64 armas antiaéreas (AA) de 37 mm nas mãos de um regimento chinês. Ao longo de toda a batalha de Dien Bien Phu, 62 aviões franceses foram abatidos.

Enquanto os franceses enviavam patrulhas de combate, cinco divisões Vietminh cercavam Dien Bien Phu e começavam ataques ferozes, cobertos pela sua artilharia formidável. Os postos avançados caíram um após o outro, embora as perdas infligidas aos sitiadores tenham levado Giap a interromper as operações enquanto reconstruía o seu exército para uma força de 50 mil homens. Apesar de reforços aéreos adicionais, a posição francesa logo se tornou perdida. Em 7 de maio de 1954, depois de outro ataque maciço seis dias antes, os franceses foram forçados a se render tendo perdido 7.184 homens mortos ou feridos, comparado às perdas vietnamitas de cerca de 20 mil (embora 11 mil soldados franceses tenham sido levados como prisioneiros, poucos retornariam). As perdas de Giap podem ter sido excessivas, mas ele ainda conseguiu a vitória que pretendia. Ho Chi Minh e a RDV tinham vencido a guerra, tanto militar, quanto politicamente. Os franceses finalmente aceitaram que o seu governo na Indochina estava no fim.

O ACORDO DE GENEBRA

A Guerra do Vietnã envolvendo os Estados Unidos só pode ser compreendida à luz da Conferência de Genebra, que se seguiu à derrota francesa em Dien Bien Phu. Durante junho e julho de 1954, políticos vietnamitas, soviéticos, europeus, chineses e americanos se reuniram para debater um acordo para a Indochina, e o Acordo de Genebra resultante foi finalmente assinado em 20 de julho. O Vietnã foi temporariamente dividido na altura do Paralelo 17, com o norte controlado pelos comunistas e o sul apoiado pelos Estados Unidos encarregado dos seus próprios assuntos. A França abdicou de todas as suas reivindicações quanto à jurisdição vietnamita (Laos e Camboja fizeram acordos separados). Uma condição do Acordo de Genebra foi que deveriam se realizar, em julho de 1956, eleições nacionais e gerais, com a intenção de reunificar o Vietnã sob um governo democraticamente aprovado. O Paralelo 17 também demarcava uma Zona Desmilitarizada (ZDM) de 10 km de largura, que atuaria como zona neutra entre as duas nações para prevenir qualquer violação do acordo.

A Conferência de Genebra encerrou a Primeira Guerra da Indochina, um conflito que custou aos franceses e aos seus aliados indochineses mais de 94 mil mortos e desaparecidos, enquanto os vietnamitas tinham sofrido cerca de 150 mil baixas. O resultado disso é que o poder colonial francês foi expulso da região por um inimigo cruel e inteligente, que lutou um tipo diferente de guerra daquele preferido pelos exércitos ocidentais. Entretanto, o acordo que encerrou a batalha não trouxe a paz. Em 1954, os Estados Unidos já estavam profundamente envolvidos nos assuntos do Sudeste Asiático, e essa exposição arrastaria o país para um envolvimento militar que espelhou a catástrofe francesa, embora em escala ainda maior.

Abaixo: Milhares de soldados franceses feitos prisioneiros em Dien Bien Phu são levados para o cativeiro. A maioria deles enfrentaria anos de sofrimento, torturas e privação.

Capítulo 2

Contendo o Avanço Comunista

Um conselheiro militar americano atravessa um campo de arroz na companhia de um grupo de combate sul-vietnamita. Durante a década de 1960, a distinção entre um conselheiro e um combatente se tornou cada vez mais indefinida nos Estados Unidos, e isso teve implicações inevitáveis na guerra em geral

Durante a década de 1960, os EUA viam o sudeste asiático como um elemento fundamental para a estabilidade mundial. Com a China e o Vietnã do Norte já nas mãos comunistas, as autoridades norte-americanas se sentiram moralmente obrigadas a agir quando o Vietnã do Sul foi ameaçado.

O relacionamento entre os Estados Unidos (EUA) e as forças de Ho Chi Minh não foi sempre hostil. De 1941 a 1945, a oposição de Ho Chi Minh e as suas ações contra a ocupação japonesa na Indochina recebeu a aprovação dos EUA, e a administração do presidente F.D.R. Roosevelt forneceu armas e suprimentos ao Vietminh em troca de sua vigilância e sabotagem. Porém, Ho Chi Minh e Roosevelt estavam unidos por algo além do pragmatismo militar. Os ideais de Roosevelt indicavam que ele preferia a independência do Vietnã e não o colonialismo francês, e a associação com Ho Chi Minh foi tanta que este chegou a citar a Declaração Americana de Independência quando proclamou a República Democrática do Vietnã (RDV), em 2 de setembro de 1945.

Em abril de 1945, entretanto, Roosevelt morreu e foi substituído por Harry S. Truman. Ali começou um esfriamento dramático nas relações dos EUA com Ho Chi Minh. Na atmosfera na nova política da Guerra Fria, Truman foi aconselhado a manter a aliança com a França, especialmente por causa das posições e pretensões comunistas dos movimentos de libertação vietnamitas. Os EUA cortaram todas as comunicações com Ho Chi Minh e ajudaram na restauração do governo francês. Isso desencadeou os eventos que levariam os EUA para a Segunda Guerra da Indochina, mais conhecida como a Guerra do Vietnã.

O ACORDO DE GENEBRA

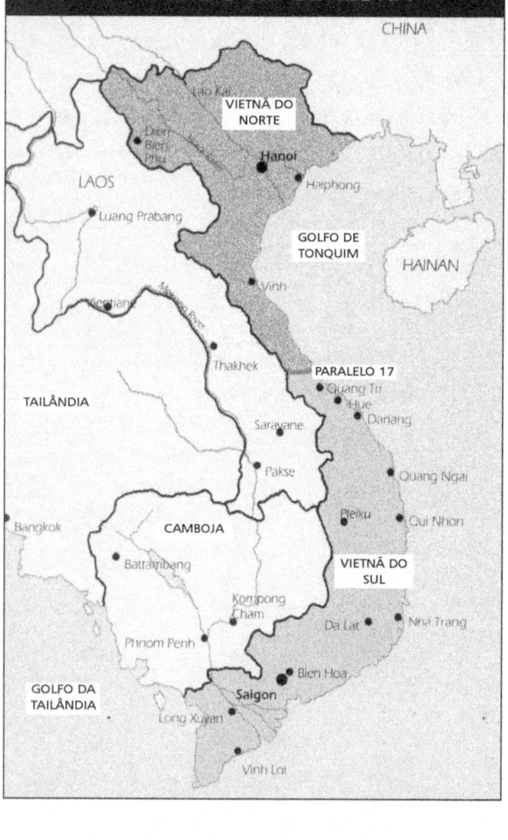

Entre 1946 e 1954, e particularmente depois de 1949, quando os comunistas de Mao chegaram ao poder na China, os EUA começaram a canalizar quantias cada vez maiores de dinheiro, equipamentos e armamentos para os franceses. Os números falam por si: em 1950, o recém-fundado Grupo de Assistência e Consultoria Militar norte-americano (MAAG – *Military Assistance Advisory Group*) deu 100 milhões de dólares para as forças francesas; em 1954, esse número tinha aumentado para 1 bilhão de dólares – cerca de 80% dos custos totais da França para a guerra naquele ano. No total, os EUA contribuíram com 3 bilhões de dólares para a França ao longo dos nove anos de conflito, ou consideráveis 60% de todos os gastos da França com a guerra.

Entretanto, os EUA estabeleceram a fronteira de não se envolverem militarmente (a não ser pelo fornecimento de sistemas de armamentos). A derrota iminente dos franceses

O VIETCONG

A Frente Nacional para a Libertação do Vietnã do Sul foi criada em Hanói em 20 de dezembro de 1960, e era a principal organização de guerrilha comprometida com o estabelecimento do comunismo no Vietnã do Sul. Mais tarde conhecida como Vietcong (que significava "vietnamitas comunistas"), foi formada inicialmente por soldados vietnamitas nascidos no sul e que ficaram no Vietnã do Sul depois do Acordo de Genebra, e mais tarde se expandiu com novos recrutas e o apoio posterior do Exército do Vietnã do Norte (EVN). Em 1960, os Vietcongs eram cerca de 5 mil soldados, organizados em unidades de batalhão de 300-600 homens e mulheres. Estes se subdividiam em companhias de infantaria e companhias de armas pesadas, além de unidades de apoio como reconhecimento, sinais e comunicações, e engenharia. Com milhares de apoiadores em todo o Vietnã do Sul, na época da Ofensiva do Tet, em 1968, seus componentes ultrapassavam os 50 mil.

O início da guerra do Vietcong contra os EUA e o Exército da República do Vietnã (ERV) se deu principalmente nos distritos rurais do Vietnã do Sul, e seu estilo evasivo de guerrilha e destreza com armadilhas infligiu milhares de baixas a seus oponentes. O momento de virada foi a Ofensiva Tet, durante a qual foram mortos mais de 30 mil Vietcongs. Depois do Tet, o Vietcong nunca mais operaria com a mesma força, e o EVN assumiu como principal força comunista.

GUERRILHEIRO VIETCONG COLOCA UMA MINA.

em Dien Bien Phu, contudo, provocou um alarme em Washington, D.C., especialmente porque 385 milhões de dólares foram dados para promover o controle da situação pela França. A partir de 1953, o governo do presidente Eisenhower debateu o uso de ataques aéreos e até mesmo de armas nucleares contra o Vietminh e o EPV, mas a cautela quanto a arrastar os EUA para dentro de um conflito complexo acabou prevalecendo. Contudo, eles não poderiam ignorar a situação. A Indochina era uma região vital de comércio de bens, como o arroz, a borracha e o minério de ferro, além de ser vista como área estratégica na luta global entre o capitalismo e o comunismo.

No final da década de 1940, a atitude dominante dos EUA em relação ao comunismo era

ESQUERDA: SOLDADOS VIETMINH AMONTOAM EQUIPAMENTOS DE RÁDIO E MUNIÇÃO CAPTURADAS DO FORNECIMENTO NORTE-AMERICANO EM DIEN BIEN PHU, EM 1954. OS EUA TINHAM DEBATIDO SOBRE A INTERVENÇÃO MILITAR DIRETA DURANTE A GUERRA FRANCESA, MAS SE RESTRINGIRAM AO APOIO MATERIAL E ECONÔMICO.

Direita: Unidades do Exército do Povo do Vietnã fazem a travessia de um rio, a caminho do front em 1953. A logística Vietminh era improvisada, incrivelmente flexível e quase sempre eficaz.

de contenção: caso contrário, o comunismo se espalharia por todas as nações e regiões, uma a uma, cada uma caindo após a outra, como em uma fileira de dominós. Isso foi visto e confirmado nos estados satélites da União Soviética na Europa Oriental, na sua intrusão no Oriente Médio, nos eventos da Guerra da Coreia, e no reconhecimento da RDV pela China e URSS. Em junho de 1950, o presidente Truman retomou a "teoria do dominó" de Eisenhower para a expansão comunista – segundo a qual cada país que cedesse ao comunismo levaria à conquista de outro, como parte de uma tentativa inflexível de dominação mundial. Truman tinha se envergonhado com a "perda" da China, e na época da derrota francesa em 1954, o presidente Eisenhower não queria cometer o mesmo erro.

APOIO A DIEM

O Acordo de Genebra tinha dividido o Vietnã em dois, na altura do Paralelo 17. O regime de Ho Chi Minh governava o Vietnã do Norte, enquanto o governo de Bo Dai, apoiado pelos EUA, controlava o Vietnã do Sul. Eleições a serem realizadas em 1956 deveriam reunificar o país, mas as autoridades norte-americanas estavam cientes de que, se isso acontecesse, o nacionalismo popular de Ho provavelmente atrairia cerca de 80% dos votos. Ironicamente, tanto Ho quanto o primeiro-ministro de Bo Dai, Ngo Dinh Diem, rejeitaram mais tarde o acordo em favor da unificação, exclusivamente sob os seus próprios regimes. Então, em vez de uma unificação eleitoral, os regimes que governavam o norte e o sul se tornaram entidades políti-

Abaixo: Conselheiros militares norte-americanos se tornaram visitas comuns entre as unidades militares sul-vietnamitas no início da década de 1960, e começaram a liderar ativamente, embora com discrição, as operações de combate.

cas consolidadas e antagônicas. Enquanto o Vietnã do Norte recebia apoio chinês e soviético, o Vietnã do Sul se apoiava fortemente no investimento norte-americano para construir a sua "independência" política e militar.

Ainda assim, os EUA também reconheciam a necessidade sul-vietnamita de proteção externa. Consequentemente, o secretário de estado John Foster Dulles supervisionou a criação da SEATO, a Organização do Tratado do Sudeste Asiático (*South-East Asia Treaty Organization*). Esta aliança entre EUA, Grã-Bretanha, França, Austrália, Nova Zelândia e Paquistão concordou em proteger a integridade territorial e política do Vietnã do Sul, Camboja e Laos das intervenções externas. E apesar da diversidade nacional da SEATO, ela se tornou um corpo efetivo que permitiu a alguns dos seus membros contribuir para a guerra que se aproximava.

Os anos que se seguiram à guerra francesa viram Ho Chi Minh mais preocupado com disputas internas do que com conquistas além das suas fronteiras. Cerca de 900 mil civis, na sua maioria católicos romanos da área do delta do Rio Vermelho, fugiram do Norte para o Sul, seguindo os acordos feitos em Genebra, e o Vietnã do Norte foi deixado com turbulência econômica e escassez de alimentos. O Vietnã do Norte produzia apenas 40% do arroz do Vietnã, mas a sua população era maior que a do Vietnã do Sul, e num ato insensato de repressão política o governo assassinou 50 mil "senhores de terra" (pessoas consideradas possuidoras de quantias excessivas de terras vietnamitas, embora muitos dos quais fossem na verdade pouco mais que modestos agricultores) entre 1954 e 1956. No final de 1956, Ho Chi Minh se desculparia por essa ação, mas em novembro ele teve de reprimir uma séria rebelião, e as suas forças tiraram a vida de cerca de 6 mil dissidentes.

O Vietnã do Sul estava, nesta época, sob a liderança de Diem depois que ele manipulou, sem motivos, as eleições nacionais a seu favor (Diem recebeu em Saigon 200 mil votos a mais do que a quantidade de eleitores registrados). Como o seu presidente, Diem lideraria a República do Vietnã até 1964, mas foi a sua liderança arrogante e errática que tornaria muito mais difícil a derrota da insurgência comunista. Ele alienou consistentemente a população, com perseguição e "reformas" partidárias, deste modo aumentando o apoio a Ho Chi Minh entre algumas seções da população sul-vietnamita. Apesar disso, os EUA sentiam ter poucas alternativas a não ser oferecer apoio militar, político e econômico. Então, somente entre 1955 e 1961, injetaram 7 bilhões de dólares no regime e na infraestrutura de Diem. Contudo, o mais significativo é que cada vez crescia mais o número de militares norte-americanos envolvidos diretamente no combate contra o Vietcong.

O Vietnã do Sul tinha um exército significativo para combater o Vietcong. Ainda assim, o controle governamental inepto e socialmente desagregador levou à corrupção e à ineficiência militar, situação que os políticos e embaixadores norte-americanos tiveram dificuldade de corrigir.

DIREITA: MEMBROS DO QUARTEL-GENERAL VIETMINH DURANTE UMA SESSÃO DE PLANEJAMENTO. PARTE DA FORÇA DO VIETMIHN-VIETCONG ERA QUE SUA LIDERANÇA COMPREENDIA A CULTURA E A POLÍTICA OCIDENTAL, ENTÃO PODIA LUTAR A GUERRA NOS *FRONTS* SOCIAIS E MIDIÁTICOS ALÉM DE NOS CAMPOS DE BATALHA.

NO CAMPO

No final da década de 1950, as forças de Diem eram as beneficiárias de aproximadamente 750 conselheiros militares americanos, e os oficiais do MAAG (Military Assistance Advisory Group – em português, Grupo Consultivo de Assistência Militar) tentavam estabelecer um exército efetivo entre os sul-vietnamitas. Em particular, líderes do MAAG, como o tenente-general Samuel T. Williams, buscaram organizar o Exército da República do Vietnã (ERV) como uma força continental capaz de resistir à invasão do Exército do Vietnã do Norte (EVN) pela ZDM. Isso estava longe de ser fácil. O ERV estava devastado pela corrupção e pela escassez de equipamentos. Além disso, as forças do Vietnã do Sul eram na verdade divididas em quatro, o ERV e três grandes exércitos privados com comprometimento religioso ou criminoso. Diem com frequência antagonizava essas forças privadas, criando uma espiral de lutas internas em 1955, que produziu ainda mais recrutas para o Vietcong.

Os voluntários Vietcongs não eram os fanáticos malnutridos do mito popular. Era um corpo de soldados bem equipados e organizados, com boa logística, programas intensivos de treinamento, e inteligência tática. Ainda assim, era totalmente implacável com aqueles que não o apoiavam.

Em 1956, as forças do ERV contavam com cerca de 135 mil homens armados com artilharia norte-americana, como obuseiros 105 mm, morteiros M30 de 75 mm e várias armas menores. Em oposição ao ERV, estava a Frente Nacional para a Libertação do Vietnã do Sul, ou Vietcong ("vietnamitas comunistas"). Esses insurgentes eram especificamente do sul, opostos ao convencional EVN, que ficava ao norte da ZDM. O Vietcong era inicialmente pequeno (cerca de mil Vietminh tinham ficado no Vietnã do Sul depois do Acordo de Genebra), e conduzia apenas operações limitadas, principalmente porque o Vietnã do Norte ainda estava comprometido com um método político de unificação.

As primeiras ações do Vietcong consistiram de assassinatos, sequestros e emboscadas, mas também de operações ocasionais de maior impacto contra indústrias e depósitos de armas. No entanto, a intensificação era contínua. Entre 1957 e 1958, por exemplo, 700

NGO DINH DIEM

Uma razão significativa por trás da intensificação do conflito no Vietnã entre 1954 e 1963 foi a liderança do presidente sul-vietnamita, Ngo Dinh Diem (1901-63). Católico romano comprometido, nacionalista e anti-comunista, de família rica mandarim, no final da ocupação japonesa em 1945 Diem tinha passado um curto período como refém Vietmihn, durante o qual ele conheceu Ho Chi Minh, que o convidou para se unir ao governo revolucionário comunista. Ele recusou a oferta de Ho quando descobriu que seu irmão mais velho, Ngo Dinh Khoi, tinha sido assassinado pelo Vietmihn. Depois da sua libertação, passou dois anos nos EUA em seminários católicos, e outros dois anos na Europa.

Depois da derrota francesa na Indochina em 1954, Diem retornou para o Vietnã e, a pedido do Imperador Bao Dai, tornou-se primeiro-ministro. Rapidamente, Diem depôs Bao Dai, alcançando a presidência do Vietnã do Sul em 1954, onde ficou até 1963. Diem era, sem dúvida, um nacionalista, mas sua atitude manipuladora, sua família muito influente e sua arrogância de classe o levaram a afastar muitas comunidades e forças no Vietnã do Sul. O apoio norte-americano a Diem acabou se desgastando ao longo de anos de incompetência governamental, e na década de 1960 o exército sul-vietnamita estava desmoralizado, protestos budistas varriam o país, e o controle da agressão comunista estava escapando pelos dedos de Diem. Em 1º de novembro de 1963, ele foi deposto do governo por uma facção de generais do exército e executado no dia seguinte.

Resultado de uma bomba terrorista Vietcong em Saigon.

soldados sul-vietnamitas foram mortos pelo Vietcong; já em 1960-61 foram mortos mais de 6 mil. A intensificação tinha sido detonada em janeiro de 1959, quando o Vietnã do Norte concordou oficialmente em dar apoio parcial às atividades do Vietcong. No ano seguinte, no terceiro congresso do partido, Ho deu o passo final e aprovou a libertação do Vietnã do Sul por meio militar. As rotas de abastecimento do Vietcong foram estabelecidas no Laos, e o Vietcong foi ampliado com 2 mil soldados do EVN que se infiltraram do Vietnã do Norte.

Apesar da seriedade crescente da situação, o presidente Eisenhower ainda manteve os seus soldados na posição de conselheiros, embora cada vez mais frequentemente os "conselheiros" tenham se engajado em participações não-autorizadas nas operações do ERV, manuseando metralhadoras ou dando ordem de fogo. A preocupação real era o fato de que o Vietcong, agora com cerca de 12 mil homens e operando em unidades de 50-100, estava começando a infligir algumas derrotas significativas sobre o ERV. Em 26 de setembro de 1959, por exemplo, o 2º Batalhão de Libertação Vietcong matou 12 homens de duas companhias da 23ª Divisão do ERV, e apreendeu a maioria dos seus armamentos. Em 26 de janeiro de 1960, 200

ESQUERDA: PARTE DO ARSENAL DE ARTILHARIA DO EPV, NA MAIORIA ARMAS JAPONESAS, EM DEZEMBRO DE 1959.

Vietcongs invadiram um QG do ERV em Trang Sup. Além disso, as capitais do distrito e da província estavam começando a cair sob o poder Vietcong. Quando John F. Kennedy se tornou presidente dos EUA em 1961, o ERV estava perdendo milhares de soldados por ano, e o norte estava infiltrando cerca de 7 mil homens anualmente. A situação do Vietnã estava saindo de controle.

ABAIXO: DUAS VÍTIMAS DE UM ESQUADRÃO DE EXECUÇÕES VIETCONG EM HON HIEP EM 13 DE OUTUBRO DE 1960.

OS ANOS KENNEDY

Como adepto fervoroso da teoria da contenção, Kennedy estava determinado a não deixar o Vietnã do Sul cair em mãos comunistas. Já em 1956, o então senador Kennedy tinha se referido ao Vietnã do Sul como "o pilar do mundo livre no Sudeste Asiático", e desde o início do seu mandato presidencial Kennedy aumentou o auxílio financeiro e o número de militares no Vietnã do Sul. Apesar de muitas opiniões cautelosas em relação ao envolvimento dos EUA, Kennedy estava em concordância com outras vozes fortes. O secretário de defesa Robert McNamara e o secretário de estado Dean Rusk eram defensores poderosos da intensificação, e o conselho deles desempenharia papel central na política americana no Vietnã. Em dezembro de 1961,

ESQUERDA: SOLDADOS VIETNAMITAS AGUARDAM PARA EMBARCAR EM HELICÓPTEROS AMERICANOS PARA UMA OPERAÇÃO AÉREA CONTRA UM PONTO DE CONCENTRAÇÃO COMUNISTA PERTO DA VILA DE HUNG MY, VIETNÃ DO SUL. ATÉ QUE OS EUA SE COMPROMETESSEM REALMENTE COM O COMBATE, O VIETCONG TINHA VANTAGEM TÁTICA EM MUITAS DAS LUTAS.

ABAIXO: CAPITÃO RICHARD A. JONES, DOS RANGERS AMERICANOS, E SOLDADOS DO ERV AVANÇAM EM UM ESCONDERIJO VIETCONG DURANTE UMA OPERAÇÃO NA ÁREA DA PLANÍCIE DE REEDS, EM NOVEMBRO DE 1962.

havia cerca de 3 mil conselheiros militares americanos no Vietnã, o que incluía as Forças Especiais, ou Boinas Verdes, instruindo o ERV na guerra contra os insurgentes, e oficiais da CIA organizando os povos das montanhas Montagnard em unidades insurgentes conhecidas como Grupos de Defesa Civis Irregulares (CIDG – *Civilian Irregular Defense Groups*). Em 1963, o número de conselheiros subiria para cerca de 16 mil.

Em 1961, o Vietcong expandiu as suas operações. Em setembro, tomou Phouc Vinh, uma capital de província a apenas 89 km ao norte de Saigon. Embora tenha sido retomada no dia seguinte pelo ERV a um custo muito alto, o sentimento dominante era que o Vietnã do Sul estava perdendo a luta para conter os elementos comunistas. Em outubro, o conselheiro militar general Maxwell D. Taylor e o assistente especial para assuntos de segurança nacional Walt W. Rostow visitaram

Grande parte dos primeiros relatos da mídia sobre a situação no Vietnã do Sul eram favoráveis aos legisladores americanos. Somente quando as perdas de soldados americanos começaram a aumentar e o jornalismo televisivo retratou detalhes da realidade da guerra foi que a opinião pública começou a mudar.

o Vietnã e retornaram com o "Plano Taylor-Rostow". Esse plano recomendava um aumento dramático no apoio militar, econômico e consultivo dos EUA para o Vietnã do Sul, incluindo a participação de 8 mil soldados americanos em posições de combate. Kennedy recuou desta última sugestão, mas atendeu à necessidade de aumentar o investimento. Em dezembro de 1961, duas companhias completas de helicópteros Boeing-Vertol H-21C Shawnee, 33 máquinas no total, aterrissaram no Vietnã, com pilotos e cerca de 400 técnicos para a sua manutenção. Porta-aviões americanos também começaram a "deslizar" nas águas vietnamitas.

Embora ninguém admitisse, os soldados americanos estavam agora entrando em combate contra o Vietcong. Os pilotos de helicóptero americanos estavam disparando foguetes e metralhadoras contra as posições Vietcong durante o movimento das tropas e missões de "apoio de fogo"; os soldados das Forças Especiais americanas estavam acompanhando as tropas do ERV nas missões de reconhecimento e nas operações de emboscada; e, mais relevante, os americanos estavam começando a morrer – cerca de 200 seriam mortos até o final de 1964.

ACIMA: UM VEÍCULO BLINDADO DE TRANSPORTE DE PESSOAL M-113 AMERICANO ATRAVESSA UM RIO DURANTE UM EXERCÍCIO DE TREINAMENTO EM MARÇO DE 1963. A CAPACIDADE ANFÍBIA ERA ESSENCIAL EM MUITAS REGIÕES DO VIETNÃ.

Mesmo com toda essa atividade, Kennedy não sentiu necessidade de expor o envolvimento das tropas americanas. Relatórios críticos sobre o futuro do Vietnã do Sul, feitos pelo subsecretário de estado George Ball e outras figuras influentes, foram desconsiderados em favor do otimismo estatístico de McNamara, que via a guerra progredindo de acordo com o planejado. De fato, o argumento era que os investimentos militares americanos estavam começando a dar frutos na formatação das forças do ERV, que conseguiram algumas vitórias sólidas contra fortalezas do Vietcong ao redor de Saigon e no delta do Mekong. Em maio, a Austrália também se envolveria no Vietnã, com a formação e o envio da Equipe de Treinamento do Exército Australiano no Vietnã (AATTV – *Australian Army Training Team, Vietnam*) para instruir os sul-vietnamitas sobre guerra e defesa na selva. Sob o programa "vilas estratégicas", projetado por Diem e o seu irmão Ngo Dinh Nhu, foram estabelecidas cerca de 2 mil vilas fortificadas (de um total de 14 mil planejadas) para que as comunidades pudessem viver em ambientes militarmente seguros. Entretanto, as relocações e trabalhos forçados associados levaram a muito mal-estar entre os supostos beneficiários, e os propagandistas Vietcong apresentaram essas vilas defensivas como um pouco mais do que prisões, ganhando para si mais recrutas nesse processo.

A sorte de Kennedy no Vietnã do Sul observou uma retração em 1963, principalmente por causa do comportamento errático de Diem. Com medo de ser substituído em um golpe militar, o relacionamento de desconfiança de Diem com os militares começou a desmotivar o ERV no seu processo de guerra. Por exemplo, em janeiro de 1963, eles receberam provas de uma unidade Vietcong operando uma estação de rádio na vila de Ap Bac, perto da fronteira com o Camboja. Foi enviada uma força enorme do ERV contra essa unidade, que incluía tanques, helicópteros e 51 conselheiros americanos. Contudo, o ERV tinha um serviço fraco de inteligência, e ao alcançar a área de Ap Bac descobriu que enfrentaria todo o 514° Batalhão Vietcong. Em operações anteriores, Diem tinha repreendido alguns dos seus oficiais por sofrerem até mesmo poucas baixas, então o cuidado extremo e a apatia dos oficiais do ERV em Ap Bac criou um caos operacional. Cinco helicópteros americanos foram destruídos, e 65 soldados do ERV e três americanos foram mortos porque as tropas do ERV ignoraram ou aplicaram mal as instruções dos conselheiros americanos.

ABAIXO: UM CONSELHEIRO DAS FORÇAS ESPECIAIS AMERICANAS E SOLDADOS DO **ERV** EM UMA PATRULHA RIBEIRINHA PERTO DA FRONTEIRA COM O CAMBOJA OBSERVAM ATENTAMENTE AS MARGENS PARA IDENTIFICAR QUALQUER SINAL DE EMBOSCADA VIETCONG.

DIREITA: ENGENHEIROS AMERICANOS NA PROVÍNCIA DE QUANG TRI EM 1969. A INFRAESTRUTURA ERA NECESSÁRIA PARA APOIAR AS NECESSIDADES LOGÍSTICAS.

ABAIXO: GENERAL WILLIAM WESTMORELAND, MAIS TARDE CHEFE DO COMANDO DE ASSISTÊNCIA MILITAR NO VIETNÃ, ANDA POR VAM LANG EM 1º DE MAIO DE 1964 PARA SE FAMILIARIZAR COM O POVO E COM O TERRITÓRIO.

Ho Chi Minh programou muitas das maiores ofensivas do Vietcong/EVN para acontecerem durante o processo eleitoral americano, quando a direção política nos Estados Unidos tendia estar mais fraca e mais hostil à propagação da guerra.

Ap Bac criou uma extensa cobertura negativa da imprensa – algo que Kennedy desaprovou. Além disso, o governo elitista de Diem levou a tumultos na grande comunidade budista do Vietnã do Sul, e os fotógrafos ocidentais produziram imagens assustadoras de sacerdotes budistas queimando até a morte nas ruas de Saigon em protesto pela violação dos seus direitos civis. Além disso, a primeira-dama, Madame Nhu, ignorou com petulância esses suicídios, e instigou leis bizarras contra práticas culturas tais como a dança e a leitura da sorte. No final de 1963, os EUA tinham chegado ao limite. Então, quando um grupo de generais sul-vietnamitas abordou o governo americano e mencionou a ideia de um golpe, a resposta enigmática foi que os EUA não endossariam a derrubada de Diem, mas ainda apoiariam um novo governo. Os generais recebiam a luz verde. Em 1º de novembro e 1963, Diem foi expulso à força do governo e, depois de 24 horas de fuga, foi executado por pessoas desconhecidas.

Em 22 de novembro de 1963, o próprio John F. Kennedy foi assassinado em Dallas, Texas. Durante a sua vida, Kennedy teve um comprometimento apaixonado pela interrupção do avanço do comunismo no Vietnã do Sul. Assombrado pelo fracasso da desastrosa invasão da Baía dos Porcos em Cuba, Kennedy tinha dito do Vietnã: "Agora temos um problema – tornar o nosso poder confiável, e o Vietnã é o lugar para isso". Ironicamente, agora sabemos que Kennedy estava fazendo planos para uma retirada dos EUA do Vietnã logo após as eleições presidenciais de 1964. Nunca saberemos se a

Guerra do Vietnã teria progredido como aconteceu se ele não tivesse sido assassinado.

JOHNSON ASSUME

O poder em Washington, D.C., estava agora nas mãos do presidente Lyndon B. Johnson, que continuou a expandir o envolvimento americano no Vietnã e deu o passo final para envolver os EUA efetivamente na guerra. A situação que ele herdou era muito séria. Até mesmo McNamara e Rusk estavam relatando o colapso iminente do Vietnã do Sul, um estado agora liderado pelo major-general Nguyen Khanh após uma sucessão de governos imprevisíveis. Durante dezembro de 1963, a infiltração norte-vietnamita cresceu dramaticamente, e em março de 1964 cerca de 40% do Vietnã do Sul estava sob controle Vietcong. As aeronaves americanas que sobrevoavam o Vietnã do Sul encontravam artilharia antiaérea letal nas novas armas Vietcong adquiridas da China e da União Soviética. Em Saigon, bombas terroristas explodiam com regularidade. Tudo isso apesar dos cerca de 300 mil soldados das forças do ERV.

OS AUSTRALIANOS NO VIETNÃ

O envio da Equipe de Treinamento do Exército Australiano no Vietnã (AATTV – *Australian Army Training Team, Vietnam*) em 1962 foi o início efetivo do engajamento da Austrália na Guerra do Vietnã. Todos os membros da AATTV eram soldados de elite do exército australiano ou neozelandês, inicialmente retirados da posição de tenente ou subtenente, e seu papel principal era instruir as tropas e as comunidades sul-vietnamitas na guerra de selva, na defesa das vilas e na contra-insurgência. Entretanto, seu papel de treinamento não os excluiu de se envolverem em obrigações de combate, e a partir de 1965 eles eram com frequência encontrados trabalhando em grupos de até dez soldados, preparando emboscadas nas trilhas do Vietcong, ou atacando bases Vietcong isoladas, desde o delta do Mekong até a ZDM. Seu recorde de 10 anos de ação no Vietnã levou a mais de 100 condecorações por bravura, incluindo quatro Cruz Vitória e duas Ordens de Serviços Distintos (OSD), e dos mil membros do AATTV que serviram entre 1962 e 1972, apenas 33 foram mortos e 122 feridos.

Tropas australianas em um tiroteio.

Todas as tropas australianas foram retiradas do Vietnã até dezembro de 1972, sendo que os últimos foram 140 membros do AATTV que tinham ficado como conselheiros de treinamento do ERV, unidades territoriais e do Camboja, embora tenham sido renomeados então como Grupo de Assistência do Exército Australiano (AAAG – *Australian Army Assistance Group*). Além das condecorações individuais, o AATTV recebeu a Citação de Unidade de Mérito americana e a Citação de Unidade da Cruz de Bravura vietnamita.

DIREITA: UM DOS BARCOS DE PATRULHA NORTE--VIETNAMITAS QUE ATACOU O USS MADDOX EM 2 DE AGOSTO DE 1964. OS INCIDENTES NO GOLFO DE TONQUIM PERMANECEM COMO UM DOS TEMAS MAIS CONTROVERSOS DA GUERRA DO VIETNÃ, E ALGUMAS PESSOAS ALEGAM QUE OS ATAQUES POSTERIORES FORAM FABRICADOS PARA JUSTIFICAR A INTENSIFICAÇÃO DA LUTA.

Desde fevereiro de 1963, a polícia militar americana no Vietnã era comandada pelo novo Comando de Assistência Militar no Vietnã (MACV – *Military Assistance Command, Vietnam*), sob a liderança do general Paul Harkins. Harkins e outros conselheiros pressionaram Johnson a um envolvimento militar americano maior, embora Johnson demonstrasse continuamente a sua reticência em relação a isso – exceto ao aumento de suprimentos de tecnologia militar. Ainda assim, em 2 de agosto de 1964 ocorreu um incidente no Golfo de Tonquim que mudaria o rumo dos eventos.

Durante 1964, os EUA implementaram ou apoiaram duas operações secretas contra o Vietnã do Norte. A primeira, "Plano de Operação 34A", consistia de ataques de barcos de patrulha da República do Vietnã, com apoio logístico americano, na costa do Vietnã do Norte. A segunda, chamada "Desoto", foi uma operação da Marinha norte-americana, que usou destróieres navais dentro das águas territoriais norte-vietnamitas para reunir informações sobre as defesas costeiras eletrônicas, particularmente os radares terrestres. Em 2 de agosto, o destróier americano USS *Maddox* foi atacado por torpedos, embora estivesse fora das águas norte-vietnamitas. Ainda que o USS *Maddox* não sofresse nenhum dano ou fatalidade, deixou dois dos seus invasores incapacitados quando se defendia com as suas armas de 127 mm. Em resposta a essa agressão, Johnson expandiu a demonstração de força na área ao enviar o destroier USS *C.Turner Joy.* Mesmo assim, logo depois, tanto o USS *Maddox* quanto o USS *C.Turner Joy* relataram outros ataques e o afundamento retaliatório de dois barcos norte-vietnamitas. Esse segundo incidente de ataque alegado quase certamente não ocorreu; não havia contato visual com os barcos inimigos e até mesmo alguns oficiais da inteligência americana envolvidos na época disseram que o radar indicou apenas interferência das ondas do USS *Maddox*.

Ainda assim, a provocação tinha sido suficiente. No início de 1964, Johnson ordenou ao Estado-Maior Conjunto dos Estados

Unidos que planejasse bombardeamentos de contingência sobre o Vietnã do Norte para o caso de ataques contra o pessoal dos EUA. Em 5 de agosto, ele colocou esses planos em ação com a Operação Pierce Arrow. Caças-bombardeiros dos porta-aviões americanos USS *Ticonderoga* e USS *Constellation* atacaram quatro bases navais norte-vietnamitas e uma instalação de armazenamento de petróleo em Vinh, causando grandes danos ao custo da perda de duas aeronaves devido à artilharia antiaérea. Um dia antes desse ataque, Johnson tinha pedido ao Congresso americano para aprovar a "Resolução do Golfo de Tonquim", que daria efetivamente ao presidente e aos militares o poder de dar qualquer passo que eles achassem necessário para executar ações bem-sucedidas contra o Vietcong e o Vietnã do Norte. A redação da resolução era propositalmente aberta, permitindo ao presidente "tomar todos os passos necessários, incluindo o uso das Forças Armadas, para auxiliar qualquer membro ou estado protocolar do Tratado de Defesa Coletiva do Sudeste Asiático que requisitasse auxílio para defender a sua liberdade". Em 7 de agosto, o Congresso americano aprovou essa resolução e Johnson tinha agora as mãos livres para levar a guerra adiante.

INCIDENTE DE TONQUIM

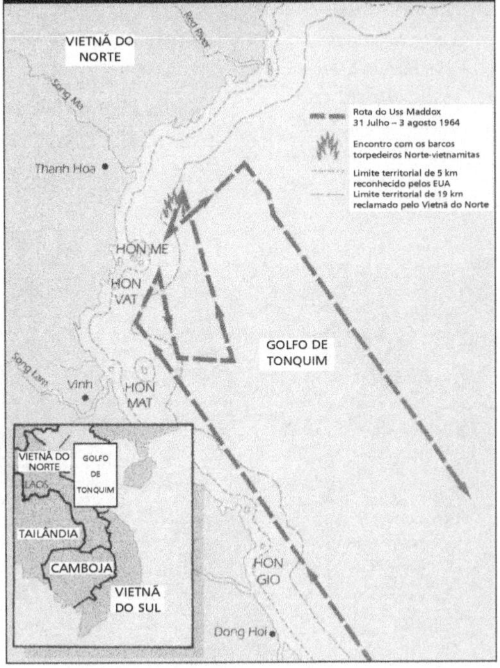

AVANÇANDO PARA A GUERRA

Depois do incidente do Golfo de Tonquim, os eventos avançaram rapidamente no Vietnã. As bases militares americanas já estavam sofrendo ataques do Vietcong, e a lista de vítimas americanas estava constantemente aumentando. Havia também um reconhecimento crescente de que apenas a ação unilateral americana poderia deter a atividade comunista. A Segurança Nacional auxiliou Walt Rostow, e o Estado-Maior Conjunto recomendou o poder aéreo como chave, particularmente se dirigido contra a jovem base industrial do Vietnã do Norte. Johnson não implementou imediatamente essas soluções, defendendo, ao contrário, apenas ações retaliativas. Havia, no momento, cerca de 23 mil americanos no Vietnã do Sul.

Em 18 de setembro, novamente no Golfo de Tonquim, dois destróieres norte-americanos (USS *Morton* e USS *Parsons*) atraíram embarcações torpedeiras norte-vietnamitas a distância do radar, e alegaram ter afundado duas, embora a natureza duvidosa desse in-

Em 1964, houve um envolvimento crescente das forças regulares norte-vietnamitas operando com o Vietcong no Vietnã do Sul. Isso sinalizava um movimento em direção à participação em maior escala, que se desenvolveria até a proporção de uma guerra convencional.

ABAIXO: COMANDOS MONTAGNARD TREINADOS PELAS FORÇAS ESPECIAIS AMERICANAS PRESTES A SAIR EM PATRULHA DO CENTRO DE TREINAMENTO EM PLEIYIT.

cidente impedisse que Johnson perseguisse o contra-ataque. Ainda assim se seguiu uma ação Vietcong inequívoca contra uma base aérea americana em Bien Hoa, que deixou cinco militares americanos mortos e 76 feridos, juntos com cinco bombardeiros Martin B-57 Canberra destruídos. Surpreendentemente, não houve contra-ataque mais uma vez, principalmente porque Johnson estava conduzindo uma eleição presidencial na época e não poderia se permitir ser visto expandindo o conflito no Sudeste Asiático.

Johnson acabou vencendo a eleição, e a partir daí aplicou uma tomada de decisões mais incisiva para a situação do Vietnã. No final de 1964, com os oficiais americanos cada vez mais cansados do desempenho militar do ERV sul-vietnamita, a intensificação se tornou mais uma política recomendada do que uma opção. Os aviões americanos lançaram bombardeios contra as rotas de suprimentos norte-vietnamitas no Laos enquanto a Marinha americana começava a operar contra a costa do Vietnã do Norte em apoio a operações secretas do ERV. Esses ataques ainda eram de natureza muito limitada – apenas uns dois ataques aéreos por semana – mas esperava-se que eles estimulassem mais reformas tanto no governo do general Nguyen Khanh quanto no ERV.

Enquanto isso, o Vietcong ficava cada vez mais ousado. Em 24 de dezembro, uma bomba lançada no Brink Hotel, em Saigon, onde os oficiais estavam acantonados, matou dois militares americanos e feriu outros 51. No mesmo mês, o Vietcong tomou a vila de Bihn Gia, de 6 mil ocupantes, na costa próxima a Saigon, e a manteve por quatro dias contra vários batalhões do ERV que sofreram terríveis baixas. Assim como o Vietminh anteriormente, o Vietcong parecia estar obtendo um domínio completo da situação militar através da utilização de táticas flexíveis e imprevisíveis.

DIREITA: JATOS AMERICANOS F-100 SUPER SABRE DECOLAM DA BASE AÉREA DE BIEN HOA PARA UMA MISSÃO CONTRA ALVOS NO DELTA DO MEKONG.

Talvez a Guerra do Vietnã tenha começado realmente em 1965. Em 7 de fevereiro, o Vietcong atacou uma base militar americana em Pleiku, na

região do Planalto Central, matando nove militares americanos e ferindo 126. Nessa época, Johnson concordou em bombardear o Vietnã do Norte e lançou a Operação Flaming Dart 1. Em 7 de fevereiro, 49 Douglas A-4 Skyhawks e Vought F-8 Crusaders da Marinha americana atacaram os quartéis norte-vietnamitas em Dong Hoi, e no dia seguinte a Força Aérea do Vietnã do Norte (FAVN) atacou as instalações de comunicação em Vinh. Alguns dias depois, o Vietcong bombardeou o hotel em Qui Nhon e matou 23 militares americanos. A Operação Flaming Dart 2 foi colocada em ação imediatamente: novamente em um ataque combinado entre a Marinha americana e a FAVN, com mais de 150 aviões saídos de terra e de porta-aviões, dessa vez direcionados aos quartéis de Chanh Hoa, 257 km ao norte da ZDM, e às instalações militares da região de Vit Thu Lu e Chap Le. Dois dias depois, entretanto, em 24 de fevereiro de 1965, a campanha aérea foi transformada quando Johnson autorizou a abominável Operação *Rolling Thunder*. Essa guerra aérea maciça e prolongada contra o Vietnã do Norte foi efetivamente um movimento em direção à guerra total, e em 8 de março um grande contingente de fuzileiros navais americanos desembarcou nas praias de Danang. Eles seriam as primeiras tropas americanas a lutar na Guerra do Vietnã.

ACIMA: OFICIAIS NO CENTRO DE TREINAMENTO DE GUARDA DE DUC MY SÃO INSTRUÍDOS SOBRE TÁTICAS DE COMBATE. LONGE DO *FRONT*, O VIETNÃ FORNECIA OPORTUNIDADES PARA OS ESTRATEGISTAS E TÉCNICOS MILITARES PARA EXPERIMENTAREM MÉTODOS E FERRAMENTAS DE GUERRA COMO NUNCA TINHAM CONSEGUIDO ANTES.

ESQUERDA: UM SOLDADO DAS FORÇAS ESPECIAIS, ACOMPANHADO POR SEU TRADUTOR, INSTRUI AS PESSOAS DA TRIBO MONTAGNARD EM COMO UTILIZAR UM MORTEIRO 60 MM. AS FORÇAS ESPECIAIS TOMARAM GRANDE PARTE DA RESPONSABILIDADE PELO TREINAMENTO MILITAR DADO AOS GRUPOS CIVIS E ÉTNICOS DO VIETNÃ.

CAPÍTULO 3

Rolling Thunder

UMA ESQUADRILHA DE REPUBLIC F-105 THUNDERCHIEFS RUMO AOS SEUS ALVOS NO VIETNÃ DO NORTE. COMO PARTE DA OPERAÇÃO ROLLING THUNDER, QUE DUROU TRÊS ANOS, OS "THUDS" CONTRIBUIRIAM PARA UMA DAS CAMPANHAS DE BOMBARDEIOS MAIS PROLONGADAS E TERRÍVEIS DO SÉCULO XX.

DIREITA: UM DOUGLAS A-4 SKYHAWK REABASTECE UMA AERONAVE NORTE-AMERICANA DE RECONHECIMENTO RA-5C VIGILANTE. A VIGILANTE ERA UMA DAS AERONAVES COM O SISTEMA DE INTELIGÊNCIA ELETRÔNICA (ELINT – ELECTRONIC INTELLIGENCE) MAIS SOFISTICADO PRESENTES DO CENÁRIO DO VIETNÃ, E FORNECEU UMA PLATAFORMA VALIOSA PARA OBSERVAR A MOVIMENTAÇÃO DAS TROPAS ENTRE O VIETCONG E O EVN.

Em 13 de fevereiro de 1965, o presidente Johnson autorizou a Operação *Rolling Thunder*, uma das campanhas de bombardeios mais duradouras da história. No final de outubro de 1968, mais de um milhão de toneladas de bombas norte-americanas tinham sido lançadas dentro do Vietnã do Norte, em uma média de cerca de 800 toneladas de bombas por dia dessa operação de três anos e 304 mil incursões aéreas.

Não há dúvida do flagelo que as aeronaves americanas da Força Aérea, Marinha e Fuzileiros infligiram ao Vietnã do Norte; mas, do mesmo modo, não há dúvida de que a *Rolling Thunder* foi notavelmente limitada na sua influência sobre o resultado da guerra. Quando muito, essa campanha ilustrou o eterno problema bélico dos EUA, a saber: a sua tecnologia poderia infligir grandes perdas ao inimigo, mas nunca poderia chegar ao centro da sua moral ou da sua logística.

Em 1954, a Força Aérea americana emprestou pessoal para a França na Indochina, para a manutenção dos aviões de transporte fornecidos pelos EUA. Em 1961, já estava treinando os pilotos sul-vietnamitas, e em 1964 estava na frente de combate.

O INÍCIO DO TROVÃO

Antes da série de bombardeios maciços, já haviam existido ações retaliativas limitadas de bombardeio dos EUA contra o Vietnã do Norte. A *Rolling Thunder*, entretanto, foi uma decisão deliberada do governo dos Estados Unidos de realizar uma guerra de desgaste contínua e crescente através dos meios aéreos. O pensamento por trás dessa política era que o bombardeio do Vietnã do Norte apoiaria uma intensificação na presença terrestre dos EUA no Vietnã do Sul (cerca de 535 mil soldados até 1968) ao reduzir a infiltração do EVN no Sul e degradar o poder de governo de Hanói, assim como ao ajudar a manter o número de baixas americanas, politicamente problemáticas, a um mínimo. Além disso, McNamara também sentia que o bombardeio deteria a expansão do envolvimento da China no Vietnã do Norte.

Em retrospecto, os protagonistas da operação estavam muito otimistas, uma atitude nascida de se subestimar a resiliência do Norte, da aceitação de Johnson dos argumentos colocados pelos analistas militares do Estado-Maior Conjunto, e de um excesso de confiança na capacidade da tecnologia. Alguns especialistas do Departamento de Estado americano asseguraram a Johnson que o Norte sucumbiria depois de apenas seis meses de campanha. Porém, a estratégia prolongada de guerra revolucionária no Vietnã do Norte, e o seu grande apoio de infraestrutura por parte da comunidade, significava que tal flagelo seria absorvido com pouco efeito geral na sua conduta prática de guerra.

ACIMA: UM F-100 SUPER SABRE NORTE-AMERICANO DECOLA DA BASE AÉREA DE BIEN HOA DURANTE A OPERAÇÃO ROLLING THUNDER, EM FEVEREIRO DE 1966.

RESISTINDO À ROLLING THUNDER

O fracasso da Operação *Rolling Thunder* se deveu, em grande parte, à cooperação extraordinária entre os norte-vietnamitas com respeito tanto às precauções contra os ataques aéreos quanto ao reparo dos danos. Durante o bombardeio, até 600 mil dos 800 mil habitantes de Hanói evacuavam a cidade periodicamente (o restante sobrevivia em redes gigantescas de *bunkers* subterrâneos), levando com eles suprimentos militares e civis em pequenas quantidades, que eram distribuídos com segurança pelo interior do país. Depois de ataques em instalações petrolíferas, por exemplo, barris de petróleo de vários tamanhos foram locados em áreas remotas, em campos de arroz ou sob a densa vegetação. Fábricas, escolas e escritórios também foram desmontados e reconstruídos longe do raio das bombas. Enquanto essas medidas preservavam o suprimento do EVN no Norte, outras técnicas de sobrevivência e preservação eram utilizadas ao longo da "Trilha Ho Chi Minh". O EVN era mestre em permanecer escondido. Caminhões e pessoas eram cobertos de folhas e camuflagem, cozinheiros utilizavam fornos que absorviam a fumaça, pontes submersas eram construídas, e os equipamentos de infravermelho dos EUA eram enganados embrulhando-se as superfícies quentes com folhas de bananeira ou bambu. Além disso, os milhares de membros das Brigadas Jovens de Choque, em sua maioria mulheres, reparavam energicamente os danos das bombas assim que aconteciam. O Vietnã do Norte estava totalmente mobilizado na guerra contra os Estados Unidos, e isso contribuiu em muito para explicar o fracasso das operações de ataque aéreo, porque elas apenas cimentaram os norte-vietnamitas em um vínculo comum. Assim, o moral permanecia em alta, enquanto a utilização dos recantos do interior vietnamita significava que havia recursos suficientes para abastecer o esforço de guerra.

INDÚSTRIA HUMANA NO VIETNÃ DO NORTE.

Enquanto os sistemas de mísseis terra-ar do Vietnã do Norte melhoravam, os EUA estavam em uma corrida tecnológica para descobrir medidas contrárias decisivas. Vencer a guerra eletrônica tornava-se assim vital para o sucesso da *Rolling Thunder*, embora isso nunca tenha sido alcançado com perfeição.

ACIMA: OS NÍVEIS MAIS BÁSICOS DAS DEFESAS ANTIAÉREAS NORTE-VIETNAMITAS AINDA CONSEGUIAM DERRUBAR MUITAS AERONAVES NORTE-AMERICANAS. AQUI DOIS SOLDADOS DO EVN MANUSEIAM UMA METRALHADORA PESADA.

Os alvos da *Rolling Thunder* geralmente caíam em três categorias. Primeiro, os alvos logísticos, tais como pontes, estradas, linhas férreas, depósitos de suprimentos e, mais tarde, indústrias-chave, tais como as fundições de Thai Nguyen, as instalações de armazenamento de petróleo em Haiphong, os geradores de energia e as fábricas de cimento. Em segundo lugar, estavam as bases militares, particularmente aeródromos, depósitos de armamentos, quartéis-generais, posições de artilharia antiaérea, e centros de comando e controle relacionados. Finalmente, havia os próprios comboios de suprimento do Vietcong e do EVN que partiam do Norte pelas rotas de abastecimento através do Laos.

Os Estados Unidos tinham os maiores recursos de arsenal bélico aéreo do mundo. A parte mais pesada das incursões da *Rolling Thunder* era feita pelos McDonnell-Douglas F-4 Phantoms e pelos Republic F-105 Thunderchiefs, sendo que o último era responsável por cerca de 75% do total de ataques. Com capacidade excelente de ataque ar-ar e ar-terra, o F-4 Phantom acabou desempenhando tanto no papel de escolta de combate quanto nas próprias operações de bombardeio, carregando até 7.250 kg de armamentos. O F-105 era o carro-chefe dos caças-bombardeiros da campanha; com o seu disparador giratório de 20 mm M61A1 Vulcan e até 5.450 kg de munição externa (incluindo mísseis ar-ar AIM-9 Sidewinder e mísseis ar-terra AGM-12 Bullpup), tinha um poder de fogo impressionante, embora o seu grande envolvimento também significava uma porcentagem maior de perdas.

ABAIXO: O REPUBLIC F-105 THUNDERCHIEF PRESTOU 25 ANOS DE SERVIÇOS PARA A FORÇA AÉREA AMERICANA ENTRE 1958 E 1984, EMBORA O VIETNÃ TENHA SIDO SEU MOMENTO MAIS MARCANTE.

ACIMA: DOIS BOMBARDEIROS GRUMMAN A6-A INTRUDER DESCARREGAM EXPLOSIVOS SOBRE O VIETNÃ DO NORTE. O INTRUDER ERA UM RECURSO INESTIMÁVEL PARA O EXÉRCITO AMERICANO POR SER UM EQUIPAMENTO AÉREO AVANÇADO DE ATAQUE E POR POSSUIR UMA CAPACIDADE GENUÍNA DE VOAR SOB QUALQUER CONDIÇÃO METEOROLÓGICA.

E esses eram só dois de uma poderosa frota de aeronaves de ataque, reconhecimento e contramedidas eletrônicas. Outros incluíam o F-100 Super Sabre, primeira produção de caças supersônicos americanos; o bombardeiro General Dynamics F-111, com uma carga útil de armamentos de até 14.300 kg; o Douglas A-4 Skyhawk, que voaria mais missões de bombardeio do que qualquer outro avião americano no Vietnã; o turboélice Douglas A-1 Skyraider; e o Grumman A-6 Intruder, pilotado pelos Fuzileiros e pela Marinha americana como uma aeronave capaz de atacar em qualquer condição atmosférica. Lançados dessas aeronaves estavam uma gama de munições destrutivas em rápido desenvolvimento, pois além das bombas convencionais altamente explosivas, os americanos empregariam napalm, bombas de fragmentação, bombas de fósforo branco, desfolhantes e, mais tarde, a partir de 1967, as munições guiadas com precisão ótica e eletrônica de 450 kg conhecidas como "bombas inteligentes".

Apesar da capacidade dessa armada aérea, ela não conseguiria voar sobre o Vietnã do Norte e lançar a sua carga sem encontrar resistência; e à medida que a batalha aérea progredia, a sofisticação daquela defesa teimosa alcançaria níveis bastante inesperados.

DEFESAS AÉREAS DO NORTE

A intensificação constante do bombardeio americano foi combinada a avanços igualmente constantes na tecnologia de defesa aérea do EVN. Em 1965, as defesas antiaéreas do Vietnã do Norte eram

ESQUERDA: UM DOUGLAS A1E SKYRAIDER LANÇA NAPALM SOBRE UM POSTO DE REABASTECIMENTO DO EVN JUNTO À TRILHA HO CHI MINH. EMBORA FOSSEM AERONAVES DE ATAQUE AO SOLO, OS SKYRAIDERS TAMBÉM CONSEGUIRAM ABATER ALGUNS MIG NO VIETNÃ.

DIREITA: VIETNÃ DO NORTE, 1966. UM AGRICULTOR EM UMA PLANTAÇÃO DE ARROZ NO DELTA DO RIO VERMELHO ENTREGA SEU TURNO, E SUA ARMA, ALIVIADO. GRANDE PARTE DA POPULAÇÃO ADULTA DA RDV TINHA RESPONSABILIDADES DE DEFESA.

limitadas – os mísseis terra-ar não existiam e os únicos armamentos para derrubar os aviões eram armas antiaéreas com mira ótica, como o canhão soviético M38/39 de 37 mm, armas pequenas da infantaria e metralhadoras pesadas. Apesar na natureza básica do seu arsenal, o perigo que ele representava para as aeronaves americanas era bem real. As primeiras táticas americanas de ataques rápidos e a baixa altitude, muitas vezes, eram malogradas por uma tempestade de balas e tiros de canhão que causava um grande impacto nos aviões e em seus pilotos – mais de 80% das 3 mil aeronaves americanas perdidas na guerra foram simplesmente abatidas por armas. Esse fogo terrestre forçava os pilotos a aumentar a altitude dos ataques para cerca de 15 mil pés (4,5 km), embora o EVN logo adquirisse novas armas que conseguiam alcançá-los. Em 1967, o Vietnã do Norte já tinha adquirido um dos sistemas de defesa aérea mais letais de todo o mundo, principalmente como resultado de mísseis terra-ar soviéticos e de tecnologia relacionada. O principal míssil do EVN era o SA-2 Guideline, um projétil terra-ar de médio alcance guiado por rádio, com um limite máximo de cerca de 69 mil pés (21 km). O SA-2 era direcionado para o seu alvo pelos sistemas de direcionamento por radar baseados em solo tipo Fan Song, que transmitiam os dados do alvo via computador por meio de um *link* UHF. Os SA-2 eram quase sempre lançados de zonas específicas de mísseis terra-ar, cada uma consistindo de seis mísseis, um centro de comando, unidades de radar Spoon Rest (um radar de detecção precoce) e Fan Song, e vários grupos de manutenção e transporte.

Os mísseis terra-ar eram um perigo muito sério para as aeronaves americanas. Uma aplicação comum para os mísseis terra-ar praticada pelo Vietnã do Norte era atirar um míssil inicial que tinha o efeito de forçar o avião de ataque a uma altitude menor, o que disparava uma salva de tiros. Para o piloto americano, a primeira ação de defesa era fazer uma mudança brusca, além da capacidade de manobra do míssil. Entretanto, os americanos também desenvolveram um leque impressionante de equipamentos antimísseis. Uma tecnologia simples, mas eficiente, era o "Chaff": milhares de faixas de papel alumínio que interferiam nos sinais do radar inimigo eram dispersas no ar pelos F-4 e A-7, para fornecer um corredor seguro de voo para as aeronaves de ataque.

Vários equipamentos de contramedidas eletrônicas possuíam uma tecnologia antimísseis mais sofisticada. O Douglas EB-66 Destroyer conseguia bloquear radares de detecção precoce e de mísseis terra-ar com sinais conflitantes, embora entre 1967 e 1968 cada vez mais caças individuais e caças-bombardeiros começassem a carregar os seus próprios aparelhos de contramedidas eletrônicas. Uma medida antirradar mais agressiva foi o míssil antirradar AGM-45A Shrike. Quando lançado de um Wild Weasel – uma aeronave própria de ataque antimíssil e contramedidas eletrônicas – ele voava abaixo do feixe de rastreamento do radar de detecção de alvos do inimigo, e assim o bloqueio do inimigo basicamente trazia destruição sobre si mesmo. Os norte-vietnamitas, entretanto, muito inovadores, logo dominaram o Shrike usando um sistema de radar diferente para localizar a posição do inimigo e apenas mudando para o radar de detecção de alvos no último minuto, para disparar o míssil. Este seria imediatamente desligado para evitar um bloqueio do Shrike.

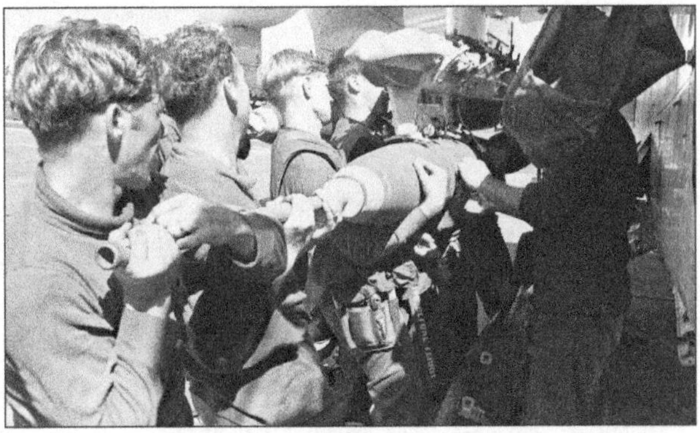

ACIMA: CARREGANDO UM BOMBARDEIRO B-52 PARA ATAQUES DA OPERAÇÃO ARC LIGHT SOBRE O VIETNÃ DO SUL E O LAOS.

A FORÇA AÉREA DO VIETNÃ DO NORTE (FAVN)

Além das defesas aéreas norte-vietnamitas, os pilotos americanos também enfrentaram os seus pares da Força Aérea do Vietnã do Norte (FAVN). Em 1967, o Vietnã do Norte colocava em campo uma força aérea de cerca de 80 caças, em sua maioria MiG-15, 17, 19 e 21. Embora algumas dessas aeronaves, como a MiG-15, fossem ultrapassadas, as MiG em geral eram aeronaves poderosas e fáceis de manobrar; e, no contexto norte-vietnamita, tinham normalmente a vantagem de operar em seu próprio território, agindo em conjunto com as zonas de mísseis terra-ar. Reconhecidamente, conforme a guerra progredia, as chances contra a FAVN ficavam cada vez maiores à medida que a tecnologia e os padrões de treinamento americanos progrediam (os pilotos da Marinha americana da escola Top Gun, por exemplo, chegaram a alcançar uma taxa de destruição de 12:1). Ainda assim, a FAVN infligia perdas graves o bastante para

MUNIÇÕES GUIADAS COM PRECISÃO

Durante o *Rolling Thunder*, quase toda a munição lançada sobre o Vietnã do Norte era do tipo convencional de "bomba de queda livre" – ou seja, bombas guiadas apenas pela trajetória de liberação da aeronave. Por causa da imprecisão geral dessas bombas, os cientistas americanos desenvolveram munições que tinham um percurso realmente dirigível. A primeira dessas "munições guiadas com precisão" (chamadas de "bombas inteligentes") foi a bomba de direcionamento eletro-óptico Walleye. Ela utilizava uma bomba padrão de 390 kg ou 450 kg equipada com uma câmera de TV no nariz e barbatanas ajustáveis em voo na cauda. Uma vez lançada, o piloto recebia em uma tela de TV as imagens transmitidas da câmera da bomba e poderia utilizá-las para ajudá-lo a guiar a bomba diretamente para o alvo. Elas foram utilizadas pela primeira vez em 1967 pela Marinha americana contra a ponte Thanh Hoa – que já tinha sobrevivido a milhares de toneladas de bombas convencionais – e o alvo foi atingido diretamente. Mas a Walleye exigia que o piloto mantivesse o curso do jato por mais de 15 segundos de voo, algo que o tornava muito vulnerável a ataques antiaéreos. Uma alternativa menos arriscada era a bomba guiada a laser Paveway, utilizada pela primeira vez pela Força Aérea americana em 1968. Ela também utilizava uma bomba-padrão com barbatanas dirigíveis, mas neste caso estava equipada com um sensor de laser no nariz. Quando um alvo era iluminado por um designador laser, a bomba lançada voaria na direção do raio refletido, diretamente para o alvo. Os resultados eram impressionantes e garantiram que mais de 80% dessas bombas aterrissassem em um raio de 9 metros do alvo (as bombas de projétil costumavam cair a até 150 metros de seu alvo). O estágio final de desenvolvimento foi a tecnologia "dispare e esqueça", que dava à câmera Walleye a capacidade de memorizar a área do alvo e se guiar sozinha, sem o controle do piloto. A introdução das munições guiadas com precisão melhorou o sucesso operacional do bombardeio americano ao longo da guerra.

UM F-4 PHANTOM COM BOMBAS GUIADAS A LASER.

serem levadas muito a sério. Em 1967, por exemplo, uma longa série de ataques sobre as bases aéreas do Vietnã do Norte destruiu 52 MiG; mas, por sua vez, a FAVN abateu onze F-105 e nove F-4.

ABAIXO: UM BOMBARDEIRO CANBERRA, DA FORÇA AÉREA REAL AUSTRALIANA, LANÇA UMA BOMBA DE 227 KG DURANTE UM ATAQUE DE PRECISÃO À LUZ DO DIA.

A DESTRUIÇÃO COMEÇA

O Operação *Rolling Thunder* de bombardeio ao Vietnã do Norte iniciou em 2 de março de 1965. O controle real era do presidente dos EUA, pois essa não era para ser uma campanha irrestrita. Johnson tinha de manter a opinião pública do seu lado, pois o bombardeio de um país em desenvolvimento por uma superpotência poderia parecer excessivo para muitos. O próprio Estado-Maior Conjunto defendeu inicialmente a

A Força Aérea americana nunca tivera a permissão de escolher livremente seus alvos durante a *Rolling Thunder*. Até hoje, muitos pilotos veteranos culpam as restrições impostas pela lista de alvos, controlada pelo governo, pelo fracasso da campanha.

DIREITA: ESSA FOTOGRAFIA DE RECONHECIMENTO DA FORÇA AÉREA AMERICANA MOSTRA CAÇAS MIG-17 POUSADOS NO AERÓDROMO DE PHUC YEN, A APENAS 32 KM A NORDESTE DE HANÓI.

ABAIXO: O DISPARO DE MÍSSEIS TERRA-AR DO VIETNÃ DO NORTE, CAPTADO PELA CÂMERA DE UMA AERONAVE DE RECONHECIMENTO EM 5 DE JULHO DE 1966.

"lista de 94 alvos", uma campanha abrangente de destruição contra o Norte, começando com os aeródromos e terminando com a sua base industrial. Johnson, entretanto, não poderia aprovar um escopo tão amplo de destruição, selecionando, em vez disso, alguns alvos da lista e permitindo uma intensificação contínua no tipo de alvos permitidos.

As primeiras incursões tinham como alvo principal a infraestrutura, particularmente estradas e pontes essenciais às rotas de suprimento do Vietcong e do EVN. Um dos maiores desses ataques foi contra a ponte de Thanh Hoa, sobre o Rio Song Ma. Essa travessia rodoviária e ferroviária foi atingida por cerca de 700 ataques aéreos despejando quantidades gigantescas de munição convencional. Entretanto, é revelador que todo esse esforço tenha apenas danificado a estrutura, e não a destruído. Esse feito só foi obtido mais tarde, em abril e maio de 1972, ao se utilizar as vantagens da nova tecnologia

DIREITA: UM AVIADOR NORTE-AMERICANO JAZ MORTO NOS DESTROÇOS DE SEU AVIÃO EM UM CAMPO DE ARROZ NO VIETNÃ DO NORTE.

de bombas: bombas guiadas a laser de 900 kg e 1.360 kg demoliram a ponte em poucos ataques de precisão (embora bombas de direcionamento eletro-óptico tenham danificado muito a ponte em 1967, durante a *Rolling Thunder*).

Thanh Hoa também foi cenário do primeiro combate aéreo da guerra em 4 de abril de 1965, quando quatro F-105 Thunderchiefs e a sua escolta de F-100 Super Sabres foram surpreendidos pelo ataque de quatro MiG-17. Foi o dia da vitória dos MiG, que abateram rapidamente duas aeronaves americanas, embora três MiG-17 tenham também sido destruídos por F-105 mais tarde naquele mesmo dia. Outra vingança aconteceu em 17 de junho, quando quatro F-4 da Marinha americana, do USS *Midway*, atacaram quatro MiG-17, destruindo dois deles com mísseis de classe ar-ar Sparrow. Depois disso, todos os ramos de aviação das Forças Armadas americanas começaram a efetuar "abates" regulares. É interessante notar que, embora os EUA aplicassem tecnologia avançada de mísseis ar-ar, uma grande porcentagem de abates ainda vinha do disparo de canhões (os F-4 a princípio não eram equipados com nenhuma arma, apesar do desempenho dos F-105 utilizando apenas o seu canhão).

ABERTURAS PARA CONCILIAÇÃO

No final de 1965, a Operação *Rolling Thunder* suscitava um alto nível de protestos nacionais nos EUA, concentrados principalmente nas universidades. Johnson tinha tentado trazer o Vietnã do Norte para

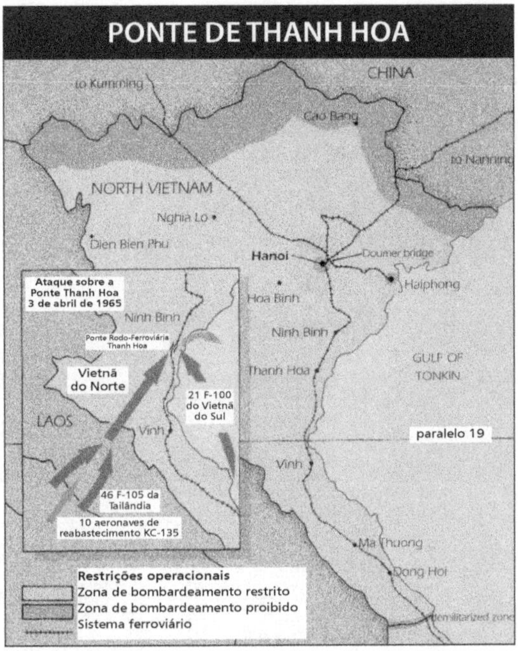

a mesa de negociações em abril, oferecendo um programa de desenvolvimento multimilionário para a região do Rio Mekong, em troca da interrupção das atividades militares. Essa tentativa fracassou, e Ho Chi Minh emitiu uma lista com as suas próprias exigências, que foram inaceitáveis para os Estados Unidos. Johnson fez outra tentativa de uma resolução pacífica ao iniciar um cessar-fogo na Operação *Rolling Thunder*, no Natal de 1965. Essa era uma atitude controversa. Figuras-chave no Exército, tais como o general William Westmoreland, comandante do MACV (Military Assistance Command Vietnam), argumentou que a pausa permitiria que o Vietnã do Norte reconstruísse os seus recursos.

As medidas conciliatórias não tiveram nenhum resultado, e as operações foram retomadas com um novo nível de intensidade em 1966. As missões agora incluíam ataques de Boeing B-52 Stratofortress

Esquerda: Camponeses norte-vietnamitas inspecionam um Vought F-8 Crusader americano abatido.

DIREITA: UM CONJUNTO DE TRÊS AERONAVES B-52 DESCARREGA BOMBAS DE 340 KG E 450 KG SOBRE UMA CONCENTRAÇÃO DE TROPAS VIETCONG PERTO DE BIEN HOA. O PODER DESTRUTIVO DESSES ATAQUES ERA TAMANHO QUE SE RECOMENDAVA UMA DISTÂNCIA MÍNIMA DE 5 KM ENTRE A ZONA DE BOMBARDEIO E AS TROPAS ALIADAS.

RESGATE E CAPTURA DE PILOTOS

A força das defesas aéreas do Vietnã do Norte tornou o resgate de pilotos americanos abatidos uma enorme empreitada por si só. Grandes esforços logísticos foram empreendidos na localização e recuperação dos homens com anos de treinamentos caros em aviação e informações valiosas sobre as tecnologias americanas. O resgate físico propriamente dito era feito por helicóptero, normalmente um Sikorsky HH-53C ou um Bell UH-1 Huey, mas eles trabalhavam em conjunto com toda uma comitiva de aeronaves de resgate e pessoal em solo. A aeronave de reconhecimento Rockwell OV-10 Bronco, por exemplo, mantinha contato com os sobreviventes e direcionava as patrulhas de solo ou ribeirinhas e o apoio de artilharia. Aeronaves de contramedidas eletrônicas, como a Lockheed EC-121 Warning Star, protegiam a aeronave de resgate dos mísseis terra-ar, e reabasteciam os caças e as aeronaves de apoio de ataque.

UM PILOTO AMERICANO CAPTURADO.

Muitos dos pilotos abatidos eram capturados vivos pelo inimigo – de fato, cerca de 586 pilotos da Força Aérea americana foram capturados ou desapareceram entre 1962 e 1973. Seu valor de propaganda e de inteligência normalmente os mantinha vivos quando capturados, e eram levados a uma das inúmeras prisões em Hanói ou nas proximidades. A mais abominável dessas prisões era a Hoa Lo, no centro de Hanói, popularmente conhecida como o "Hanói Hilton", mas existiam outros recintos igualmente brutais, como os de Cu Loc e de Son Tay.

A realidade diária de cerca de 80% dos aviadores americanos era de torturas horríveis. Uma emenda do Vietnã do Norte à Convenção de Genebra de 1957 afirmava que os criminosos de guerra estavam fora da jurisdição dos códigos da convenção, e os aviadores americanos estavam na categoria de "criminosos de guerra". A tortura era infligida por vários dias, e até mesmo semanas, para quebrar a resistência do piloto; era comum que os prisioneiros fossem amarrados em posições dolorosas e deixados lá, em condições de imundície, por extensos períodos, o que muitas vezes resultava em feridas ou deformidades permanentes. Além da inteligência militar, um objetivo típico dessas torturas era produzir uma "confissão" filmada condenando as ações americanas, para propósitos de propaganda. Isso era alcançado em muitos casos, embora a linguagem ideológica utilizada nesses discursos normalmente traísse a natureza forçada de sua obtenção.

contra as rotas de infiltração do EVN no Laos, embora essas aeronaves também estivessem participando de bombardeios táticos no Vietnã do Sul desde 1964, nos chamados ataques Arc Light. Essa política de intensificação constante aumentou o número de incursões para cerca de 10 mil por mês em 1966, aproximando-se do limite logístico das operações americanas sob as restrições políticas existentes. Os avanços nos radares, nos alvos dos bombardeios e na vigilância permitiam a localização mais precisa dos alvos inimigos. Além disso, estava acontecendo uma grande destruição da infraestrutura norte-vietnamita. As instalações de petróleo, por exemplo, estavam quase totalmente destruídas em 1966. Essas instalações continham cerca de 90% de todo o armazenamento de petróleo do Vietnã do Norte, embora os bombardeios tivessem ocasionado uma redistribuição do armazenamento para depósitos menores espalhados pelo país, uma tática que demonstrou como o Vietnã do Norte conseguia superar rapidamente o impacto dos ataques aéreos localizados, mesmo quando estes eram executados com eficácia.

RESULTADOS DECEPCIONANTES

Em 1966, os conselheiros militares americanos tiveram de admitir que a *Rolling Thunder* estava tendo um impacto mínimo sobre a cadeia de abastecimento do Vietnã do Norte para o Sul, especialmente porque estimava-se que apenas 60 toneladas de suprimentos já seriam o suficiente para manter a atividade militar Vietcong. Começaram então a sugerir contramedidas alternativas, incluindo a construção da "Linha McNamara", uma barreira física ao longo dos pontos-chave de infiltração do EVN. Relatórios encomendados pelo governo americano deram ainda mais confiança a este plano como uma maneira de abandonar a campanha aérea, e o próprio McNamara defendeu o investimento de 1 bilhão de dólares neste projeto. O trabalho na linha começou no início de 1967, mas a *Rolling Thunder* ainda durou mais 18 meses.

Apesar das alternativas, uma reavaliação da *Rolling Thunder* no final de 1966 manteve a intensificação contínua – de fato, o número de incursões chegou a alcançar 13 mil por mês durante 1967. Entretanto, reconhecia-se que uma parte vital do sucesso futuro da operação era a destruição da Força Aérea do Vietnã do Norte. Ironicamente, a Força Aérea americana não tinha permissão para destruir as aeronaves no solo, então o coronel Robin Olds, da 8ª Ala de Combate Tático, concebeu e lançou a Operação Bolo. Era essencialmente uma tentativa de atrair os caças norte-vietnamitas para o ar, onde poderiam então ser destruídos.

As operações aéreas americanas no Vietnã foram um dos elementos mais caros da guerra. Mais de 2.200 aeronaves americanas, cada uma avaliada em milhões de dólares, foram perdidas entre 1962 e 1973, e os custos financeiros das operações da Força Aérea americana entre esses anos chegou ao impressionante valor de US$ 3.129.900.000,00.

DIREITA: UMA PONTE RODOVIÁRIA NO VIETNÃ DO NORTE DESTRUÍDA POR UM ATAQUE AÉREO PRECISO DOS EUA. AS ÁREAS AO REDOR DAS PRINCIPAIS PONTES ERAM MUITAS VEZES ALGUMAS DAS MAIS BOMBARDEADAS DURANTE A OPERAÇÃO ROLLING THUNDER, JÁ QUE OS EUA TENTAVAM CORTAR AS ROTAS DE ABASTECIMENTO DO EVN PARA O SUL.

ABAIXO: BOMBAS AMERICANAS EXPLODEM PERTO DE UMA PONTE FERROVIÁRIA NO VIETNÃ DO NORTE. O BOMBARDEIO CONVENCIONAL DESSES ALVOS ERA MUITO INEFICAZ, E GRANDES QUANTIDADES DE ARMAMENTO FORAM DESPERDIÇADAS PARA POUCOS ACERTOS DIRETOS.

Em 2 de janeiro de 1967, uma grande esquadrilha de F-4C Phantoms decolou e assumiu o padrão de um grupo de F-105 em bombardeio. Os norte-vietnamitas morderam a isca, enviando um conjunto de MiGs que acabaram sendo derrubados pelos mísseis AIM-7 e AIM-9 dos Phantoms; foram destruídos no total sete MiGs naquele dia.

Depois dessa ação, a lista de alvos americanos foi ampliada, incluindo bases aéreas em Kep, Kien An, Hoa Loc e Phuc Yen, bases militares ao redor de Hanói e ao longo da fronteira chinesa, e outras zonas industriais de Hanói. A usina siderúrgica de Thai Nguyen, grande símbolo de orgulho para o Vietnã do Norte, ficou debaixo de fogo contínuo por cerca de quatro meses, reduzindo muito a produção. A ponte Paul Doumer, sobre o Rio Vermelho em Hanói, foi destruída em várias ocasiões distintas ao longo do ano. Mesmo assim, como já observamos antes, em 1967 as defesas norte-vietnamitas tinham alcançado uma competência muito maior,

Poucos alvos de bombardeios no Vietnã do Norte tiveram na realidade algum significado geral para o prosseguimento da guerra por parte do Norte. Mesmo quando os grandes alvos industriais nas redondezas de Hanói foram destruídos, a produção de guerra continuou nas áreas rurais do Vietnã do Norte.

ESQUERDA: A USINA RECÉM-CONSTRUÍDA DE ENERGIA TÉRMICA EM UONG BI, VIETNÃ DO NORTE, E SEUS ARREDORES, COMPLETAMENTE DEVASTADA PELOS ATAQUES AÉREOS NORTE-AMERICANOS.

ABAIXO: BOMBAS LANÇADAS POR UM A4-C SKYHAWK CAEM NA DIREÇÃO DE UMA PONTE RODOVIÁRIA NO VIETNÃ DO NORTE, EM JULHO DE 1966.

e o número de aeronaves da Força Aérea americana abatidas naquele ano chegou a 294.

As intensificações durante 1967 deram o tom para o restante da Operação *Rolling Thunder*. O bombardeio e a destruição continuaram quase inabalados, embora estivesse crescendo a preocupação pública, nos Estados Unidos e ao redor do mundo, de que a Guerra do Vietnã estivesse saindo de controle. Cerca de 52 mil civis norte-vietnamitas morreram na *Rolling Thunder*, e muitas figuras civis e militares começaram a questionar tal destruição quando todas as análises indicavam que a *Rolling Thunder* não iria conseguir atingir os seus objetivos iniciais. A campanha de três anos de duração viu mais de 1 milhão de toneladas de material bélico lançados, e ainda assim a corrente de homens e suprimentos norte-vietnamitas chegando ao Sul continuava a aumentar dia a dia. Os números da inteligência americana demonstravam que, enquanto acreditava-se que apenas 35 mil soldados do EVN tinham se infiltrado no Vietnã do Sul em 1965, no final de 1967 esse número já alcançava 150 mil. Além disso, o Vietcong e o EVN con-

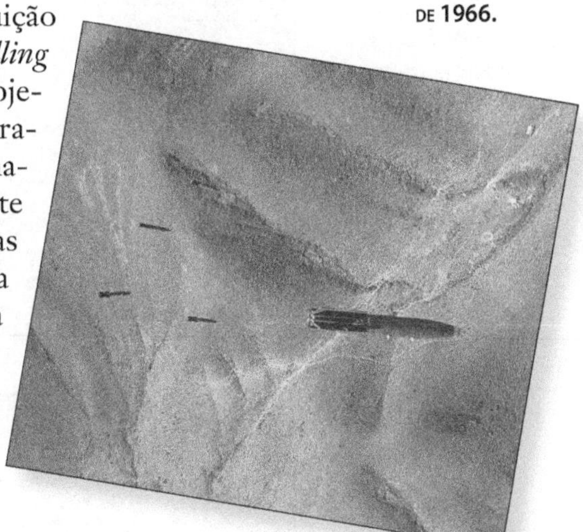

MIKOYAN-GUREVICH MIG-19

A introdução do Mikoyan-Gurevich MiG-19 no meio dos anos 1960 adicionou uma dimensão supersônica à Força Aérea do Vietnã do Norte. O primeiro protótipo bem-sucedido, o I-350M, foi apresentado em 1952, seguido de perto pelo modelo produtivo MiG-19F. Modelos melhorados logo se seguiram, incluindo o MiG-19PM, um caça supersônico armado com mísseis de classe ar-ar que fornecia níveis excelentes de velocidade e capacidade de manobra. Armado com dois ou três canhões NR-30 de 30 mm e 500 kg de munição, o MiG-19PM podia alcançar a velocidade máxima de 1.540 km/h gerada por seus dois motores turbojet Wopen-6, e subir até 9.150 metros por minuto. Embora a produção do MiG-19 tivesse se encerrado em 1958 na União Soviética, e em 1961 na Tchecoslováquia, eles se integraram ao arsenal norte-vietnamita para neutralizar a *Rolling Thunder*. Todos os MiGs em operação no Vietnã eram vulneráveis às aeronaves e aos armamentos americanos mais sofisticados, mas ainda assim apenas oito MiG-19 foram abatidos pela Força Aérea americana durante a guerra, contra 61 MiG-17 e 68 MiG-21. De alguma forma, esses números refletem a diferença na quantidade de aeronaves disponíveis, mas também indicam o desempenho magnífico deste excelente supersônico.

UM MIG-19 NAS CORES DA FORÇA AÉREA TCHECOSLOVACA.

seguiam levar a guerra adiante com apenas uma fração da logística exigida pelos EUA; então, mesmo que a cadeia de suprimentos fosse reduzida a um mero gotejar, isso teria pouco efeito perceptível no combate de campo.

A magnitude da Operação *Rolling Thunder* significou custos astronômicos, e alguns cálculos estimam que foram gastos 12 dólares para cada dano de 1 dólar infligido. Ao final de 1967, somente as perdas de aeronaves já somavam 900 milhões de dólares. Ao ficar mais claro que o dano infligido ao inimigo não estava afetando seriamente o prosseguimento da guerra, a *Rolling Thunder* se tornou insustentável.

DIREITA: MEMBROS FEMININOS DO VIETCONG SE ABRIGAM NAS TRINCHEIRAS DOS ATAQUES AÉREOS NO NORTE, EM 1968.

Com esse tipo de análise militar e financeira, a operação *Rolling Thunder* não tinha futuro. Em 31 de março de 1968, o presidente Johnson suspendeu qualquer bombardeio acima do paralelo 20, e em 31 de outubro a operação foi encerrada. Depois disso, só foram permitidas ações de reconhecimento e retaliação. O encerramento dos bombardeios foi parte de um acordo barganhado com funcionários do governo da República Democrática do Vietnã que, em contrapartida, comprometeram-se a desistir tanto dos ataques de artilharia em cidades sul-vietnamitas quanto das infrações à ZDM.

ACIMA: DOIS DOS 25 B-52S QUE BOMBARDEARAM UMA ÁREA DE TREINAMENTO E CONCENTRAÇÃO VIETCONG A 48 KM DE SAIGON, EM 7 DE JULHO DE 1965.

Em 1968, o governo americano estava procurando uma maneira de sair da guerra. Além da guerra aérea, os EUA e os seus aliados estavam também lutando uma guerra violenta em solo há três anos. O poder aéreo continuaria a ser sentido ao longo do restante da Guerra do Vietnã, particularmente no Vietnã do Sul, Laos, Camboja e, de novo, no Vietnã do Norte durante os ataques da Operação Linebacker, em 1972. Ainda assim, a partir de 1968 a política dos EUA era de contração contínua, em vez da intensificação constante demonstrada anteriormente. As aeronaves da Força Aérea, Marinha e Fuzileiros americanos tinham castigado terrivelmente o Vietnã do Norte e quaisquer zonas onde houvesse soldados seus vagando. Entretanto, as fatalidades não erodiram o seu moral ou a sua eficiência comunista, um fato que o Vietnã do Norte demonstrou em sua invasão ao Vietnã do Sul, em 1968.

ESQUERDA: REPUBLIC F-105 THUNDERCHIEFS ENTRANDO EM ATAQUE. DIZ-SE OFICIALMENTE QUE O "THUD" FOI APELIDADO ASSIM POR CAUSA DO FORTE ESTRONDO NA SUA ATERRISSAGEM; UMA SUGESTÃO MAIS SOMBRIA DIZIA QUE O APELIDO VINHA DO SOM DO MÍSSIL ATINGINDO SEU ALVO.

Capítulo 4

Busca e Destruição

Militares da 1ª Divisão de Cavalaria (Aeromóvel) saltam do seu helicóptero UH-1D Iroquois durante uma missão de busca e destruição na província de Quang Ngai. A "Busca e Destruição" estava prestes a se tornar a estratégia dominante, e controversa, da guerra terrestre americana, durante os primeiros anos do conflito no Vietnã.

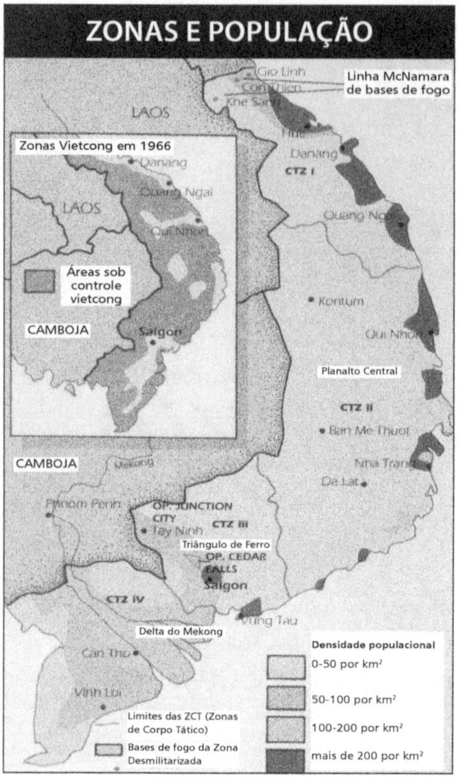

Em 1965, a guerra do Exército da República do Vietnã (ERV) contra o Vietcong era um verdadeiro desastre. Os governos instáveis do Vietnã do Sul tornavam difícil a efetividade militar, algo que não começaria a ser resolvido até que o general Nguyen Van Thieu e o general Nguyen Cao Ky, da Força Aérea, tomassem o controle na metade de 1965. Militarmente, a prioridade ostensiva do ERV era a proteção das estradas, distritos e bases militares contra a infiltração Vietcong. Embora, mais tarde, o ERV chegasse a ter unidades de elite como as divisões aéreas e de fuzileiros, em 1965 o Exército era ineficaz e desmotivado, utilizando táticas que os conselheiros americanos chamavam de "busca e esquiva". As Forças estavam deterioradas pelos salários baixos, pela escassez de alimento, pela corrupção e pela criminalidade, resultando em um exército ineficiente que, na metade de 1965, estava perdendo o equivalente a um batalhão de infantaria por semana. Somente nos dias 30 e 31 de maio, por exemplo, o 1º Batalhão do 51º Regimento do ERV perdeu mais de 390 soldados mortos depois de uma emboscada do 1º Regimento Vietcong perto de Ba Gai, ao sul de Chu Lai.

As políticas sociais do Vietnã do Sul não eram melhores que as suas políticas militares. O programa "vilas estratégicas" foi substituído pelo "vilas da nova vida", uma simples continuação da realocação de comunidades que se provou menos popular que o anterior. Somente em 1967, quando os EUA estabeleceram o programa de Operações Civis e Apoio ao Desenvolvimento Rural (CORDS – *Civil Operations and Rural Development Support*), é que a pacificação seria propriamente coordenada e avaliada.

Direita: Uma linha vital da estratégia americana era ganhar o apoio da população civil do Vietnã do Sul. Aqui, uma equipe do Programa Médico de Ação Cívica (MEDCAP) trata pacientes locais em uma clínica móvel.

Na ausência de um exército sul-vietnamita competente, os EUA tomaram as rédeas da situação. Em 8 de março de 1965, 3.500 fuzileiros navais americanos da 9ª Brigada Expedicionária de Fuzileiros executa-

ARMADILHAS

É provável que as armadilhas mais básicas do Vietcong tenham sido aquelas que empregavam espinhos sujos de excrementos. Estes seriam colocados ou em poços escondidos ou em buracos nos quais a vítima caía ou pisava, acabando com ferimentos no pé e na perna. Ou então os espinhos eram colocados em varas de bambu ou pedras e soltos quando alguém tropeçava no fio escondido que soltava a armadilha na vítima. O excremento na ponta de cada espinho quase sempre resultava em intoxicações quando a pele era perfurada. Mas os guerrilheiros Vietcong eram também mestres em transformar munição comum em devastadores mecanismos antipessoais. Um dos mais simples era o *toe-popper*, uma bala enterrada até a ponta, com o gatilho colocado sobre um prego como pino de disparo. A bala simplesmente disparava se alguém pisasse em cima. As granadas também eram muito utilizadas nas armadilhas, ligadas a fios de tropeço instalados em trilhas na selva ou córregos, colocadas em postes nas zonas de aterrissagem de helicópteros ou detonadas por controle remoto. As minas antipessoais-padrão, soviéticas ou chinesas, também eram utilizadas nas áreas de vegetação rasteira, incluindo as minas "Bouncing Betty", que saltavam do solo quando se pisava sobre elas, antes de explodir na altura do peito.

UM SOLDADO USA SUA BAIONETA PARA DESENTERRAR UMA MINA VIETCONG.

A guerra de armadilhas teve um terrível efeito desmoralizante sobre as tropas americanas e aliadas. As patrulhas americanas perdiam vários homens para as armadilhas sem encontrar um único soldado Vietcong em combate. Os ferimentos sofridos eram terríveis, já que as armadilhas eram deliberadamente projetadas para mutilar, não para matar. A tensão mental de se operar em uma área que provavelmente continha armadilhas era enorme, e não há dúvidas de que isso era uma forma de guerra psicológica tão eficaz quanto à do combate tradicional.

ram um grande desembarque anfíbio em Danang. Os fuzileiros rapidamente receberam reforços, em desembarques subsequentes, e se expandiram para formar a III Força Anfíbia de Fuzileiros, consistindo dos regimentos número 3, 4, 7 e 9 dos Fuzileiros americanos, com base na Zona Tática Corpo 1, ao norte. Esses desembarques eram significativos, porque tropas exclusivas de combate estavam agora se unindo aos 23 mil soldados americanos já no Vietnã do Sul, e ao final de 1965 esse número alcançaria os 184.300. Então, qual era a estratégia e a intenção por trás desse aumento?

Busca e Destruição era uma estratégia de poder de fogo impressionante. Os EUA levaram recursos imensos de infantaria e armamentos de campo para o Vietnã, e esperavam que os insurgentes Vietcong fossem derrotados pela dimensão dessa capacidade destrutiva.

ESTRATÉGIAS

No início de 1965 o comandante da MACV (1964-68), general William Westmoreland, e o embaixador americano no Vietnã do Sul, general Maxwell D. Taylor, apresentaram ao presidente Johnson as opções estratégicas para a intensificação da guerra. Westmoreland queria reunir cinco divisões das tropas interna-

ACIMA: FUZILEIROS NAVAIS AMERICANOS DA 3ª DIVISÃO DE FUZILEIROS UTILIZAM A METRALHADORA M60, CARINHOSAMENTE CONHECIDA COMO "PIG", DURANTE UMA MISSÃO NAS ENCOSTAS VIETNAMITAS. DURANTE AS OPERAÇÕES DE BUSCA E DESTRUIÇÃO, OS TIROTEIOS ERAM UM ACONTECIMENTO DIÁRIO.

cionais e enviá-las através da ZDM e ao longo da fronteira com o Laos, com uma divisão americana no Planalto Central para combater o desenvolvimento de uma divisão do EVN naquela área. Westmoreland queria autoridade para executar operações diretas e agressivas contra o Vietcong/EVN. Se não fosse assim, argumentava ele, o ERV provavelmente entraria em colapso dentro de um ano. A recomendação de Taylor era mais moderada (apenas porque a sua proposta anterior, de uma invasão do Vietnã do Norte, havia sido rejeitada). Ele propunha uma estratégia de enclave, na qual as tropas se reuniriam ao redor dos centros populacionais e da costa, protegendo áreas de valor social e militar, enquanto o ERV lutava contra os comunistas insurgentes em algum outro lugar. As unidades teriam a permissão de patrulhar em um raio de 80 km em torno do seu enclave, e de enfrentar o inimigo se isso fosse justificável.

Taylor venceu o debate com o presidente. Para Johnson, o plano de Taylor significava intensificação sem beligerância e, para desagrado de Westmoreland, a III Força Anfíbia de Fuzileiros foi distribuída em vários enclaves ao longo da costa vietnamita, em Danang, Phu Bai e Chu Lai.

O contato inicial entre as unidades americanas e o Vietcong/EVN era limitado. O Vietcong concentrava os seus esforços no ERV, tentando arrasá-lo antes que o comprometimento americano aumentasse. Os soldados americanos, comprometidos com suas áreas designadas, tinham contribuição apenas limitada. Assim, em 20 de abril, Johnson, McNamara e o general Earle G. Wheeler (Presidente do Estado-Maior Conjunto), entre outros, reuniram-se em Honolulu para debater a intensificação tática. Westmoreland requisitou mais nove batalhões americanos, além de um batalhão da Austrália e três da Coreia do Sul (um investimento não americano de 7.300 soldados). A proposta foi colocada em vigor no contexto dos acordos da SEATO e, por fim, a Austrália, a Nova Zelândia, a Coreia do Sul, a Tailândia e as Filipinas contribuiriam com soldados para a guerra no Vietnã. Apenas as forças sul-coreanas somavam perto de 48 mil homens no final de 1967, e no final de 1969 havia 7 mil soldados australianos em ação. Westmoreland estava a cargo de todas as Forças Aéreas e de solo americanas no Vietnã do Sul, enquanto o bombardeio do Vietnã do Norte caiu sob a jurisdição do comandante em chefe do Pacífico, almirante S. Sharp.

Com a intensificação aprovada, houve também uma mudança vital na estratégia de enclave. O Vietcong estava evitando as posições americanas e atingindo as unidades do ERV, então, em 8 de junho, Johnson aprovou a utilização de tropas americanas em operações de combate contra insurgência mais ativas, em apoio às forças sul-vietnamitas. Ao final de junho, essa política tinha se expandido a tal ponto que as tropas americanas poderiam ser utilizadas em qualquer situação considerada necessária para fortalecer a posição relativa das forças do ERV. Efetivamente, Westmoreland podia agora perseguir a sua tática fundamental – "Busca e Destruição".

ABAIXO: AEROMOBILIDADE. UM SOLDADO DA 1ª DIVISÃO DE CAVALARIA (AEROMÓVEL) GUIA UM HELICÓPTERO UH-1 A UMA CLAREIRA NA SELVA.

MISSÕES DE BUSCA E DESTRUIÇÃO

Busca e Destruição (B&D) é uma doutrina militar antiga e simples. A sua premissa básica é que, se você inflige um tamanho nível de atrito sobre as forças inimigas, a uma certa altura, o inimigo não será mais capaz de repor as suas perdas e terá de encerrar a sua atividade militar. Este

CONDIÇÕES NA SELVA

Além de lutar na guerra, os soldados americanos e aliados também tinham de lutar contra uma selva inclemente. Cada soldado carregava entre 23 e 32 kg de equipamentos, em temperaturas de cerca de 40ºC, com a umidade em torno de 80-90% – consequentemente, a exaustão pelo calor se tornou um problema constante e algumas vezes letal. As roupas e botas também se desgastavam sob os efeitos do suor. Durante a estação das monções, as chuvas eram torrenciais, e o solo se tornava uma lama quase intransponível, a respiração podia ficar difícil, e inundações súbitas e deslizamentos de terra podiam levar à morte unidades inteiras.

Muitas áreas operacionais continham florestas tropicais virgens, que tinham de ser abertas a facão, e os ferimentos causados pelas folhas e espinhos afiados logo se infeccionavam no clima úmido. Entretanto, um dos piores problemas encontrados era o da vida selvagem. Com 131 espécies de cobras venenosas, incluindo variedades letais de serpentes, cobras e víboras e muitos escorpiões, as evacuações médicas por causa de mordidas e picadas venenosas se tornaram muito comuns. Mas um problema que pouco se podia evitar era o do ataque de insetos. Os mosquitos eram uma desgraça constante, e abrir caminho pela mata perturbava abelhas e vespas, o que podia ocasionar centenas de picadas excruciantes e potencialmente fatais. Formigas mordedoras e sanguessugas faziam suas próprias contribuições para o sofrimento dos soldados, sendo que as últimas grudavam na pele deles quando atravessavam os rios, causando uma infecção horrível se não fossem retiradas corretamente.

Uma operação na selva.

ponto, chamado por Westmoreland de "ponto de cruzamento", era o objetivo principal das operações americanas de terra e ar no Vietnã do Sul a partir do final de junho de 1965.

Busca e Destruição não era apenas uma estratégia de Westmoreland, ela também foi defendida pelo Estado-Maior Conjunto em agosto de 1965 e, em 7 e 8 de fevereiro de 1966, Robert McNamara e Dean Rusk também deram a sua sanção oficial. Esta operação é muitas vezes retratada como o limite da imaginação da estratégia americana no Vietnã. Isso é uma representação superficial. Durante toda a guerra, Westmoreland comprometeu mais de 50% das tropas americanas em funções de pacificação, enquanto a B&D foi escolhida conscientemente

Abaixo: Uma aeronave CH-47 Chinook com suprimentos na Operação Pickett, 1966.

como a melhor maneira de derrotar o Vietcong/EVN no campo de batalha. Contundo, a ênfase na "contagem de corpos" do inimigo levou as unidades americanas a, muitas vezes, inflacionar as alegações de morte ou, em algumas ocasiões, à morte acidental ou deliberada de civis. Além disso, o enorme poder de fogo americano criou uma destruição tão indiscriminada que irritou ainda mais a população sul-vietnamita, sem mencionar os seus efeitos adversos na opinião mundial através das reportagens exibidas nos noticiários globais.

Acima: Um soldado americano, carregado com um rifle M14, armadura e mochila, joga água em si mesmo no esforço para combater os efeitos potencialmente letais da exaustão por calor.

A Operação Busca e Destruição dispunha de vastos recursos armamentícios. Patrulhas americanas carregando rifles M16 de alta velocidade, metralhadoras M60, granadas de fragmentação, explosivo plástico C4 e minas antipessoais Claymore (capazes de descarregar 700 balas de metal com efeito letal), poderiam também pedir via rádio o devastador fogo de apoio dos morteiros 105 mm e 155 mm, situados nas bases de artilharia por todo o Vietnã do Sul. Os mesmos rádios podiam ser utilizados para comandar o magnífico poder aéreo da Força Aérea, Marinha e Fuzileiros americanos, e da Força Aérea Nacional do Vietnã (FANV). O poder aéreo incluía excelentes aeronaves, como os AC-47 de combate, que conseguiam pulverizar 100 tiros de canhão por segundo na selva, enquanto os B-52 lançavam cargas impressionantes no campo (com grande precisão, também, quando coordenados com o sistema de combate Skyspot, que permitia às unidades de radar de solo dirigirem os bombardeiros para o alvo e iniciarem o lançamento da bomba). Com um pedido simples das tropas em solo, as aeronaves americanas se precipitavam e entregavam um conjunto fulminante de materiais destrutivos, incluindo napalm, bombas de fósforo, bombas de fragmentação, desfolhantes, minas lançadas pelo ar e tiros de canhão.

É claro que a Busca e Destruição seria impossível sem a mobilidade aérea dos helicópteros. Até o final da guerra, os helicópteros americanos teriam voado um total de 36.125.000 incursões em todos os papéis, desde ataques de solo até evacuações médicas. Unidades inteiras se tornaram completamente aeromóveis; a 1ª Divisão de Cavalaria (Aeromóvel) se tornou a primeira divisão capaz de deslocamento

DIREITA: A SELVA TORNAVA A NAVEGAÇÃO DIFÍCIL, E AS UNIDADES MUITAS VEZES DEPENDIAM DE UMA AERONAVE DE OBSERVAÇÃO PARA SEU POSICIONAMENTO CORRETO. AQUI, DOIS SOLDADOS AMERICANOS DEMARCAM SUA LOCALIZAÇÃO.

A Busca e Destruição exigia a contagem de corpos para provar que estava funcionando. Isso tinha muitos efeitos indesejáveis, tais como a contagem de mortes de civis como fatalidades Vietcong, e uma imagem pública ruim para as operações militares americanas.

aéreo total. As missões de B&D dependiam absolutamente dos helicópteros para o deslocamento rápido aéreo das tropas para as áreas de confronto. O momento mais perigoso para o helicóptero era descer em uma zona de aterrissagem operacional, muitas vezes o ponto focal do fogo inimigo e da artilharia e bombardeios americanos. Era essencial que se tivesse um controle de fogo impecável entre as unidades de ar e de artilharia.

DIREITA: DOIS SUSPEITOS VIETCONG SÃO COLOCADOS EM UM JIPE POR SOLDADOS AMERICANOS DA 173ª BRIGADA AÉREA.

REDES DE TÚNEIS

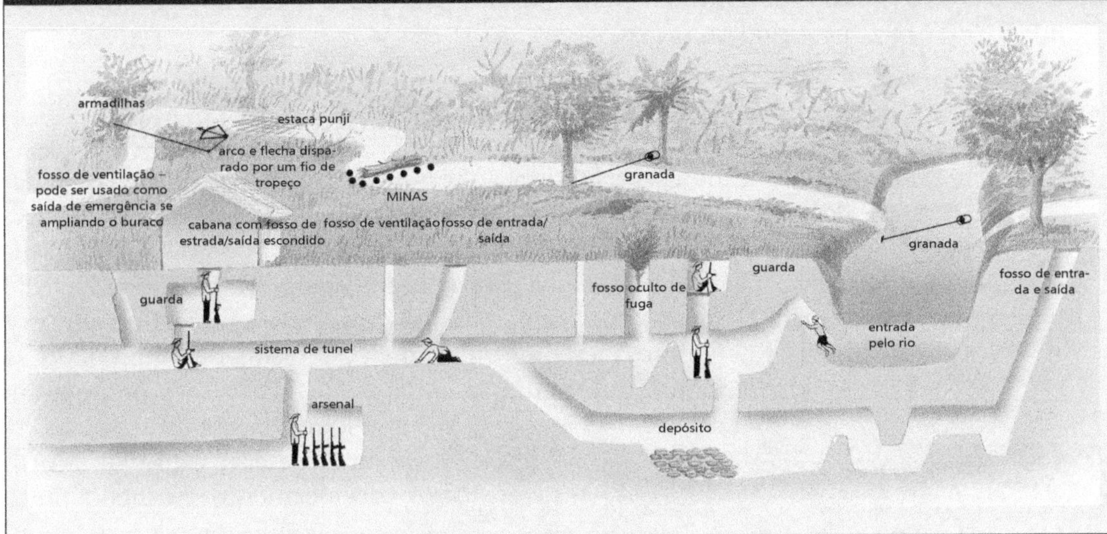

Quando o Vietcong/EVN experimentou a letalidade do poder de fogo americano, começou a operar bem próximo das tropas americanas (chamado "ajustando o cinto") para impedir a utilização da artilharia e do poder aéreo americano. Nessa posição eles conseguiam infligir fatalidades pequenas, mas em contínuo crescimento sobre os seus oponentes, e dados operacionais de 1966 revelam que 88% do contato EUA/Vietcong foi iniciado pelo Vietcong.

O armamento disponível ao Vietcong/EVN no Sul nem se comparava ao dos EUA. Nos primeiros anos, as armas de fogo francesas do conflito anterior eram comuns, mas logo os rifles de ataque soviéticos AK-47 e chineses Tipo 56 tinham sido distribuídos amplamente, e deram às forças de guerrilha um poder de fogo individual igual ao dos soldados americanos. No entanto, o que faltava em tecnologia ao Vietcong era compensado em inovações cruéis, e as armadilhas se tornaram onipresentes. O Vietcong provou ser um inimigo muito frustrante de se combater. Esquivo e resiliente, atacava com rapidez os EUA, o ERV e as tropas aliadas antes de desaparecer em meio à densa vegetação ou no subsolo, em uma das muitas redes de túneis construídos por todo o Vietnã do Sul (particularmente nas áreas de solo laterítico ao norte de Saigon).

A desigualdade de poder de fogo entre os EUA e o Vietcong/EVN produzia taxas de mortalidade de 13:1 a favor das tropas americanas, a cada grande combate. Mesmo assim, as estratégias do Vietcong/EVN eram muitas vezes de maior atrito político do que militar. Como na guerra contra os franceses, os norte-vietnamitas entendiam que a perda de uma única vida americana teria implicações políticas muito maiores do que a perda de alguém do seu próprio lado.

OPERAÇÃO STARLITE E A BATALHA DE IA DRANG

ABAIXO: TENDO CAIDO PROFUNDAMENTE NUM TÚNEL VIETCONG, UM SOLDADO É PUXADO PELOS SEUS CAMARADAS.

A Operação Busca e Destruição continuou até 1972 no nível das unidades locais, mas também deu um grande impulso às operações maiores entre 1965 e 1968. A primeira dessas ações foi a Operação Starlite, lançada em agosto de 1965 na província de Quang Tri, próxima à ZDM.

Em 15 de agosto recebia-se a informação de que 1.500 membros do 1º Regimento Vietcong estavam na península de Van Truong, a 19 km de Chu Lai. Decidiu-se então encurralar o Vietcong em um

ataque em três direções, usando o desembarque anfíbio, o deslocamento via helicóptero e o ataque terrestre de 4 mil fuzileiros da região de Danang, e o armamento de helicópteros da 1ª Divisão de Cavalaria (Aeromóvel). A Starlite iniciou em 18 de agosto. Todas as rotas de ataque foram muito disputadas desde o seu início, e a operação rapidamente se tornou violenta e demorada. Ainda assim, o poder de fogo americano prevaleceu, e 614 Vietcongs foram mortos, contra apenas 45 soldados americanos. O primeiro grande teste para a B&D pareceu ter sido bem-sucedido, embora não chegasse nem perto de ser fácil como se imaginava.

O mês seguinte trouxe uma batalha terrestre ainda maior, dessa vez em resposta ao desenvolvimento de uma divisão do Exército do Vietnã do Norte no Planalto Central. Na primeira metade de outubro, as Forças Especiais americanas acampadas em Plei Me atraíram vários ataques do EVN que foram repelidos por ataques aéreos americanos e ações do ERV. Entretanto, uma concentração do EVN permaneceu no Vale de Ia Drang, e Westmoreland decidiu agir com força.

A batalha de Ia Drang durou de 23 de outubro a 20 de novembro. Em uma missão clássica de B&D, o 1º Batalhão do 7º Regimento de Cavalaria foi deslocado por helicóptero para a Zona de Aterrissagem (ZA) Raio-X, sem saber que estavam cercados por 2 mil soldados do

FORÇAS COREANAS

Os soldados da República da Coreia (RDC) desembarcaram no Vietnã do Sul em agosto de 1964, geralmente para desempenhar papéis não combativos, tais como apoio médico e de engenharia. Ainda assim, nos anos seguintes, mais de 47 mil soldados da RDC serviram no Vietnã do Sul, tendo como responsabilidade principal a supressão da atividade comunista nos distritos costeiros da II Zona de Corpo Tático que se estendia de Cam Ranh até Qui Nhon, na província de Binh Dinh. Os soldados sul-coreanos trouxeram com eles um sentido apurado de anticomunismo e se provaram grandes soldados. As unidades de elite, tais como a Divisão Capital (Tigre) e a 9ª Divisão (Cavalo Branco) executaram operações decisivas de Busca e Destruição contra áreas dominadas pelo Vietcong, muitas vezes utilizando uma brutalidade que atraía controvérsias internacionais. A tortura e execução de prisioneiros era comum entre as unidades da RDC, embora fosse compensada por uma sensibilidade genuína às necessidades das comunidades locais e uma abordagem muito disciplinada das operações de combate (muitos soldados da RDC chegaram a aprender a língua vietnamita para conseguir um contato ainda melhor com a população local). Agindo com eficácia em sua própria jurisdição, os soldados da RDC controlaram a província de Binh Dinh com um sucesso maior do que quase todos os outros grupos militares provinciais da guerra, em parte por que sua crueldade inspirava muito medo entre os soldados do Vietcong.

EVN. As tropas americanas já saíram das portas dos helicópteros lutando, e ficaram entrincheiradas em uma batalha confusa e muito próxima na selva de Ia Drang. A sua posição precária foi reduzida por poderosos ataques de B-52, executados por aeronaves que decolaram de Guam – a primeira utilização de B-52s em coordenação tática com tropas de solo – que arrasaram pontos de consolidação do EVN na montanha de Chu Pong por mais de seis dias. Os americanos receberam apoio também do 2° Batalhão do 7° Regimento de Cavalaria. Eles também decolaram da ZA Raio-X, mas receberam a ordem de avançar 3 km à frente, para a ZA Albany. No caminho, foram emboscados por três batalhões do EVN, e 155 soldados americanos foram mortos. O grande poder de fogo americano restaurou mais uma vez a situação, e pressionou o EVN para fora de Ia Drang e para além da fronteira do Camboja, deixando para trás cerca de 3.500 soldados do EVN mortos.

ABAIXO: TROPAS AMERICANAS SÃO TRANSPORTADAS POR HELICÓPTEROS NA SEQUÊNCIA DE UM DESLOCAMENTO DA B&D.

A Batalha de Ia Drang custou a vida de 300 soldados americanos. Ilustrou também alguns dos problemas de mobilidade aérea, especialmente os altos custos contraídos nas ZAs disputadas, e também a dificuldade de coordenar com eficiência a artilharia em combates de proximidade. As taxas de mortalidade, entretanto, não poderiam ser negadas, e o atrito parecia ser uma estratégia comprovada. Mas, em resposta a isso, as táticas do Vietcong/EVN começaram a mudar. Cada vez mais, eles evitavam o conflito direto, e muitas operações americanas foram frustradas porque eles simplesmente desapareciam dentro da selva, conservando os seus números. Isso parecia, de alguma forma, anular a estratégia de B&D, já que as unidades comunistas ficavam seriamente danificadas, mas raramente eram destruídas.

DIREITA: TROPAS DO ERV CARREGAM UMA AERONAVE DE TRANSPORTE C-130 A CAMINHO DA OCUPAÇÃO DE UM POSTO AVANÇADO NO VIETNÃ DO SUL.

ABAIXO: SUPRIMENTOS SÃO LEVADOS ATÉ UMA BASE DE APOIO DE ARTILHARIA (BAA) AMERICANA PERTO DE PLEI KEN NGO, NO PLANALTO CENTRAL. OS HELICÓPTEROS ERAM A TÁBUA DE SALVAÇÃO DAS FORÇAS TERRESTRES AMERICANAS NO VIETNÃ.

GRANDES E PEQUENOS ENCONTROS, 1966-1967

Grandes deslocamentos de B&D aumentaram rapidamente em 1966, e cresceram também os confrontos entre os fuzileiros americanos e os soldados do EVN na região da ZDM (ver Capítulo 6). Naquele ano, 18 operações de grande escala resultaram em um número estimado de 50 mil mortes tanto do Vietcong quanto do EVN. Também foi o ano no qual a B&D se tornou mais multinacional. O ERV começou a combinar manobras de B&D com as tropas americanas, auxiliado pela estabilidade razoável do novo governo do Vietnã do Sul, de Nguyen Cao Ky e Nguyen Van Thieu. De janeiro a março de 1966, por exemplo, unidades da Ma-

As operações de Busca e Destruição e as tentativas americanas de bem-estar social não trabalhavam juntas com facilidade e, muitas vezes, as consequências da primeira desfaziam os benefícios da segunda.

ESQUERDA: SOLDADOS EXPLORAM UMA CABANA DURANTE A OPERAÇÃO THAYER, EM OUTUBRO DE 1966.

rinha e Exército americanos e do ERV conduziram as operações Double Eagle e Double Eagle II contra grandes unidades Vietcong/EVN na província de Quang Ngai. Enquanto isso, as forças sul-coreanas estavam responsáveis pela pacificação dos distritos costeiros desde Qui Nhon até o sul de Cam Rahn. Elas obtiveram isso com eficiência brutal, e as unidades, como a Divisão Capital (Tigre) e a 9ª Divisão (Cavalo Branco), se tornaram muito temidas pelo Vietcong/EVN. Sua brutalidade teve resultados, e as suas áreas designadas se tornaram as províncias com melhor controle no Vietnã.

A partir de junho de 1966, os soldados australianos se ocuparam das operações de contra-insurgência (OCIN) na província de Phuoc Tuy, a sudeste de Saigon. A utilização do Serviço Aéreo Especial australiano e a sua experiência prévia de OCIN na guerra da Malásia os tornavam particularmente efetivos neste papel. As tropas australianas lutaram poucas batalhas importantes, sendo que uma exceção foi a vitória obtida pela

ABAIXO: PREPARATIVOS PARA A OPERAÇÃO MASHER.

Companhia D do Regimento Real Australiano sobre o 275º Regimento Vietcong, em Long Tan. Mas, mesmo assim, até o dia em que o último soldado australiano foi retirado do Vietnã em dezembro de 1972, 496 deles haviam sido mortos e 2.398 feridos.

As maiores operações permaneceram nas mãos das forças americanas. Uma ação marcante foi a Operação Attleboro, conduzida entre 14 de setembro e 25 de novembro de 1966, quando as tropas americanas tentaram arrasar a 9ª Divisão Vietcong na Zona de Guerra C, na província de Tay Ninh. A Zona de Guerra C se estendia desde a fronteira do Camboja até o nordeste de Saigon, e as operações americanas anteriores nessa área haviam forçado grande parte da 9ª Divisão para dentro do Camboja, embora isso tivesse um alto custo para os EUA. Entretanto, em novembro o Vietcong estava novamente atacando em massa a província. Attleboro foi, sem dúvida, uma operação de grande escala: 22 mil soldados americanos e do ERV tiveram o apoio da artilharia e de ataques do Arc Light. A primeira unidade a entrar em combate foi a 196ª Brigada de Infantaria americana, uma unidade em geral inexperiente que sofreu perdas graves contra os veteranos do Vietcong. Outros batalhões americanos tiveram de ser deslocados para a província antes que a área fosse subjugada, com 2 mil inimigos mortos contra 155 soldados americanos mortos e 494 feridos.

Apesar da extensão da vitória, em uma análise posterior da Attleboro muitos oficiais americanos admitiram que o Vietcong/EVN controlou as oscilações de fluxo da batalha, muitas vezes combatendo em ações isoladas antes de escapar para o Camboja e se reestruturar para as próximas batalhas.

UMA ESTRATÉGIA DUPLA

A Operação Busca e Destruição foi utilizada como uma estratégia tripla a partir de 1967: primeiro, para destruir as bases existentes do Vietcong/EVN e criar "áreas pacificadas"; segundo, para atacar os pontos de desenvolvimento e infiltração e para interromper o estabelecimento de outros postos avançados do Vietcong/EVN. Áreas particularmente disputadas eram o Planalto Central, que viu confrontos amargos entre as forças americanas e a 1ª e 10ª Divisões do EVN, e o Triângulo de Ferro, área ao sul entre Ben Sue e Ben Cat, fazendo fronteira com o fluxo sul do Rio Saigon. O Triângulo de Ferro era uma área dominada pelo Vietcong desde 1965, e nem os grandes ataques de B-52 conseguiram tirá-los de lá. A Operação Cedar Falls (8-26 janeiro) deveria ser uma ação clássica "martelo e bigorna", visando destruir a oposição no Triângulo de Ferro. A 2ª Brigada de Infantaria e a 196ª Brigada de Infantaria Leve agiriam

como a bigorna em posições ao sul do Rio Saigon, enquanto as unidades de ataque aéreo, cavalaria e infantaria americanas atacariam como o martelo, vindas do norte em direção ao Triângulo de Ferro. Ben Sue caiu frente à 2ª Brigada de Infantaria em 8 de janeiro, enquanto a 173ª Cavalaria Aérea e a 11ª Cavalaria Armada saíam de Ben Cat e, em 9 de janeiro, a 3ª Brigada de Infantaria abriu caminho na densa floresta de Than Dien.

A batalha foi lenta e sangrenta. Para manter o terreno capturado, escavadoras americanas limpavam grandes faixas de selva atrás do avanço obtido. No final da operação, 750 Vietcong estavam mortos, mas os 2.711 hectares abertos na selva não colaboraram com os objetivos dos programas de pacificação. Áreas enormes do Vietnã se tornavam cada vez mais devastadas pela guerra. As Operações Thayer II e Pershing, em meados de 1967, por exemplo, lançaram mais de 140 mil projéteis de artilharia e 1.130.000 kg de explosivos, incluindo 227 mil kg de napalm, sobre a província costeira de Binh Dinh. As consequências políticas do impacto ambiental dessas operações quase neutralizaram os seus benefícios militares, já que apresentavam os EUA como um destruidor sem cuidado, em vez de como um benfeitor social. Contudo, os EUA empurraram a taxa de mortalidade do Vietcong/EVN ainda mais para cima.

ACIMA: SOLDADOS AUSTRALIANOS COM VEÍCULOS BLINDADOS DE TRANSPORTE DE PESSOAL DURANTE OPERAÇÕES NO VIETNÃ DO SUL. OS AUSTRALIANOS OBTIVERAM SUCESSO NO PAPEL DE PACIFICAÇÃO, CONTROLANDO GRANDE PARTE DA PROVÍNCIA DE PHUOC TUY ATRAVÉS DA CAPACIDADE EXTRAORDINÁRIA DE GUERRA NA SELVA, APRENDIDA ANTERIORMENTE EM LUGARES COMO MALAIA.

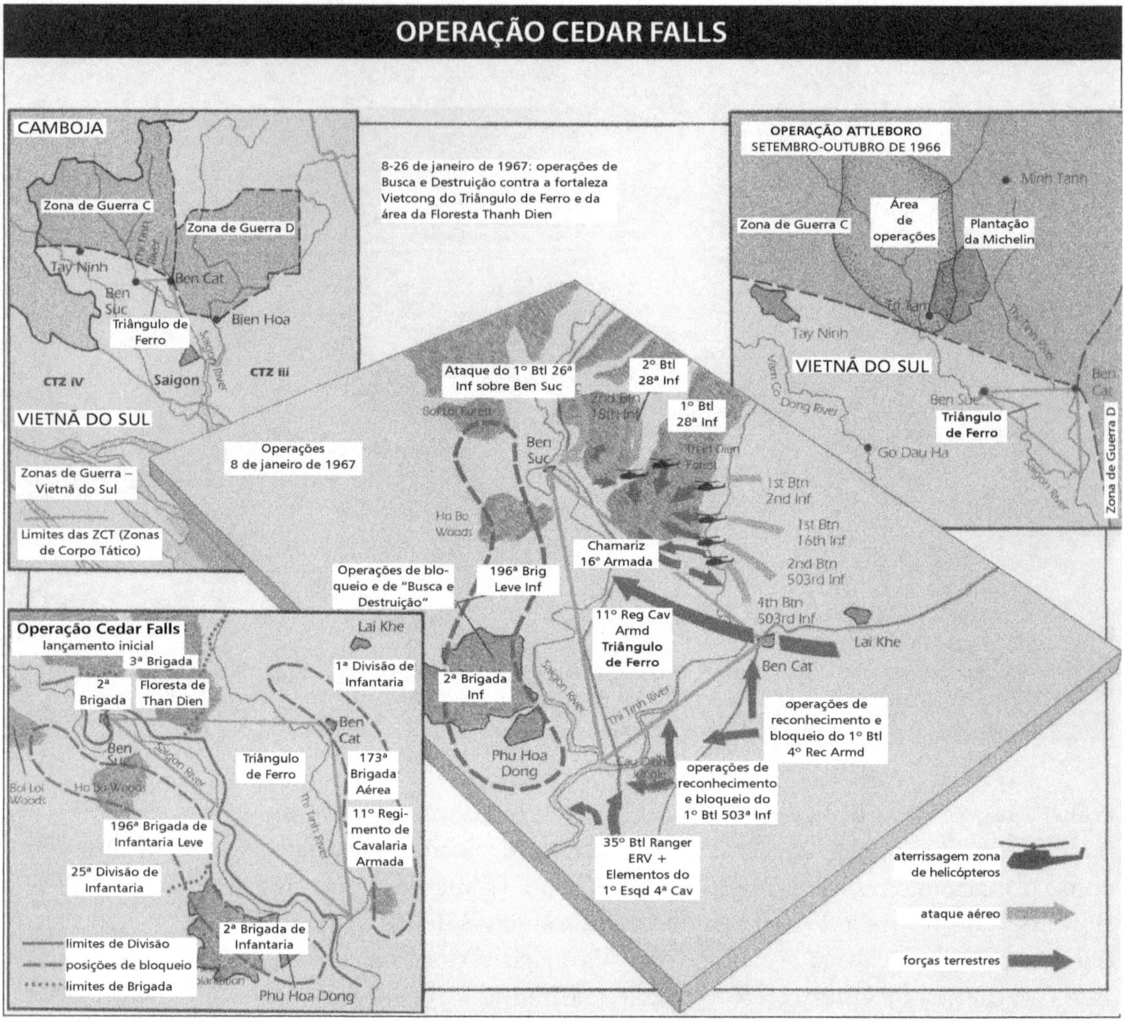

A Operação Junction City (22 de fevereiro a 14 de maio) resultou na morte de mais de 2.700 Vietcongs da 9ª Divisão na Zona de Guerra C. A operação usou 22 batalhões americanos e quatro batalhões do ERV, e incluiu operações de paraquedistas do 2º Batalhão da 173ª Brigada Aérea. Eles deveriam destruir a 9ª Divisão e

Direita: O helicóptero de combate Bell 209/ AH-1G Cobra.

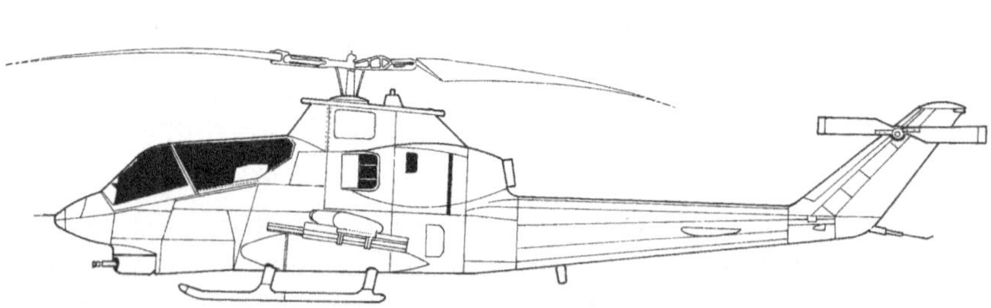

HELICÓPTEROS DE COMBATE

Em 1962, a ideia do helicóptero de combate se concretizou quando o helicóptero Bell UH-1 Huey chegou para o serviço no Vietnã. Armado com quatro metralhadoras Browning 0.30", duas armas de porta M60 e recipientes internos carregando 38 mísseis 2,75" (70 mm), o UH-1 estabeleceu formalmente o princípio de helicóptero de escolta armada. Um salto importante foi dado em 1967, com a introdução do Bell 209/AH-1G Cobra. Esse helicóptero era totalmente dedicado ao ataque à terra e à tarefa de apoio de fogo. Era rápido, alcançando os 320 km/h, e estava normalmente armado com dois lança-granadas de 40 mm, até 76 mísseis 2,75" (70 mm), e duas mini-metralhadoras rotatórias de seis canos 7,62 mm. Os lança-granadas podiam, sozinhos, atirar granadas de 40 mm à velocidade de 400 por minuto, enquanto as mini-metralhadoras disparavam uma mistura de rodadas de balas e marcadores a 2 mil ou 4 mil rotações por minuto. Os foguetes poderiam conter explosivos, fósforo branco ou flechette (um conjunto de cerca de 500 pregos dispersados do míssil na explosão). Os Cobras operaram em várias funções, especialmente como apoio nas zonas de aterrissagem disputadas, e como esquadrilhas "Pink Team" de helicópteros trabalhando em uníssono para saturar de balas as posições inimigas. Quando a ideia dos helicópteros de combate se firmou, a maioria dos helicópteros no Vietnã recebeu alguma forma de armamento e mesmo aeronaves como o grande Boeing-Vertol CH-47 Chinook de lâmina dupla adquiriu lança-granadas ,mísseis e metralhadoras calibre 0,50".

UM AH-1G MOSTRA SEU PODER DE FOGO.

os quartéis-generais móveis comunistas do Sul, o Escritório Central do Vietnã do Sul (COSVN – *Central Office of South Vietnam*). Ainda assim, apesar de uma série de grandes batalhas, o COSVN escapou (alguns duvidam até mesmo da sua existência), e muitos Vietcongs desapareceram para lutar em outro dia.

ABAIXO: UM HELICÓPTERO DE COMBATE UH-1B BAIXA PARA UM ATAQUE COM MÍSSEIS CONTRA UMA POSIÇÃO INIMIGA.

O EVN PASSA À FRENTE

Até a metade de 1967, números expressivos de soldados do Vietcong/EVN haviam sido mortos, e eles não obtiveram nenhum ganho estratégico verdadeiro. A opinião hostil com relação à guerra estava aumentando por todo o mundo, e a pacificação estava claramente fracassando. Houve também outra mudança na tática do Vietcong/EVN. Em abril de 1967, o influente teórico norte-vietnamita Truong Chinh propôs uma expansão nas grandes ações do EVN contra as forças americanas no norte. A intenção era produzir as condições para um levante civil geral

ACIMA: PRISIONEIROS VIETCONG RETIRADOS DE UM COMPLEXO DE TÚNEIS DURANTE AS OPERAÇÕES NO TRIÂNGULO DE FERRO, EM 1967.

no Vietnã do Sul, ao retirar as tropas americanas dos centros populacionais. Giap se opôs a esta estratégia, mas ela recebeu o apoio do Politburo e a aprovação dos chineses, que aumentaram posteriormente o seu nível de auxílio militar.

A influência desta estratégia foi sentida particularmente pelos fuzileiros navais americanos na província de Quang Tri e nos arredores da ZDM (ver Capítulo 6). Em setembro o EVN estava atravessando a ZDM e enfrentando as tropas americanas em duelos de artilharia. As unidades de artilharia do EVN dispararam 3 mil projéteis apenas contra o posto avançado dos fuzileiros americanos em Con Thien, um ato de agressão ao qual os EUA responderam com milhares de bombas (parte da estratégia americana BLAM – "Buscar, Localizar, Aniquilar e Monitorar").

Entre outubro e dezembro de 1967, aconteceram alguma das batalhas mais sangrentas da guerra. Em 29 de outubro, 850 Vietcongs do 273º Regimento foram mortos quando atacavam Loc Ninh, o quartel-general distrital do ERV, 112 km ao norte de Saigon. Em novembro, quatro regimentos do EVN começaram um ataque contra o acampamento das Forças Especiais em Dak To, perto da fronteira com o Camboja. Dak To acabou se tornando uma grande batalha entre o EVN e a 173ª Brigada Aérea, a 4ª Divisão de Infantaria e a 1ª Divisão de Cavalaria americanas. As tropas do EVN atacaram com foguetes e artilharia, e a batalha atingiu o seu clímax na Montanha 875, onde um batalhão da 173ª Brigada Aérea foi totalmente cercado por soldados do EVN entre 19 e 22 de novembro. A batalha épica pela montanha foi favorável aos americanos apenas pelos ataques aéreos e de artilharia colossais, que terminaram com a morte de mais 1.200 homens do EVN.

DIREITA: SOLDADOS DA 173ª BRIGADA AÉREA NOS DESTROÇOS CARBONIZADOS DA MONTANHA 878, PERTO DE DAK TO.

ESQUERDA: PROGRESSO LENTO. UMA EQUIPE AMERICANA RETIRA AS MINAS ANTIPESSOAIS E ANTIVEÍCULOS EM UMA ESTRADA NO VIETNÃ DO SUL DURANTE A OPERAÇÃO PERSHING.

ABAIXO: UMA PATRULHA AMERICANA FAZ PAUSA NO LEITO DE UM RIO ENQUANTO OUTROS SOLDADOS CHECAM AS ÁREAS AVANÇADAS DURANTE A OPERAÇÃO PERSHING. COMO ERAM ÁREAS ABERTAS, OS RIOS ERAM ZONAS COMUNS DE EMBOSCADAS, E SE EXIGIA MUITA VIGILÂNCIA NESSAS ÁREAS.

Apesar de todas as grandes batalhas a partir de 1965, no final de 1967 ocorria uma situação curiosa: os dois lados acreditavam que a guerra estava progredindo em seu favor. Westmoreland e muitos monitores americanos estimavam que os mais de 60 mil soldados perdidos pelo inimigo em 1967 significavam que o "ponto de cruzamento" havia sido alcançado. Enquanto isso, os oficiais de Ho foram bem-sucedidos em sua estratégia de retirar as tropas americanas das principais áreas povoadas. O significado disso seria percebido em sua totalidade em janeiro de 1968, na época das celebrações do Ano Novo Lunar, ou Tet, quando o Vietnã do Norte lançaria a sua primeira invasão em massa no Sul.

A B&D permaneceria como uma parte controversa da tática americana, e a sua ênfase na contagem de mortos levou à reprovação popular, especialmente quando começaram a surgir evidências das atrocidades americanas. Depois da Ofensiva do Tet em 1968, percebeu-se que os três anos de atrito não tinham afetado a continuação da guerra pelo EVN. O recrutamento do Vietcong/EVN era um processo contínuo, e no decorrer dos anos eles recuperaram as suas perdas e continuaram a aumentar a taxa de mortalidade de americanos e aliados. A B&D foi rapidamente suprimida, junto com a retirada progressiva das tropas americanas do Vietnã depois de 1968. Politicamente, ela havia sido desastrosa, e os erros cometidos durante a operação colocaram a cautela no centro da estratégia militar americana até os dias de hoje.

602
RESCUE
RESCUE
AB
NAVY

Capítulo 5

Vindo do Mar

Um A-4C Skyhawk se prepara para ser lançado do porta-aviões em uma missão de bombardeio em 1965. A Marinha e os Fuzileiros americanos ocuparam uma grande variedade de papéis no Vietnã que muitas vezes os colocavam no front lutando em terra, ar e mar.

De todos os múltiplos papéis que a Marinha americana desempenhou na Guerra do Vietnã, a sua principal contribuição foi provavelmente no setor de logística. No auge da guerra, os EUA precisavam dar apoio a mais de um milhão de soldados americanos e aliados no Vietnã do Sul que demandavam cerca de 850 mil toneladas de suprimentos por mês. A maior parte deste fardo – por volta de 95% – recaía diretamente sobre os ombros da Marinha americana, via Comando Militar de Transporte Marítimo (MSC – *Military Sealift Command*). Navegando a partir de bases ao longo do Oceano Pacífico, os navios do MSC mantinham apoio logístico completo para todas as tropas terrestres espalhadas pelo Vietnã do Sul. Já se sugeriu inclusive que elas eram bem-sucedidas demais. Alguns alegam que a incidência de Transtorno de Estresse Pós-Traumático (TEPT) aumentou quando os soldados eram transportados direto das áreas de combate para zonas recuadas cheias de recordações de casa. Seja qual for o caso, a logística da Marinha, americana construiu a infraestrutura da Guerra do Vietnã, assistida com habilidade pelas unidades de construção da Marinha, conhecidas como Seebees (de CB – "batalhão de construção", em inglês). Os Seebees do 3º e do 32º regimentos de construção naval trabalharam no Vietnã a partir de 1954, construindo tudo, desde escolas até pontes, estradas, portos e depósitos, e permaneceram sendo muito solicitados durante toda a guerra.

ACIMA: O USS IOWA DISPARA UMA SALVA DE TIROS DE SUAS ARMAS PRINCIPAIS EM DIREÇÃO AOS ARMAZÉNS COSTEIROS DO VIETNÃ DO NORTE.

O envolvimento logístico da Marinha americana no Vietnã remonta à década de 1950, e, em um sentido muito verdadeiro, a guerra se iniciou propriamente no mar. Já em 1962, o chefe de operações navais, almirante George Anderson, defendeu uma força naval dissuasiva ao redor do Vietnã do Sul, e em 1964 a Marinha americana estava engajada em duas funções operacionais principais, além da segurança geral e da função logística (ver também Capítulo 2).

A primeira, de codinome "Op-Plan 34A" (Plano de Operação 34A), foi liderada pelo MACV e envolvia o fornecimento de embarcações rápidas de patrulha americanas e norueguesas para a Marinha sul-vietnamita, o treinamento de conselheiros e a oferta de suporte logístico americano para as ações secretas contra as instalações costeiras do Vietnã do Norte. A segunda era chamada de "Desoto". Era uma operação da inteligência eletrônica (ELINT) da Marinha americana, usando destróieres afastados da costa do Vietnã do Norte para reunir informações sobre as zonas de radar inimigas e as bases costeiras.

Ambas as operações foram conduzidas no Golfo de Tonquim, perigosamente próximas da costa norte-vietnamita. Em 2 de agosto de 1964, vários barcos de patrulha P6, de construção soviética, da Marinha do Vietnã do Norte (MVN) atacaram o USS *Maddox* enquanto este fazia uma patrulha "Desoto" 45 km mar adentro. Um barco PT disparou dois torpedos 25" (533 mm) sem qualquer consequência, e o ataque foi posteriormente negado pelas próprias armas do USS *Maddox*, e pelo lançamento rápido de quatro F-8E Crusaders do porta-aviões USS *Ticonderoga*. Estes primeiros ataques da MVN foram provavelmente provocados por um bombardeio da "Op-Plan 34A" nas ilhas de Ho Me e Hon Nieu, no Golfo de Tonquim, em 31 de julho. Contudo, qualquer que tenha sido a causa, as alegações americanas subsequentes de ataques de barcos PT contra o USS *Maddox* e o seu reforço, o destróier USS *C. Turner Joy*, precipitou a americanização da guerra, com o presidente Johnson aumentando o comprometimento americano em resposta a esses ataques.

O comprometimento americano no Vietnã se intensificou rapidamente quando os Fuzileiros americanos desembarcaram em março de 1965. Até o final daquele ano, mais de 180 mil soldados americanos estavam no Vietnã, um acréscimo de 160 mil homens em relação ao início do ano.

FOGO E INTERDIÇÃO

Com o advento das hostilidades, os cruzadores, destróieres e navios de guerra americanos participaram de um bombardeamento costeiro em 1965, disparando contra alvos costeiros e terrestres no Vietnã do Norte e contra pontos de infiltração e consolidação do Vietcong/EVN no Vietnã do Sul. Durante a Operação *Rolling Thunder*, por exemplo, a artilharia naval americana disparou sobre pontes, bases

ESQUERDA: FUZILEIROS NAVAIS AMERICANOS CORREM ENTRE AS ONDAS DURANTE UM DESEMBARQUE NA PRAIA. OS FUZILEIROS FORAM EFETIVAMENTE A PRIMEIRA GRANDE UNIDADE DE TROPAS DE COMBATE COMPROMETIDAS COM A GUERRA, E TIVERAM UM PAPEL DE DESTAQUE NA DEFESA DA FRONTEIRA NORTE.

USS ENTERPRISE (CVN65)

Em 1965, o USS *Enterprise* (CVN65) chegou ao Vietnã, o primeiro posicionamento de combate no mundo de um porta-aviões nuclear. Servindo na Estação Yankee durante a Operação *Rolling Thunder*, a embarcação ofereceu uma possibilidade enorme de operação aérea com sua capacidade para 24 F-4 Phantoms, 24 A-7 Corsairs, 10 A-6 Intruders e espaço para até 40 aeronaves adicionais de vigilância, inteligência eletrônica e outras especialidades. Sua carga total em deslocamento era de 89.600 toneladas, 13 mil toneladas a mais do que o USS *Forrestal*, e seu reservatório gigante de combustível de aviação significava a possibilidade de se realizarem operações aéreas de até 12 dias antes da necessidade de se reabastecer o navio.

A primeira ação de combate do USS *Enterprise* aconteceu em 2 de dezembro de 1965, lançando 125 incursões contra alvos do Vietcong e do Vietnã do Norte, seguidos no dia seguinte por outras 165 incursões, um recorde da Marinha americana para aquela época. No total, foram seis comissões de combate no Sudeste Asiático entre 1965 e 1972, e também foi utilizado durante a evacuação de Saigon montada em 1975.

O USS ENTERPRISE EM CURSO.

A combinação de vigilância aérea, radares sofisticados e unidades de barcos de resposta rápida indicava que a Marinha americana tinha o controle quase total sobre as rotas de infiltração de transporte entre o Vietnã do Norte e o do Sul.

aéreas, zonas de radar e rotas de suprimento norte-vietnamitas, e também alvejou qualquer tentativa de transporte para suprimento das forças mais para baixo na costa. O navio mais respeitável a fornecer apoio de fogo foi o navio guerra USS *New Jersey*, que entre setembro de 1968 e março de 1969 bombardeou as posições do EVN ao redor da ZDM com mais de 3 mil tiros de 16" (406 mm) e 11 mil tiros de 5" (127 mm). Foi a sua maior ação, e o navio foi desativado mais tarde, em 1969. Um uso mais amplo dessa artilharia naval veio em 1972, quando, durante a invasão naquela Páscoa, mais de vinte embarcações da frota americana dizimaram unidades do EVN que avançavam para baixo pela costa leste, em direção a Hue.

Por causa das grandes distâncias envolvidas nos bombardeamentos longe da costa, os resultados destrutivos variavam consideravelmente, mas a variedade de armamentos navais e a capacidade de manobra estratégica dos navios fizeram com que eles se tornassem um acréscimo valioso à artilharia de terra e aos ataques aéreos. Mesmo assim a Marinha americana logo se viu em papéis de combate mais complexos no Vietnã. As rotas de suprimento naval eram vitais não somente para os EUA; o Vietnã do Norte também dependia da infiltração de traineiras junto à costa sul, particularmente nos canais complexos e escondidos do Delta do Mekong, ao sul de Saigon. Um destino adicional era Sihanoukville, no sul do Camboja, de onde o transporte continuava por caminhão e bicicleta pela fronteira com o Vietnã.

Depois que mais de 100 toneladas de munição foram descobertas em uma traineira norte-vietnamita forçada a aportar na baía de Vung Ro, ao norte da baía de Cam Ranh, em 16 de fevereiro de 1965, a 7ª Frota americana estabeleceu a Força Tarefa 71, uma força especial anti-infiltração usando barcos de patrulha de águas rasas, fortemente armados, na função de parar e revistar em toda a costa sul-vietnamita e em seus rios interiores.

Essas atividades, entretanto, já eram praticadas antes de 1965; de fato, a Marinha do Vietnã do Sul havia investigado cerca de 348 mil embarcações suspeitas entre 1963 e 1964. No entanto, a partir de 1º de agosto de 1965, os EUA apertaram o passo com a Operação Market Time. Sob o controle do general William Westmoreland (que o passou a seguir para a Marinha americana), a Força Tarefa 71 foi renomeada para Força Tarefa 115, e a unidade utilizou 100 barcos rápidos PCF (*Patrol Craft Fast* – Embarcação Rápida de Patrulha), 30 lanchas CPB (*Coastguard Patrol Boat* – Barco de Patrulha da Guarda Costeira) e 500 barcos armados, mais o suporte de destróieres, para montar operações de interdição desde o Golfo de Tonquim até o Golfo da Tailândia. A Operação Market Time também foi assistida por aeronaves de vigilância da Marinha americana, como a Lockheed P-2 Neptune, a Lockheed P-3 Orion e o hidroavião Martin P-5 Marlin. Essas aeronaves voaram 1.012 horas de missão utilizando vigilância eletrônica para monitorar transportes suspeitos e transmitir os seus dados para as embarcações de

ESQUERDA: UM CAMINHÃO DE 2,5 TONELADAS VOLTA PARA UM NAVIO DE DESEMBARQUE DA MARINHA AMERICANA EM SETEMBRO DE 1966. A CAPACIDADE DA MARINHA AMERICANA PARA DESEMBARCAR HOMENS, ARMAS E VEÍCULOS AO LONGO DA COSTA INDICAVA QUE AS FORÇAS TERRESTRES PODERIAM RECEBER REFORÇO RÁPIDO DURANTE AS OPERAÇÕES DEFENSIVAS OU DE BUSCA E DESTRUIÇÃO.

Acima: Um barco de patrulha americano bombardeia a costa com canhão. O apoio de fogo marítimo poderia ser coordenado com operações de unidades terrestres, artilharia do Exército americano ou ataques aéreos.

interceptação. Um indicativo do seu sucesso é o fato que, das 50 traineiras norte-vietnamitas indo para o Vietnã do Sul entre 1965 e 1972, 48 foram ou destruídas ou capturadas.

Algumas das operações de interdição mais marcantes da Marinha americana não aconteceram em mar aberto. O emaranhado de rios do delta do Mekong era uma área muito disputada que só poderia ser negociada por uma "marinha fluvial" de barcos de patrulha especialmente projetados (ver Capítulo 7). Esses barcos poderiam operar nas águas mais rasas e estavam equipados com armas como os canhões de 20 mm e os morteiros de 81 mm. A disputa do delta do Mekong continuaria por quase toda a guerra: primeiro, de 1966 a 1968, sob a jurisdição da Força Tarefa 116, conhecida como Game Warden; e depois, de 1968 a 1972, sob uma operação conjunta entre EUA e Vietnã do Sul conhecida pelo acrônimo SEALORDS.

OPERAÇÕES DE PORTA-AVIÕES

Na época que a Força Tarefa Game Warden estava em andamento no delta do Mekong, os porta-aviões americanos já estavam em águas vietnamitas e sendo utilizados para lançar grandes ataques aéreos. O primeiro porta-aviões a alcançar a região foi o USS *Kitty*

Direita: O USS Enterprise se encontra com o navio de apoio USS Sacramento no Golfo de Tonquim em 1967. Esses navios eram vitais para manter as embarcações de combate reabastecidas com alimentos, munição, combustível e outros suprimentos essenciais.

ACIMA: UMA AERONAVE DE ATAQUE DA MARINHA AMERICANA É REARMADA PARA UMA DOS MILHARES DE MISSÕES DE BOMBARDEAMENTO QUE SAÍRAM DOS PORTA-AVIÕES DURANTE O CURSO DA GUERRA.

Hawk, posicionado no Golfo de Tonquim em abril de 1964. Logo ele estaria conduzindo as suas primeiras operações, enviando aeronaves de reconhecimento fotográfico Chance-Vought RF-8A Crusader em missões de vigilância sobre o Laos. Em 6 de junho, ele recebeu o reforço nessa missão do USS *Constellation*, no mesmo dia em que a Marinha americana perdeu a sua primeira aeronave, um RF-8A abatido por fogo de terra de 37 mm sobre a Rota 7 do Laos.

O poder versátil dos porta-aviões levou ao aumento do seu número. Outros navios, como o USS *Ticonderoga* e o USS *Constellation* se uniram aos porta-aviões existentes, fazendo um rodízio no serviço ativo sob a jurisdição da Força Tarefa 77, a estrutura de comando geral do setor asiático dentro da 7ª Frota americana. No Vietnã, foram estabelecidas duas estações operacionais particulares: a Estação Yankee estava posicionada a cerca de 140 km da costa do Vietnã do Norte, quase paralela à área entre Danang e a ZDM; e a Estação Dixie, ao contrário, estava baseada na costa sul do Vietnã do Sul, cerca de 145 km ao sul da baía de Cam Ranh. As aeronaves da Estação Yankee eram utilizadas especialmente na Operação *Rolling Thunder* e em ataques na região da ZDM e do Planalto Central; enquanto as aeronaves da Estação Dixie podiam cobrir as províncias do sul, assim como o Laos e o Camboja. Um porta-aviões típico podia lançar dois esquadrões de voo, três esquadrões de ataque, mais aeronaves de reconhecimento, inteligência eletrônica e contramedidas eletrônicas, além de unidades de helicóptero. Uma vez contabilizados os sistemas de armamento individuais de cada aeronave, podia-se ver que os porta-aviões eram capazes de fornecer um grande poder de fogo em apoio a todo o espectro de operações americanas de terra. No final de 1965, os pilotos da Marinha e Fuzileiros americanos já haviam feito o incrível número de 56 mil incursões a partir dos porta-aviões.

A primeira missão de combate de um porta-aviões foi a resposta rápida da aeronave F-8E Crusader do USS *Ticonderoga* ao ataque sobre o USS *Maddox*. A partir daí, as suas operações se intensificaram rapidamente. Todas as primeiras missões – as operações Pierce Arrow, Barrel Roll, Flaming Dart 1 e Flaming Dart 2 – foram ataques retaliatórios contra bases militares norte-vietnamitas e instalações de armazenamento de combustível. Na Operação Barrel Roll, os alvos eram os veículos de logística do EVN e as rotas através do Laos. Entretanto, entre 1965 e 1968, o maior papel da Estação Yankee aconteceu durante a Operação *Rolling Thunder*, lançando os seus aviões por 12 horas a cada dia.

ABAIXO: UM F-8 CRUSADER É LANÇADO DO USS ORISKANY PARA UMA RODADA DE BOMBARDEIOS SOBRE O VIETNÃ DO NORTE.

Quando a *Rolling Thunder* iniciou, em 2 de março de 1965, a primeira atividade da Marinha americana foi enviar aeronaves de reconhecimento sobre o Vietnã do Norte, saídas do USS *Ranger* e do USS *Coral Sea*. As missões de combate se seguiram, e por todo o mês de março as aeronaves americanas deram duros golpes em alvos como os depósitos militares em Phu Van e Vinh Son, e entre 26 e 31 de março nas instalações de radar em Cape Ron, Vinh Son e Bach Long Vi.

No final de maio, o USS *Independence* havia se juntado aos porta-aviões, tal era a necessidade de se manter a escalada da ofensiva da *Rolling Thunder*. A Marinha americana também estava começando a sofrer perdas, e em agosto dois Skyhawks do USS *Midway* foram abatidos pelos novos mísseis norte-vietnamitas SA-2 Guideline. Isso levou à Operação Iron Hand, o ataque direto às baterias de mísseis do Vietnã do Norte. Utilizando táticas de nível inferior e o novo míssil antirradar Shrike, os pilotos da Marinha e dos Fuzileiros americanos tiveram um certo sucesso nesta função, embora os ataques contra os SA-2 muitas vezes deixassem os pilotos mais vulneráveis ao fogo antiaéreo convencional.

Em dezembro de 1965, as Forças Aéreas americanas obtiveram a permissão governamental para atacar zonas industriais na região de Hanói-Haiphong, e 110 aeronaves do USS *Enterprise*, USS *Ticonderoga* e USS *Kitty Hawk* destruíram completamente a usina de energia de Uong Bi e cortaram quase um quarto de toda a energia elétrica do Vietnã do Norte. A partir daí, se seguiu um período de grande

Os porta-aviões deram arsenais flutuantes enormes às forças americanas, a menos de 320 km do Vietnã do Norte, e durante a *Rolling Thunder* as aeronaves dos porta-aviões da Marinha americana voaram cerca de 50 mil incursões por ano.

intensificação na campanha da Marinha americana, e em abril de 1966 a Estação Yankee foi levada para mais perto da ação, a apenas 200 km a leste de Dong Hoi, e as zonas operacionais foram mais concentradas contra os distritos costeiros do Vietnã do Norte.

As duas principais estações de porta-aviões, Yankee e Dixie, cobriam todo o Vietnã do Sul além de áreas-alvo no Vietnã do Norte, com uma pegada operacional poderosa. Uma simples chamada de rádio das tropas de terra podia trazer uma aeronave da Marinha americana repleta de material bélico.

Direita: Um armeiro recarrega as cintas das metralhadoras no compartimento vazio do helicóptero.

A pressão da Marinha americana sobre o Vietnã do Norte continuou durante a *Rolling Thunder*, e a sua eficiência foi ampliada em 1967 com a introdução da tecnologia da "bomba inteligente" quando, em 11 de março, foram pela primeira vez lançadas as bombas de direcionamento eletro-óptico Walleye, posteriormente utilizadas com grandes resultados. Mesmo assim, as perdas se acumulavam continuamente durante a campanha. A Marinha americana perdeu 283 aviadores e mais de 300 aeronaves em combate durante a *Rolling Thunder*, com outras mil aeronaves sendo seriamente danificadas. Apesar de outras missões dramáticas durante a Ofensiva do Tet, especialmente em apoio às tropas na região de Khe Sanh, o fracasso em conseguir a submissão do Vietnã do Norte através dos bombardeios significou que, em novembro de 1968, a *Rolling Thunder* foi encerrada. No entanto, isso não indicava o final das operações para os pilotos da Marinha e Fuzileiros americanos.

Desde 1965, os pilotos dos porta-aviões da Estação Dixie estavam conduzindo contínuos ataques de combate sobre o Vietnã do Sul e às áreas de fronteira com o Camboja e o Laos. Os seus alvos principais eram as bases e unidades do Vietcong – alvos esquivos que demandavam uma grande coordenação com as forças de terra e uma vigilância eletrônica confiável. Os pilotos também forneciam reconhecimento, missões de busca e resgate, e até mesmo funções de apoio para desembarques anfíbios. Ainda assim, em agosto de 1966, o grande número de unidades da Força Aérea baseadas em terra fez a Estação Dixie se tornar redundante, e a partir daí os porta-aviões foram enviados quase exclusivamente para a Estação Yankee.

Durante toda a guerra, o Laos permaneceu como um alvo central para todas as forças de porta-aviões. Em abril de 1965, os milita-

ACIDENTES COM PORTA-AVIÕES

Um F8U-1 Crusader se acidenta no convés de um porta--aviões.

Além das perdas de aviadores da Marinha americana durante a *Rolling Thunder*, a campanha também foi arruinada por duas tragédias devastadoras a bordo dos próprios porta-aviões. Em 26 de outubro de 1966, uma chama de magnésio acendeu a bordo do USS *Oriskany*, que depois foi lançada para dentro de uma caixa de armazenamento contendo cerca de 600 dessas chamas. O enorme fogo resultante acendeu outras munições e o combustível dos aviões. Muitos homens presos abaixo do convés morreram por queimaduras ou por asfixia, e as equipes de combate a incêndio levaram várias horas para controlar as chamas. O número final de mortes foi de 19 marinheiros e 25 pilotos, com mais 38 homens feridos, e o porta-aviões ficou fora de ação por oito meses. A segunda tragédia aconteceu em 29 de julho de 1967 a bordo do USS *Forrestal*. Antes de uma grande missão de combate, com aeronaves de combate completamente armadas reunidas no convés, um míssil Zuni de um McDonnell-Douglas F-4 Phantom foi disparado acidentalmente e destruiu o tanque de combustível de um A-4E Skyhawk parado na sua frente. Uma grande cadeia de explosões correu pelo convés com a detonação de bombas, mísseis e combustível de avião. Dois destróieres e três outros porta-aviões foram envolvidos no controle do fogo, que durou 12 horas. No final, 124 soldados da Marinha americana tinham sido mortos, 60 ficaram feridos e 62 aeronaves foram destruídas. Acidentes caros foram comuns na Guerra do Vietnã. Os incêndios nos porta-aviões americanos foram apenas uma pequena parte das 10.811 mortes sofridas pelos EUA fora de combate entre 1964 e 1975.

res americanos dividiram o Laos em duas regiões: "Barrel Roll", ao norte da chamada Trilha Ho Chi Minh, e "Steel Tiger", o corredor de suprimentos do EVN para o sul do país. Os pilotos da Marinha americana desempenharam milhares de incursões sobre essas regiões durante a guerra, especialmente entre novembro de 1968 e fevereiro de 1972, quando lançaram cerca de 700 mil toneladas de bombas sobre o Laos e o Vietnã do Sul.

A melhoria da tecnologia em aeronaves como a Vought A-7E Corsair e a Grumman A6-C Intruder permitiu a condução de ataques noturnos eficazes, assim como a aplicação de bombardeios 24 horas por dia. Além disso, em fevereiro de 1971 o ERV invadiu o Laos na Operação Lam Son 719, exigindo o apoio de aeronaves do USS *Hancock*, USS *Ranger* e USS *Kitty Hawk*. Somente sobre o Laos, 130 aeronaves da Marinha americana foram abatidas durante o curso da guerra.

Essas operações mantiveram os pilotos da Marinha e Fuzileiros americanos em serviço ativo até as famosas missões Linebacker de 1972, quando participaram dos últimos ataques aéreos da guerra contra o Vietnã do Norte (ver Capítulo 13). Os porta-aviões permaneceram como um recurso de guerra até a sua conclusão, em 1975, sendo utilizados até mesmo para auxiliar na evacuação de Saigon. Até então, mais de 1.800.000 soldados americanos tinham servido no Sudeste Asiático, com 2.600 mortos e 10 mil feridos.

OPERAÇÕES DO CORPO DE FUZILEIROS NAVAIS AMERICANO

Esquerda: A bordo do USS Constellation, um responsável pelo material bélico carrega duas bombas Snakeye de 227 kg.

Qualquer análise da contribuição da Marinha americana para a Guerra do Vietnã seria incompleta sem considerar a sua unidade mais famosa, o Corpo de Fuzileiros Navais americano. Os Fuzileiros Navais americanos foram essencialmente as primeiras tropas de combate dedicadas a serem deslocadas para o Vietnã, chegando à costa nos desembarques anfíbios da 9ª Brigada Expedicionária de Fuzileiros (9MEB) em Danang, em 1965. A 9MEB se desenvolveu, na sequência, na III Força Anfíbia de Fuzileiros (III MAF), que em 1968 chegou ao número de 85.881 dos mais de 500 mil fuzileiros que serviram no Vietnã entre 1962 e 1975.

A III MAF foi expedida principalmente para a Zona de Corpo Tático 1, nas cinco províncias mais ao norte do Vietnã do Sul, baseada em quatro enclaves em Danang, Phu Bai, Chu Lai e Qui Nhon. Mas, com o abandono da estratégia de enclave no meio de 1965, os Fuzileiros americanos se viram muito engajados nas missões de "Busca e Destruição" (B&D), que caracterizaram as operações da força terrestre americana entre 1965 e 1968. Como discutimos anteriormente, a Operação Starlite foi a primeira operação assim dos Fuzileiros americanos, atacando por terra, mar e ar em 18 de agosto de 1965 contra o 1º Regimento Vietcong na península de Van Truong. Uma das primeiras operações B&D da guerra, a Operação Starlite teve uma significativa presença anfíbia quando três batalhões de Fuzileiros e um batalhão da Força Especial de Aterrissagem (FEA) desembarcaram em terra próximo a An Cuong antes de atacar o inimigo. Outras unidades de Fuzileiros americanos fecharam a armadilha sobre as forças Vietcong via três grandes desembarques de helicópteros e um ataque terrestre vindo

Abaixo: Pilotos de uma aeronave A-6 Intruder checam o carregamento das bombas antes de decolar no USS Ranger para missões de bombardeamento sobre o Vietnã do Norte.

Embora os Fuzileiros americanos tenham lutado com distinção no Vietnã, a natureza ambígua da guerra resultou na quebra da disciplina e da organização em algumas unidades, fato nunca observado em conflitos anteriores.

DIREITA: UM F-8 CRUSADER LANÇA UM ATAQUE DE MÍSSEIS CONTRA UMA LOCALIZAÇÃO VIETCONG NO VIETNÃ DO SUL.

do norte. A operação foi um sucesso retumbante, com 614 Vietcongs mortos contra apenas 45 americanos, e inspirou mais de 70 operações anfíbias de menor escala ao longo da costa sul-vietnamita entre 1965 e 1969, coordenadas entre a FEA da 7ª Frota e o MACV. Nenhuma foi tão disputada quanto a Operação Starlite, mas as unidades anfíbias permaneceram como uma ferramenta útil para o deslocamento tático e o reforço.

Os Fuzileiros americanos se envolveram em muitas outras operações B&D, mas também executaram os seus próprios programas de pacificação específicos. Tanto o general Lewis W. Walt, comandante do Corpo 1, quanto o tenente-general Victor Krulak, comandante da Frota da Força de Fuzileiros do Pacífico, favoreciam uma abordagem militar que envolvia a proteção ativa de comunidades vietnamitas da infiltração do Vietcong. Posteriormente, as vilas vietnamitas na área do Corpo 1 se tornaram as beneficiárias de extensivos programas de bem-estar e cuidados médicos dos Fuzileiros americanos, onde cada batalhão do III MAF recebeu sua própria área tática de operação (TAOR).

As unidades de pacificação foram expandidas em agosto de 1965 com o programa Companhia de Ação Combinada (CAC). Esse programa era baseado em unidades mistas de Fuzileiros americanos e

ABAIXO: FUZILEIROS AMERICANOS ENFRENTAM TROPAS VIETCONG EM UM TIROTEIO PERTO DE CHU LAI, EM JANEIRO DE 1966.

Acima: Fuzileiros americanos desembarcam em terra em uma das muitas operações anfíbias realizadas no Vietnã do Sul.

Esquerda: Dezembro de 1967. Os Fuzileiros americanos avançam por um riacho durante uma missão de busca e destruição ao sul de Danang. As armadilhas do Vietcong muitas vezes ficavam submersas logo abaixo da superfície nos pontos de travessia de pessoas.

soldados das "Forças Populares" do Vietnã do Sul que se integravam com as comunidades vietnamitas e, assim, conseguiam desenvolver melhor as operações de contra-insurgência contra o Vietcong.

O Programa de Ação Combinada (PAC) no início de 1967 levou adiante a ideia do CAC. Com base nos mesmos princípios de unidades mistas, o PAC desenvolveu programas de pacificação mais amplos além das medidas anti-Vietcong, programas que incluíam reuniões de inteligência, segurança das vilas e várias outras formas de serviço cívico. Por fim, o PAC teve um sucesso apenas limitado, particularmente porque muitas vezes era difícil encontrar o pessoal adequado para executá-lo, e havia pouco apoio do governo sul-vietnamita.

A pacificação demonstrou a disposição dos Fuzileiros americanos para se integrarem com as forças locais. As operações B&D Double Eagle I e Double Eagle II, entre janeiro e março de 1966, apresentaram forças combinadas entre os Fuzileiros americanos e o ERV varrendo decisivamente as unidades Vietcong/EVN da província de Quang Ngai. As operações de composição similar – Utah/Lien

O F-4 PHANTOM

O McDonnell-Douglas F-4 Phantom se destaca como uma das aeronaves decisivas da Guerra do Vietnã. A primeira produção do Phantom começou com a aeronave de ataque AH-1, no meio da década de 1950, mas foi então desenvolvida para ser um interceptador, o F-4H (F-4A). O desempenho dessa aeronave era surpreendente na época. Seus dois motores turbojet General Electric J79-8B podiam gerar 17.000lb (7.711 kg) de propulsão e uma velocidade máxima de 2.400 km/h. Ele era armado com até seis mísseis de classe ar-ar AJM-7 Sparrow III, ou quatro mísseis ar-ar AIM-9B ou -9D Sidewinder, assim como podia carregar até 7.257 kg de munição adicional. Ele passou rapidamente por muitas variações para atender às exigências americanas e internacionais, mas na época da Guerra do Vietnã o F-4 II era o caça-padrão na Marinha e Fuzileiros americanos. A Força Aérea americana também estava comprometida com a utilização do Phantom, particularmente o F-4C, o F-4D e o F-4E em funções de ataque à terra, antirradar e interceptação ao longo da guerra.

UM F-4 PHANTOM PRONTO PARA O LANÇAMENTO.

O F-4 era a aeronave ideal para desempenhar múltiplas funções no Vietnã, e se tornou a principal aeronave de lançamento para a nova tecnologia de "bombas guiadas com precisão" conforme a guerra progredia. Em 10 de julho de 1965, os F-4 abateram dois caças MiG em combate aéreo, a primeira das 107 vitórias somente dos F-4 da Força Aérea americana durante o curso da guerra.

Ket 21 e Texas/Lien Ket 28, em março – tinham como objetivo liberar o posto avançado do ERV em An Hoa, resultando na morte de mais de mil comunistas. Talvez um dos deveres mais importantes dos Corpos de Fuzileiros americanos no Vietnã tenha sido a proteção da ZDM (ver Capítulo 6). De 1967 até a Ofensiva do Tet, o EVN fez incursões regulares e agressivas contra a ZDM, que foram resistidas pela 3ª Divisão de Fuzileiros em lugares como "The Rockpile", Con Thien, Khe Sanh e Dong Ha. Essas grandes batalhas foram conduzidas com

DIREITA: UM TANQUE LANÇA-CHAMAS, UMA ARMA CRUEL PARA SE UTILIZAR EM UM AMBIENTE DE SELVA.

a utilização de táticas convencionais de intenso fogo de artilharia, poder aéreo decisivo e grandes ataques de infantaria. O cerco a Khe Sanh, em 1967, quando um regimento de Fuzileiros americanos foi cercado por duas divisões do EVN, tornou-se um ato épico de sobrevivência que custou a vida de 10 mil soldados do EVN contra 205 dos Fuzileiros americanos (ver Capítulo 9).

A Ofensiva do Tet, lançada entre janeiro e fevereiro de 1968, trouxe as várias ações da ZDM a um clímax e forçou os Fuzileiros americanos à defensiva em Danang, enquanto três batalhões de Fuzileiros também combinavam forças com tropas do ERV para liberar a cidade de Hue em uma traiçoeira batalha de rua. Os Fuzileiros americanos desempenharam um papel vital na quebra do ímpeto da ofensiva e empurraram

ACIMA: O ANCORADOURO NA BAÍA DE CAM RANH. OS NAVIOS DE SUPRIMENTOS VISTOS AQUI PODERIAM REABASTECER NÃO APENAS AS TROPAS TERRESTRES, MAS TAMBÉM OS PORTA-AVIÕES NA ESTAÇÃO DIXIE, A SUDESTE.

ESQUERDA: BOMBAS DE UM A-4 SKYHAWK GOLPEIAM A PONTE FERROVIÁRIA DE PHUOC DINH PERTO DE THANH HOA EM 10 DE SETEMBRO DE 1967.

A Guerra do Vietnã criou uma demanda insaciável por mão de obra. Conforme o conflito continuava, o profissionalismo do Corpo de Fuzileiros americano se encontrou cada vez mais diluído pela inexperiência e fraco treinamento dos recrutas mais novos.

o EVN de volta para as regiões de fronteira, com a perda de 4.500 soldados. Essa ação incluiu a Operação Meade River, o maior ataque de helicóptero na história dos Fuzileiros americanos, que matou 1.200 homens do EVN em suas bases na ZDM, e envolveu até mesmo uma incursão de tamanho regimental ao Laos para atacar os postos avançados na Trilha Ho Chi Minh.

Os Fuzileiros americanos começaram o ano de 1969 com a Operação Dewey Canyon, realizada de 22 de janeiro a 19 de março. Esse enorme deslocamento enviou todo o 9º Regimento de Fuzileiros para o Vale de Da Krong, na província de Quang Tri, onde mataram 1.355 soldados do EVN e capturaram mais de 525 toneladas de armamentos.

Mas 1969 também marcou o início da retirada contínua de tropas americanas do Vietnã, e os Fuzileiros americanos não eram exceção. As operações da ZDM e do Corpo 1 foram transferidas para a autoridade do Exército americano e do ERV, e a 3ª Divisão de Fuzileiros americanos, que já fora a mais ativa das unidades, com mais de 120 ações em seu nome, foi enviada para Okinawa, enquanto a 1ª Divisão de Fuzileiros continuou com as funções de combate na província de Quang Nam.

ACIMA: UM FUZILEIRO AMERICANO IMERSO NA SELVA DURANTE UMA PATRULHA DE COMBATE.

DIREITA: UM CABO DOS FUZILEIROS AMERICANOS ATEIA FOGO EM UMA CABANA VIETNAMITA DURANTE A OPERAÇÃO PRAIRIE III, EM MARÇO DE 1965.

Em 1970, os Fuzileiros americanos ainda eram responsáveis pela morte de cerca de 5 mil soldados Vietcong/EVN, mas em junho de 1971 a III MAF já tinha sido quase completamente retirada de combate – embora pequenas unidades de guarda e conselheiros do Corpo de Fuzileiros americanos ficassem em número limitado, com os últimos ajudando o ERV durante a invasão do Laos em 1971 e a invasão do Vietnã do Norte em 1972. Finalmente, uma força dos Fuzileiros americanos foi utilizada na evacuação de pessoal-chave tanto de Saigon quanto de Phnom Penh nos últimos dias da guerra.

O Corpo de Fuzileiros americanos perdeu 14.821 homens no Vietnã, dos mais de 500 mil soldados que serviram lá. Outros 86.753 foram feridos. A experiência havia sido castigante para as corporações. Sem contar o grande nível de fatalidades, tanto a disciplina quanto a motivação tinham se perdido, às vezes, com o objetivo geral dos seus esforços militares tão envolvido na política da guerra. Quase 50 incidentes de "fragging" – a morte deliberada de superiores ou colegas soldados usando granadas de fragmentação – ocorreram somente em 1970 entre os Fuzileiros americanos. No entanto, esses problemas foram endêmicos em todas as Forças na Guerra do Vietnã. O choque de objetivos políticos, étnicos, culturais e militares da guerra criou um retrato confuso e muitas vezes desmoralizante para as tropas em terra, no mar e no ar. Como disse o contra-almirante D. V. Gallery, de maneira mordaz, em 1965: "Duvido que o Sr. McNamara e a sua equipe tivessem alguma configuração moral nos seus computadores". Ainda assim, apesar da confusão deprimente da guerra, as unidades da Marinha e dos Fuzileiros Navais americanos podem ainda listar muitas das suas ações no Vietnã entre os seus melhores momentos.

Acima: Sua beleza disfarça seu perigo – a abominável montanha de pedra pode ser vista aqui ao fundo, enquanto os Fuzileiros fazem uma patrulha durante a Operação Prairie. Esse trabalho nas montanhas exigia tanta resistência quanto a capacidade de reagir rapidamente a qualquer emboscada inimiga.

Capítulo 6

Defendendo a ZDM

Em uma paisagem de montanha devastada, um soldado americano se esconde de um atirador do EVN. Por ser um ponto focal de concentração das tropas norte-vietnamitas, a área da Zona Desmilitarizada (ZDM) e os seus arredores viram batalhas importantes que levaram o conflito do Vietnã para além da contra-insurgência, até o nível de guerra convencional.

A ZDM era a região que separava o Vietnã do Norte e o do Sul. Com a artilharia do EVN capaz de atirar através dessa zona de fronteira, as forças americanas em torno da ZDM tinham de lutar contra um inimigo cujo poder de fogo podia ser equivalente, ou às vezes melhor do que o seu.

Uma das zonas de combate mais características durante a Guerra do Vietnã era a área da Zona Desmilitarizada (ZDM) que separava o Vietnã do Norte e o do Sul. Ela não era definida pela sua geografia, pois as suas matas, montanhas e rios eram idênticos aos encontrados por todo o Vietnã. Ao contrário, o que a tornava especial era o simples fato de ser uma mera separação de 10 km de largura entre dois países em guerra. As zonas de fronteira nas guerras sempre são litigiosas, e durante a Guerra do Vietnã toda a fronteira oeste do Vietnã do Sul com o Laos e o Camboja foi cenário tanto de batalhas violentas quanto de grande infiltração comunista. A ZDM era diferente por que o EVN podia se reunir em massa a apenas poucos quilômetros do Vietnã do Sul sem uma jornada longa e de difícil logística, e sem entrar em um país estrangeiro. O resultado foi que, no final da década de 1960, a ZDM se tornou uma das áreas

A TRILHA HO CHI MINH

A chamada Trilha Ho Chi Minh era a principal rota de abastecimento comunista da Guerra do Vietnã. Serpenteando de Hanói em direção ao sul, ela cortava através das matas do leste do Laos e do sul do Camboja, levando suprimentos e tropas norte-vietnamitas para o Vietnã do Sul e fornecendo pontos de lançamento para incursões e invasões de grande escala por parte do EVN.

O trabalho em uma rota de comunicação norte-sul começou em 1959, quando as colunas de suprimentos (conhecidas como Grupo 559) utilizaram estreitas trilhas tribais através do leste do Laos para abastecer os insurgentes Vietcongs no Vietnã do Sul. Conforme a movimentação de suprimentos cresceu, foram construídas estações de descanso, depósitos de suprimentos e instalações médicas ao longo da rota, e a trilha foi expandida com tenacidade por unidades jovens de construção chamadas Grupos de Choque Jovens Especiais, para que veículos sobre rodas pudessem passar, e não apenas bicicletas e homens. Em 1964, a trilha começou a amadurecer como uma rede sinuosa de múltiplos caminhos que se desenvolveu ainda mais em 1965, depois da introdução das máquinas de construção de estradas soviéticas e chinesas.

Não existem números precisos quanto à quantidade de homens e materiais que passaram por ela durante toda a guerra. Números de 1968 estimam que até 100 mil soldados do EVN (junto com milhares de toneladas de suprimentos) tenham penetrado o Sul pela trilha naquele ano, comparado com 10 mil em 1964. Naturalmente, a Trilha Ho Chi Minh atraiu os ataques aéreos dos EUA durante toda a guerra, tornando o Laos um dos países mais bombardeados da história. Contudo, embora os EUA tenham causado muitas fatalidades entre as colunas de abastecimento, isso nunca chegou a interromper completamente a atividade ao longo da trilha.

Começando a jornada para o sul.

Esquerda: Um Cessna A-37 em ação sobre a ZDM. A força do EVN na área significava que o poder aéreo americano era muitas vezes decisivo, arrasando o poder das tropas do EVN em grandes ataques à bomba e salvando muitas unidades americanas do cerco, da captura e da morte.

mais disputadas da guerra, produzindo batalhas de escala convencional, artilharia e fatalidades que, às vezes, lembravam aqueles das duas grandes guerras mundiais.

A Zona Desmilitarizada (ZDM)

A Zona Desmilitarizada foi estabelecida em 1954, como parte do Acordo de Genebra, para atuar como uma zona de segurança livre de atividade militar entre o Vietnã do Norte e o Vietnã do Sul, a ser mantida até que fossem realizadas as eleições de reunificação em 1956. Ela abrangia uniformemente o Paralelo 17 por toda fronteira norte do Vietnã do Sul, e qualquer ocupação ou incursão militar das forças de qualquer um dos lados estava proibida. No entanto, quando as eleições não aconteceram e a guerra começou, tanto os EUA quanto o Vietnã do Sul reconheceram que a ZDM fornecia oportunidades para a infiltração e a construção ofensiva do Vietnã do Norte.

Para os EUA, a ZDM representava uma frustração. Em 1966 e 1967, à medida que as batalhas começaram a ficar violentas dentro das províncias mais ao norte do Vietnã do Sul, alguns estrategistas militares argumentaram que a ocupação forçada da ZDM era uma necessi-

ABASTECENDO O VIETCONG

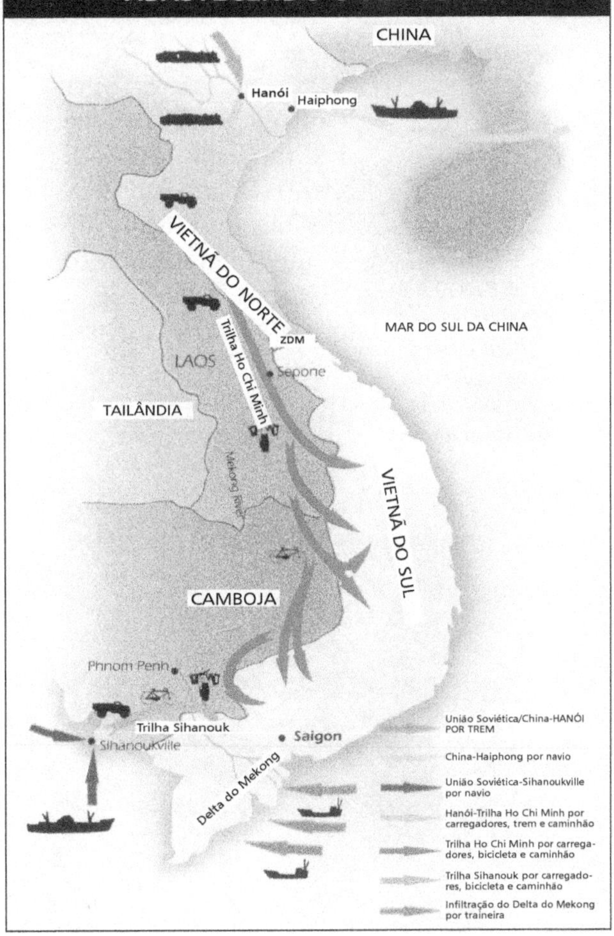

Direita: Um CH-54 Tarhe Sky Crane leva um howitzer M101A1 105 mm para uma Base de Apoio de Fogo (BAF) ao sul da ZDM. Por causa do relevo em torno da ZDM, muitas BAFs eram postos isolados que dependiam totalmente do abastecimento aéreo.

dade estratégica, entretanto, apresentava um delicado equilíbrio militar e político: a sua ocupação poderia ser percebida como um passo para a invasão real do Norte, algo que aumentaria as tensões da Guerra Fria entre os EUA, a URSS e a China. Consequentemente, tanto o presidente Johnson quanto o presidente Nixon rejeitaram essas sugestões. Mas essa reticência não evitou que a ZDM se tornasse um setor de combate. A partir de julho de 1966, as Forças Especiais americanas fizeram incursões temporárias (e secretas) ao Paralelo 17 em missões de reconhecimento, e as aeronaves de ataque e bombardeio dos EUA e Vietnã do Sul atacavam com regularidade as posições do EVN dentro da faixa estreita da ZDM. Uma das maiores preocupações das forças americanas era como parar o EVN utilizando a área para infiltrar pessoal de combate na Zona Corpo 1 (que consistia das cinco províncias mais ao norte do Vietnã do Sul: Quang Tri, Thua Thien, Quang Nam, Quang Tin e Quang Ngai) que estava ocupada por duas divisões de Fuzileiros americanos e variadas forças do ERV. Por causa da

Abaixo: Apoio de fogo. Um howitzer M107 175 mm dispara contra alvos do EVN. Os duelos de artilharia nas fronteiras eram comuns, embora os EUA tivessem a vantagem da supremacia aérea.

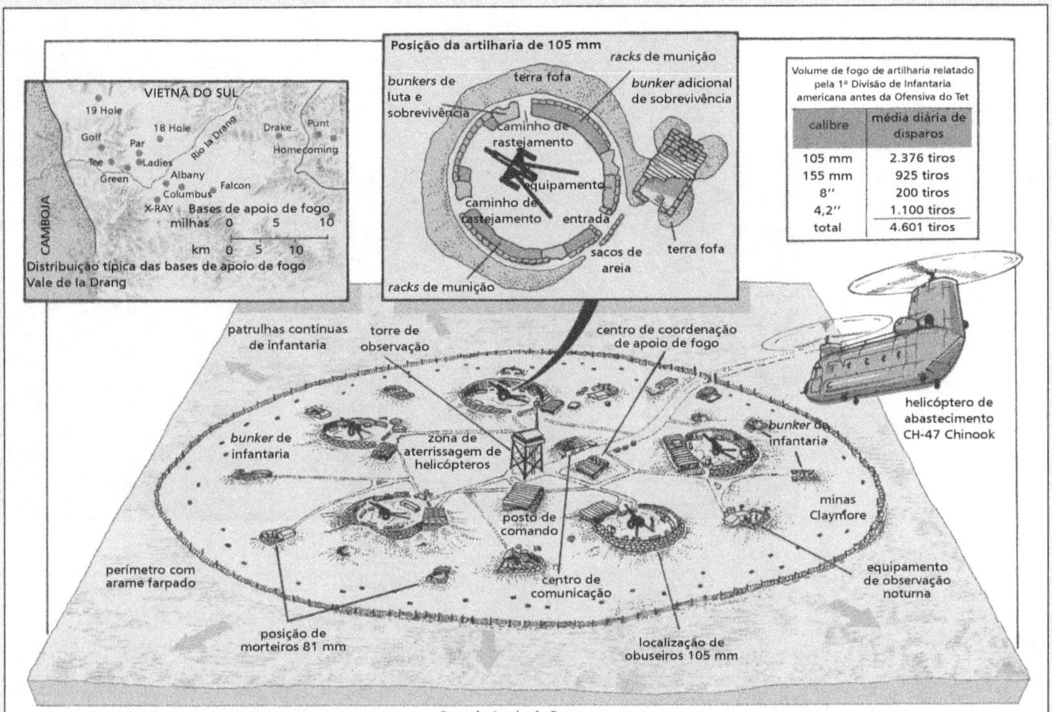

Volume de fogo de artilharia relatado pela 1ª Divisão de Infantaria americana antes da Ofensiva do Tet

calibre	média diária de disparos
105 mm	2.376 tiros
155 mm	925 tiros
8''	200 tiros
4,2''	1.100 tiros
total	4.601 tiros

Base de Apoio de Fogo

BASES DE FOGO AMERICANAS

A Base de Apoio de Fogo (BAF) foi uma das localizações estratégicas centrais das forças americanas durante as batalhas em torno da ZDM, e de fato em toda a Guerra do Vietnã. O estabelecimento dessas bases normalmente começava com um desembarque de helicóptero ou com um ataque de tropas terrestres para garantir recursos adequados, depois do que se levavam baterias de armas de 105 mm e 155 mm via helicóptero ao local e se iniciava a construção da BAF. Uma BAF típica consistia de um centro de coordenação de fogo e um posto de comando no meio da base, ao redor do qual se colocariam os obuseiros e os morteiros de 81 mm (o último com papel mais defensivo). A segurança da BAF era admirável. Ao redor do perímetro da cerca de arame-farpado estava um anel de minas Claymore, enquanto dentro da base múltiplos *bunkers* contendo metralhadoras, lança-granadas, canhões sem recuo e unidades de infantaria serviam como proteção contra-ataques terrestres. As BAFs normalmente eram utilizadas para apoiar operações B&D ou defensivas em sua área. Se uma unidade da Infantaria ou dos Fuzileiros americanos exigisse apoio de artilharia, seu oficial de radiotransmissão (ORT) transmitiria as coordenadas do alvo para a BAF, que responderia com balas de fumaça para encontrar o alvo antes de carregar com carga altamente explosiva. As BAFs eram essenciais na condução das operações terrestres americanas, embora a partir de 1968 o poder de artilharia do EVN as tornasse cada vez mais vulneráveis e sujeitas ao cerco inimigo.

vigilância terrestre americana, a infiltração do EVN através da ZDM era basicamente de pessoal, e não de suprimentos; uma vez que as tropas do EVN atravessassem a fronteira, recebiam os suprimentos infiltrados pelo Laos, normalmente na província de Quang Tri.

Em 1966, as preocupações com a infiltração pela ZDM sofreram uma nova reviravolta. Entre janeiro e maio, missões de reco-

DIREITA: OPERANDO UMA METRALHADORA CALIBRE 0,50" EM UM POSTO DE SEGURANÇA.

ABAIXO: UM C-130 SOBREVOA THIEN NGON EM UMA MISSÃO DE REABASTECIMENTO.

nhecimento aéreo equipadas com aparelhos de visão noturna e infravermelhos revelaram concentrações de tropas do EVN em tamanho regimental distribuído ao longo da zona. A construção se deveu primeiramente à efetividade do bombardeio americano sobre a Trilha Ho Chi Minh no Laos, que fez o EVN buscar por uma rota de infiltração mais segura. Contudo, as informações obtidas de um oficial do EVN capturado também revelaram intensões agressivas em relação à província de Quang Tri, com o potencial de ataques completos contra a província, ou até mesmo de uma invasão do Sul.

Uma versão atualizada da Linha De Lattre francesa, a Linha McNamara foi concebida como uma barreira robusta de cercas e torres de observação com a adição tecnológica dos aparelhos de monitoramento eletrônico. No final, construiu-se apenas uma pequena parte desse entrave.

A LINHA McNAMARA

Em referência às medidas de combate direto, os estrategistas americanos elaboraram várias táticas logísticas e de barreira para combater as manobras do EVN. As bases dos Fuzileiros e as Base de Apoio de Fogo (BAF) foram fortalecidas logo abaixo da ZDM, e dois novos aeródromos foram construídos na região de Hue, para onde as tropas e os reforços armados poderiam voar. No entanto, uma medida mais atípica foi proposta em 1966 pelo professor Roger Fisher, da Escola de Direito de Harvard, que sugeriu a construção de um sistema de barreiras de 257 km de comprimento e 16 km de largura indo da costa do Vietnã do Sul logo ao sul da ZDM até Tchepone, no Laos. Seria construído em uma faixa especialmente desmatada e consistiria de localizações militares, campos minados, sistemas de trincheiras, cercas de arame-farpado e várias outras construções proibitórias. A ideia chegou aos ouvidos de Robert McNamara, que a seguir reuniu um grupo de cientistas e estrategistas em meados de 1966, para discutir a sua viabilidade. A imaginação de McNamara foi apanhada pela proposta, apesar do ceticismo de Westmoreland, e em 1967 se iniciou o trabalho de construção da chamada "Linha McNamara".

Algumas áreas da ZDM foram tão pulverizadas pelas forças americanas que pareciam cenários da Primeira Guerra Mundial: árvores explodidas até o toco, crateras de balas alterando os contornos das montanhas, os mortos jazendo sem sepultura, e o barulho constante e violento do conflito.

A Linha McNamara deveria ser uma barreira física de cercas eletrificadas e torres de observação com uma cadeia de BAFs posicionada logo ao sul. Os cientistas militares de McNamara também inventaram um leque fantástico de aparelhos de monitoramento, incluindo detectores sísmicos, gravadores ativados pela voz e detectores de movimento que deveriam pegar qualquer tentativa do EVN de violar a linha (propô-se até desenvolver uma variedade de monitoramento disfarçada como excremento de cães).

No caso, a linha nunca atingiu qualquer substância real: apenas 16 km foram construídos a partir da costa sul-vietnamita, e o progresso era incrivelmente lento por causa dos ataques e bombardeios do EVN. Além disso, logo se percebeu que, assim como a Linha De

ESQUERDA: EMBARCAÇÕES AMERICANAS EM DANANG, UM DOS PRINCIPAIS PONTOS DE DESEMBARQUE NAVAL PARA REABASTECER AS TROPAS NA ZDM.

Lattre dos franceses na década de 1950, a Linha McNamara empregava soldados demais em sua construção e manutenção, ao mesmo tempo que não prevenia a infiltração comunista (o EVN poderia simplesmente rodear a linha através do Laos). Em 1968, quando os ataques do EVN já estavam alcançando alvos como Khe Sanh, abaixo da linha proposta, o projeto foi abandonado. A única maneira de barrar o EVN seria através da força.

DO NORTE

A partir de 1966, o EVN começou a alocar unidades regimentais na ZDM para propósitos tanto de infiltração quanto de ataques através da fronteira. Apesar da força americana combatê-los, a estreiteza da zona permitia que o EVN utilizasse os seus potentes sistemas de artilharia ao máximo. Talvez a arma mais eficaz do seu arsenal fosse o obuseiro M46 de 130 mm soviético (ou a sua réplica chinesa). Ele podia ultrapassar o alcance da maioria das peças de artilharia americanas, lançando até seis bombas altamente explosivas, de fragmentação ou armadura-revestida, por minuto e com alcance de 29 km. Além disso, o EVN empregava os foguetes chineses altamente explosivos de 107 mm e 122 mm, com alcance de 8,5 km e 16 km, respectivamente. Esses equipamentos seriam extremamente importantes nas batalhas em torno da ZDM, já que os confrontos muitas vezes envolviam duelos enormes de artilharia através da fronteira, que aumentava muito o número de baixas.

As primeiras disputas significativas entre Estados Unidos e EVN na ZDM não foram, entretanto, batalhas importantes, mas varreduras de desobstrução americanas. As Operações New York, entre fevereiro e março de 1966, e Swift Saber, em junho, foram missões de pequenas a médias pelas províncias ao norte, e que tiveram resultados mistos: a Swift Saber resultou em apenas um ou dois inimigos mortos na área a 16 km ao norte de Danang, enquanto a New York tirou todo um batalhão Vietcong dos seus *bunkers* subterrâneos na península de Phu Thu. Porém, essas ações eram em geral medidas de combate contra a presença comunista no norte, em vez de ataques específicos contra unidades do EVN se movimentando pela ZDM. Tudo isso mudaria com a informação chegada das equipes de reconhecimento, indicando unidades do EVN dentro da própria ZDM.

ABAIXO: O CH-54 TARHE SKY CRANE ERA UM DOS AVIÕES MAIS ROBUSTOS DAS FORÇAS AMERICANAS. AQUI ELE LEVANTA UM BARCO DE PATRULHA RIBEIRINHA, MAS PODERIA TRANSPORTAR QUALQUER COISA, DESDE PEÇAS DE ARTILHARIA ATÉ VEÍCULOS.

Na primavera de 1966, as forças do EVN, incluindo a 324ª Divisão do EVN, começaram a cruzar o Rio Ben Hai, que corria no meio da ZDM, e a se concentrar na província de Quang Tri. Com milhares de soldados comunistas fazendo pressão sobre o Sul, os EUA responderam com a Operação Hastings entre 15 de julho e 3 de agosto, seguida pela Operação Prairie I no início de agosto (Prairie I seria a primeira de quatro missões B&D em Quang Tri e na área da ZDM entre agosto de 1966 e maio de 1967). Ambas as operações se transformaram em tiroteios enormes que caracterizavam a natureza do combate em torno da ZDM. A Hastings envolveu o III MAT e a 1ª Divisão do ERV contra os regimentos 90, 803 e 812 da 324ª Divisão do EVN. Depois da descida de dois batalhões de Fuzileiros americanos via helicóptero na zona de combate, a Operação Hastings logo se tornou uma série de ações de combate direto extraordinariamente cruéis, em particular no Vale de Song Hgan, apenas 3 km ao sul da ZDM. As perdas se amontoaram com rapidez nos dois lados: os Fuzileiros americanos perderam 126 homens e o ERV 21, e mais de 800 soldados do EVN foram mortos e 200 armas e 300 mil projéteis de munição foram capturados. A Operação Hastings foi essencialmente um sucesso, mas a profundidade da luta surpreendeu a muitos. O relevo ao redor da ZDM também tornava o combate muito exigente. A montanhosa Mutters Ridge, que se estendia entre as montanhas 484 e 400 e oferecia um ponto de reunião para os operadores de morteiros do EVN em *bunkers*, e a montanha prestes a se tornar famosa como "The Rockpile" (A Pilha de Rochas) se tornaram pontos focais para repetidas trocas de artilharia e embates entre patrulhas de batalha, especialmente quando a última se estabeleceu como uma importante BAF americana.

A luta em torno da ZDM alcançou exatamente o que os norte-vietnamitas queriam: tirar as tropas americanas dos grandes centros populacionais e preparar o terreno para uma grande invasão.

ACIMA: A MANOBRA AÉREA PODIA LEVAR SOLDADOS AMERICANOS DIRETO DA SEGURANÇA PARA O MEIO DE UM TIROTEIO. AQUI UM CH-47 DESEMBARCA SOLDADOS EM UMA ZONA DE ATERRISSAGEM NO ALTO DE UMA MONTANHA.

ABAIXO: RANGERS AMERICANOS AVANÇAM DEPOIS DO DESLOCAMENTO AÉREO VIA HELICÓPTERO EM UMA MISSÃO DE INSERÇÃO.

MÉTODOS DE VIGILÂNCIA DOS EUA

Um objetivo-chave da vigilância americana no Vietnã era a detecção e o monitoramento dos movimentos da tropa inimiga pela Trilha Ho Chi Minh e por todo o Vietnã do Sul. A principal ferramenta para isso era o sensor lançado pelo ar, sendo que o mais comum deles era o ADSID, ou Air-Delivered Seismic Intruder Detector (Detector Sísmico de Invasores Entregue pelo Ar). Esse aparelho de um metro de comprimento, com formato de bomba e bem camuflado, era lançado ao longo das rotas de suprimentos inimigas por jatos ou helicópteros americanos, onde se enterrava no solo até suas aletas e deixava uma antena de 122 cm – disfarçada como uma planta – para fora do solo. Uma vez lançado, o ADSID monitorava padrões acústicos e sísmicos em sua localidade e transmitia a informação para aeronaves americanas tais como o Beech Model A-36 Bonanza ou o Lockheed EC-121 Warning Star. Se os dados indicassem o movimento de tropas ou caminhões inimigos, seriam passados para as unidades de artilharia ou para as aeronaves de ataque.

O ADSID era apenas um dos vários sensores lançados pelo ar, os outros sendo o Acousid, o Spikebuoy e o Acoubuoy, este último fornecendo dados de sonar. Entretanto, apesar dos mais de 800 milhões de dólares gastos em programas de vigilância, tais como a Operação Igloo White de 1966 a 1971, os aparelhos não foram um grande sucesso devido a problemas de interpretação dos dados e à exposição das aeronaves de monitoramento ao fogo antiaéreo. Um sucesso mais imediato foi o desenvolvimento rápido do radar pessoal e da tecnologia de visão noturna. O radar AN/PPS-5 poderia detectar pessoas a até 5 km de distância, enquanto os óculos de visão noturna, tais como o AN/TVS-4, tinham um alcance de intensificação de imagem de até 1,6 km. É claro que os esforços de inovação também trouxeram sua taxa de fracassos. Um exemplo notável foi o detector pessoal aéreo XM2, apelidado de "farejador de pessoas", que poderia detectar odores humanos a partir de uma plataforma montada em um helicóptero. Naturalmente, tal aparelho não podia distinguir amigos de inimigos, ou mesmo inimigos de animais, e fracassou em alcançar uma utilização ampla.

UM ROCKWELL OV-10 BRONCO EM PATRULHA.

DIREITA: SOLDADOS AMERICANOS EMBARCAM EM UM SIKORSKY S-55 DURANTE UMA OPERAÇÃO NA ZDM. OS HELICÓPTEROS ERAM ESSENCIAIS TANTO PARA A EVACUAÇÃO QUANTO PARA A MANOBRA, MAS O FOGO INTENSO DAS BATALHAS DA ZDM MUITAS VEZES IMPEDIA A EVACUAÇÃO RÁPIDA TANTO DOS SOLDADOS ISOLADOS QUANTO DOS MORTOS.

As Operações Prairie I e II causaram uma taxa de fatalidades acima de 2 mil no EVN. No total, as quatro operações Prairie na província de Quang Tri tiraram a vida de mais de 500 fuzileiros e feriram outros 3.167 até o final da sua série, em maio de 1967. No entanto, foi durante 1967 que uma mudança na visão estratégica de Hanói começou a afetar as batalhas dentro e em torno da ZDM. A estratégia periférica do Vietnã do Norte, objetivando tirar as forças americanas dos centros populacionais em preparação para a invasão do Vietnã do Sul acompanhada por um levante popular, indicava que a ZDM se tornaria um ponto focal para as atividades do EVN na tentativa de dispersar as forças americanas ao longo de todo o norte. Isso moveria o conflito no Vietnã ao terceiro estágio da "guerra revolucionária" – um conflito convencional de larga escala, embora nessa época essa situação já estivesse praticamente acontecendo em torno da ZDM.

ACIMA: SOLDADOS NA PROVÍNCIA DE QUANG TRI DESCANSAM AO LADO DE UMA PILHA DE BOMBAS DE 81 MM ARMADAS E PRONTAS PARA O DISPARO.

ESQUERDA: FUZILEIROS AMERICANOS SE PROTEGEM DE UMA GRANADA DURANTE A TOMADA DA MONTANHA 484, PRÓXIMA À ZDM, EM SETEMBRO DE 1966.

INTENSIFICAÇÃO

Sentindo a probabilidade cada vez maior de combate na ZDM durante 1967, o comando americano reforçou a área ao redor com a 1ª Divisão de Fuzileiros, que havia anteriormente se responsabilizado por territórios desde o sul de Danang até Chu Lai. Eles, com o apoio da 3ª Divisão de Fuzileiros, operaram uma cadeia de postos avançados que se estendiam ao longo da Rota 9. Esses postos avançados, incluindo Khe Sanh, "The Rockpile", Camp Carroll, Cam Lo, Gio Lihn e Dong Ha, agiam como pontos de consolidação para as operações B&D, BAFs e bases de aterrissagem logística americanas. Naturalmente, eles começaram a atrair a atenção do EVN. Em 20 de março, unidades de artilharia do EVN dispararam cerca de 1.200 bombas contra Con Thien e Gio Lihn, demonstrando a capacidade que desempenharia um papel extremamente central nas batalhas futuras.

ABAIXO: SOLDADOS ESGOTADOS PELA BATALHA PROCURAM POR CORPOS DE VIETCONGS E SUPRIMENTOS DURANTE AS OPERAÇÕES OFENSIVAS EM JULHO DE 1967.

Khe Sanh, um lugar cujo nome seria lendário entre os militares por causa de algumas das batalhas mais violentas da guerra, foi um dos primeiros a atrair as grandes investidas do EVN. A 24 km ao sul da ZDM, e olhando do alto para a Rota 9, que corria para o Laos, essa pista de pouso no oeste de Quang Tri tinha pouco valor tático inicial, mas forneceu informações de reconhecimento valiosas sobre a movimentação das tropas do EVN em direção ao Laos. Na vizinhança de Khe Sanh, havia três montanhas – 861, 881 Sul e 881 Norte – todas ocupadas pelo EVN e, se capturadas, permitiriam aos EUA estabelecer um controle mais efetivo sobre a infiltração no Laos.

Em 1967, o EVN se reuniu para a Ofensiva do Tet. As ações do EVN começaram a se tornar mais ousadas e agressivas; eles se demonstravam muito mais dispostos a testar táticas convencionais completas contra as tropas americanas.

As Lutas de Montanha, como ficaram conhecidas, ou a Primeira Batalha de Khe Sanh, como foi chamada mais tarde, começou em 24 de abril, depois de uma emboscada do EVN que capturou uma companhia de soldados do 9º Regimento de Fuzileiros americanos em 16 de março. A batalha seria intensa por mais de duas semanas, e durante esse tempo os Fuzileiros americanos tomaram cada montanha, cobertos pelo apoio explosivo das aeronaves de ataque terrestre do Corpo de Fuzileiros, e pelos bombardeios de artilharia de 175 mm das BAFs. A luta pelas montanhas foi realmente épica, e quando terminou, em 12 de maio, haviam sido mortos 160 fuzileiros americanos e 570 soldados do EVN.

Logo depois, Con Thien se tornou o centro das atenções do EVN. A 23 km da costa e a apenas 3 km da ZDM, Con Thien deveria ser um dos primeiros postos avançados da Linha McNamara. Como as primeiras construções da linha começaram na metade de 1967, o EVN escolheu Con Thien como o local mais viável para uma incursão em massa de infantaria para esmagar a linha incipiente, ameaçar a base logística americana em Dong Ha e lançar o fundamento para uma invasão ampla da província de Quang Tri.

Embora o que ficou conhecido como "o cerco de Con Thien" tenha se iniciado efetivamente em setembro, uma luta pesada já estava em curso em julho quando as unidades de Fuzileiros tentaram limpar a área para iniciar o trabalho de construção da linha. Em 2 de julho, duas companhias de Fuzileiros americanos foram dizimadas quando unidades do EVN as encurralaram em meio a uma tempestade de artilharia, lança-chamas e fogo de metralhadoras, e alguns sobreviveram apenas graças a um oportuno bombardeio da Força Aérea americana sobre a área. As aeronaves americanas (tanto da Força Aérea como do Corpo de Fuzileiros) estavam agora fortemente comprometidas a destruir as formações do EVN dentro e em torno da ZDM. Os Arc Light B-52s eram centrais à ação e abateram um grande número de soldados do EVN em missões SLAM (Seek, Locate, Annihilate, and Monitor, em português, Procupar, Localizar, Aniquilar e Monitorar) que lançaram mais de 22 mil toneladas de bombas apenas na região de Con Thien. Prestou-se mais atenção à coordenação entre as missões de B-52, armas navais e BAFs. Entre 11 de setembro e 31 de outubro, por exemplo, a Operação Neutralize atacou posições inimigas 24 horas por dia, sem cessar, e mais de 900 incursões de Arc Light sobrevoaram a ZDM.

Mas isso não impediu o EVN de manter a pressão. Alguns postos avançados receberam milhares de fogos de artilharia todos os dias, especialmente com o lançamento, no início de julho, de obuses de 152 mm de longo alcance, e o território começou a se parecer com um cenário lunar. Os níveis de mortalidade eram assustadores. Em ações que seguiram um ataque contra um sistema de *bunkers* do EVN em 8 de julho, foram mortos mais de 500 fuzileiros e 1.290 homens do EVN.

Em setembro, a situação se tornou quase um cerco quando os Fuzileiros americanos em Con Thien experimentaram ataques do 812º Regimento do EVN montado a sudoeste da base. A posição parecia cada vez mais precária. Mais Fuzileiros americanos foram trazidos como reforço para o que agora era uma barreira incessante de artilharia e morteiros direcionados contra Con Thien. Ações ofensivas dos Fuzileiros não quebraram o bloqueio, e houve mais mortes nos quatro dias de trocas de tiro com o 90º Regimento do EVN.

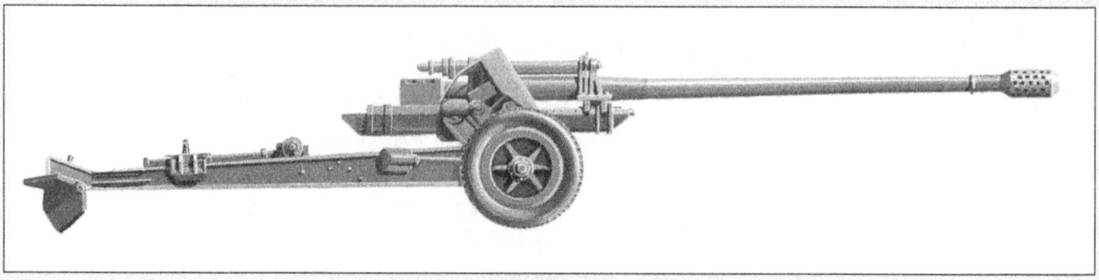

O DESTRUIDOR DE LONGO ALCANCE – CANHÃO M46.

CANHÃO SOVIÉTICO M46 130 MM

O canhão M46 130 mm, ou sua cópia chinesa, o PRC Tipo 59, foi a principal peça de artilharia do EVN a partir do final da década de 1960. Ele tinha um alcance significativamente maior do que as armas americanas como os obuses M101 105 mm, e lançava grandes quantidades de munições altamente explosivas, de fragmentação ou blindagem-penetrante contra as posições americanas em torno da ZDM.

Calibre:	30 mm
Peso (disparando):	16.975lb (7.700 kg)
Comprimento:	38 ft (11,73 m)
Depressão/Elevação:	de 2,5º a 45º
Equipe:	Nove
Taxa de tiro:	6 rpm
Alcance:	88.550 ft (27.000 m)

ABAIXO: A ABERTURA DA SELVA ACONTECEU DE FORMA MASSIVA EM MUITOS CENÁRIOS DA GUERRA DO VIETNÃ.

Além da sua determinação completa, por fim foi o poder de fogo bruto que salvou os Fuzileiros americanos em Con Thien. O mau tempo havia reduzido o número de soldados do EVN, mas não o fogo de artilharia: entre 19 e 27 de setembro mais de 3 mil tiros de 103 mm e 175 mm, e foguetes de 122 mm e 140 mm, atingiram o posto avançado. A resposta dos EUA foi incrível: unidades navais no Golfo de Tonquim e unidades de artilharia de terra dispararam um total de mais de 18 mil tiros contra as posições inimigas. Isso, combinado aos ataques aéreos castigantes, reduziu a atividade do EVN para níveis administráveis, embora o fogo de artilharia e os tiroteios continuassem por algumas semanas.

A ação em torno de Con Thien foi apenas uma das muitas batalhas realizadas ao longo da ZDM durante 1967, já que o EVN se preparava para a grande invasão e as ofensivas de 1968. As operações B&D, tais como a Operação Hickory, a Ope-

ESQUERDA: UM HELICÓPTERO UH-1D DESCE EM UMA ZONA DE ATERRISSAGEM DEVASTADA E COLOCA A BORDO AS VÍTIMAS AMERICANAS PARA UMA EVACUAÇÃO MÉDICA.

ABAIXO: A FADIGA E O SOFRIMENTO DA GUERRA RECAEM SOBRE UM JOVEM SOLDADO AMERICANO. EM ALGUMAS ÁREAS, OS HOMENS PASSAVAM POR COMBATES QUASE TODOS OS DIAS.

ração Beau Charger e a Operação Belt Tight, na verdade, se impulsionaram para dentro da própria ZDM até o Rio Ben Hai; quase todas essas operações foram particularmente sangrentas. Na Operação Buffalo, por exemplo, conduzida entre 2 e 14 de julho, a 3ª Divisão de Fuzileiros matou quase 1.300 homens do EVN. Na Operação Kingfisher, de 16 de julho a 31 de outubro, outros 1.117 soldados do EVN foram executados. A Operação Hickory II, de dois dias de duração, matou 39 homens do EVN contra 4 fuzileiros mortos e 90 feridos. Esses encontros tornaram a ZDM a zona de guerra mais sangrenta do Vietnã em 1967. Ainda assim, conforme o ano chegava ao fim, alguns eventos provariam que, apesar das suas perdas enormes, o EVN não estava nem perto de ser derrotado.

O DESENVOLVIMENTO ATÉ TET

No final de 1967, o posto avançado de Khe Sanh já tinha visto esforços intensivos para destruir a sua eficácia, embora tais esforços tivessem acabado durante a ação em Con Thien. Durante essa trégua, os Fuzileiros americanos em Khe Sanh continuaram o processo de torná-lo uma grande base logística, e ele foi elevado à força de três batalhões de Fuzileiros, além de várias baterias de artilharia de 105 mm, 155 mm e 175 mm. Havia também seis tanques M48 Patton e uma temível exibição de metralhadoras e sistemas de canhão sobre veículos. O planalto de Khe Sanh é agora famoso pelo cerco de 77

A intensidade de combate em torno da ZDM produziu sintomas de fadiga de batalha em muitos soldados. Isso incluía o Transtorno de Estresse Pós-Traumático (TEPT) e, por causa da artilharia do EVN, o trauma de bombas.

DIREITA: ESCAVADORAS LIMPAM UMA ZONA DE COMBATE. ESSAS MÁQUINAS MUITAS VEZES SE MOVIAM NA SEQUÊNCIA DAS TROPAS TERRESTRES AMERICANAS, NIVELANDO A VEGETAÇÃO PARA PRIVAR O VIETCONG/EVN DE UM FUTURO DISFARCE E LIBERDADE DE MOVIMENTO.

ABAIXO: UM SOLDADO MANEJA UMA METRALHADORA M60, COM VÁRIAS CINTAS DE MUNIÇÃO PRONTAS PARA USO.

dias que se desenvolveu lá a partir de janeiro de 1968, com muitos jornalistas o comparando à batalha de Dien Bien Phu em 1954, tanto pela sua localização quanto pelo seu relevo e isolamento. A comparação, entretanto, peca no número de fatalidades: Khe Sanh resultou em 205 mortes americanas, ao contrário dos 3 mil franceses que morreram em Dien Bien Phu. Mesmo assim, não havia dúvidas sobre a severidade das tentativas do EVN de tomar a base.

As primeiras indicações de que Khe Sanh poderia estar sob sérias ameaças vieram no início de janeiro de 1968, quando outro levante comunista foi detectado ao norte. Khe Sanh foi reforçado por mais um batalhão de Fuzileiros americanos (2º Batalhão do 26º Corpo de Fuzileiros) em 16 de janeiro. A extensão total das forças convocadas contra eles era a seguinte: quatro divisões do EVN e dois regimentos de artilharia, com a 304ª Divisão de elite tendo se unido ao movimento na metade de janeiro.

O fogo de artilharia começou realmente em 21 de janeiro contra a Montanha 861 nas proximidades, e foi seguido por uma onda de ataques humanos até as suas encostas. Eles chegaram perigosamente próximo ao topo, mas foram cortados por um forte fogo de metralhadoras dos defensores no topo, assim como daqueles na Montanha 881 Sul ao lado. A partir desse ponto, Khe Sanh foi esmagado diariamente por fogo de artilharia e foguetes, destruindo aeronaves, tanques, depósitos de munição e, é cla-

ro, os seus defensores humanos. Os B-52s mantiveram um bombardeio feroz sobre as posições inimigas, enquanto as forças americanas escavavam localizações defensivas, e as vulneráveis aeronaves de transporte Fairchild C-123 Provider faziam voos de reabastecimento na pista de pouso esburacada.

O cerco que se seguiu mostrou uma grande persistência por parte daqueles que resistiam, mas isso não pode ser compreendido isoladamente, à parte do que aconteceu em 31 de janeiro, quando o Vietnã do Norte lançou a Ofensiva do Tet, a invasão em grande escala do Vietnã do Sul (ver Capítulo 8). As batalhas em 1966 e 1967 na região da ZDM haviam alcançado o objetivo de retirar as forças americanas dos principais centros populacionais. O Norte esperava que esses centros pudessem então ser atraídos para a insurreição aberta contra o governo sul-vietnamita. A ZDM seria totalmente aberta pela invasão norte-vietnamita, mas as batalhas ainda seriam realizadas lá ao longo de toda a década de 1960 e até a década de 1970. A escala da guerra vista dentro e em torno da ZDM antes da Ofensiva do Tet foi por vezes idêntica às grandes batalhas da Frente Ocidental na Primeira Guerra Mundial, ou às campanhas do Pacífico da Segunda Guerra Mundial, em termos da devastação causada, das perdas sofridas e do poder de fogo aplicado. Tet foi simplesmente o ápice dessas ações iniciais do EVN em uma invasão aberta e convencional.

ACIMA: MOBILIDADE AÉREA EM AÇÃO. UM SOLDADO AMERICANO OBSERVA UMA GRANDE ESQUADRILHA DE HELICÓPTEROS UH-1 DECOLAR EM UMA MISSÃO DE REABASTECIMENTO. UMA DAS CAMPANHAS DE ABASTECIMENTO AÉREO MAIS URGENTES FOI A DEVOTADA A SUSTENTAR O POSTO AVANÇADO AMERICANO EM KHE SANH, PERTO DA ZDM.

ESQUERDA: UM HOWITZER AUTOPROPULSADO M107 175 MM É MANUTENIDO POR SEU TRIPULANTE EM UMA BASE AMERICANA. ESTA ERA UMA DAS ARMAS MAIS PODEROSAS DA GUERRA, CAPAZ DE LANÇAR UM MÍSSIL A MAIS DE 32 KM.

Capítulo 7

A Guerra Ribeirinha

Uma equipe de patrulha ribeirinha entra em ação. Os rios do Vietnã do Sul foram tão disputados quanto as suas selvas durante a Guerra do Vietnã, e as forças da Marinha e dos Fuzileiros americanos desenvolveram a peculiar "Marinha Fluvial" para recuperar as vias fluviais das mãos do Vietcong.

O RELEVO VIETNAMITA

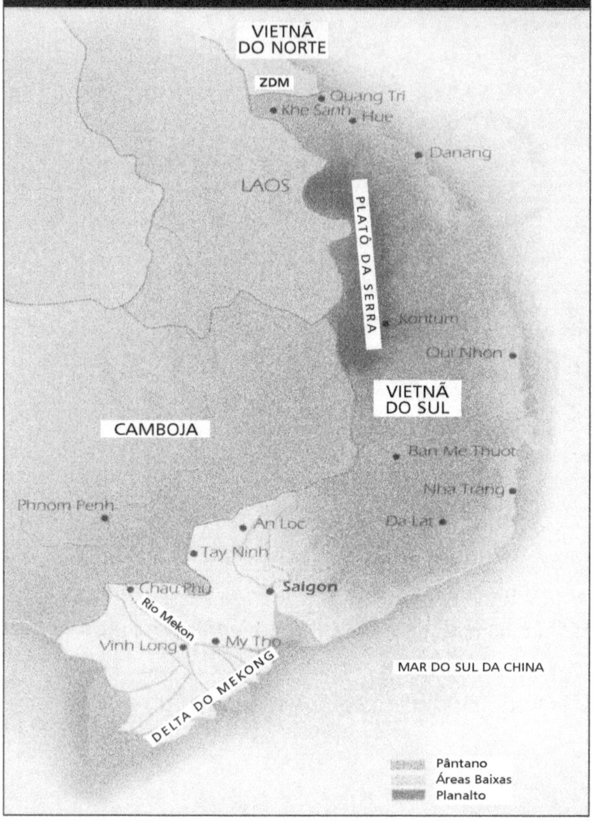

Os milhares de quilômetros de vias fluviais que formavam o delta do Mekong serviram como uma fortaleza Vietcong aparentemente inviolável. Os suprimentos fluíam pelos rios não rastreáveis com facilidade, e os comunistas se utilizavam do apoio da população para se reforçar. O ERV não ousava entrar na área hostil, deixando-a como uma séria ameaça à segurança de Saigon. Em 1965, a Marinha americana criou a Força de Patrulha Ribeirinha (FPR) como um primeiro esforço para combater o domínio comunista no delta. Em 1968 e 1969, a Marinha americana e a Força Móvel Ribeirinha (FMR) da 9ª Divisão de Infantaria lutaram contra o Vietcong até o impasse sobre os campos de arroz e as águas fétidas dos intermináveis pântanos do delta. Ao longo do tempo, campanhas navais, aéreas e terrestres combinadas fariam muito para tirar o controle do delta do Mekong das forças comunistas.

O BARCO DE PATRULHA RIBEIRINHA

A guerra no delta do Mekong dependia da versatilidade do Barco de Patrulha Ribeirinha, ou BPR. Esse equipamento interditava os suprimentos inimigos, fornecia apoio de fogo para as forças terrestres e patrulhava o deserto de vias fluviais que era o delta do Mekong. O BPR era normalmente operado por uma equipe de quatro, e equipado com um radar de superfície Pathfinder e dois rádios. Quanto à capacidade de armamentos, ele suportava duas metralhadoras duplas de 0,50" na frente, duas metralhadoras M-60 ou lança-granadas no meio, e outra metralhadora de 0,50" atrás. A construção de fibra de vidro do PRB o tornava leve e manobrável – capaz de deslizar em muitas vias fluviais pequenas, onde outras embarcações não conseguiriam passar – e rápido, capaz de alcançar velocidades acima dos 25 nós (46,3 km/h). Sua força, contudo, era também sua fraqueza, porque oferecia pouco para a proteção de sua equipe e era bem vulnerável ao fogo inimigo. O BPR original, Mark I, teve vários problemas operacionais. A vegetação no Mekong muitas vezes sujava seus motores, e até mesmo puxá-lo para o lado de um sampan* para uma inspeção de rotina poderia causar danos sérios ao casco de fibra de vidro. Como resultado, o Mark II foi apresentado em 1966 com um motor melhorado e uma construção mais durável em alumínio. O BPR esteve em serviço contínuo durante a Guerra do Vietnã e era a espinha dorsal do esforço de guerra riberinho.

O versátil BPR.

* O sampan é uma embarcação chinesa de madeira com o fundo relativamente plano, utilizada na Ásia Oriental, geralmente para transporte em rios e áreas costeiras, ou para habitação em águas fluviais. (N. do T.)

O delta do Mekong é talvez o território mais importante do Vietnã do Sul. É a região mais fértil para a produção de arroz em todo o país e lar de mais da metade da sua população. O delta era uma área importante de domínio do Vietcong, e os seus 4.800 km de vias fluviais o tornavam uma rota para os suprimentos dos comunistas. E por fim Saigon, a capital do Vietnã do Sul, fica no canto norte do delta e depende dos suprimentos fluviais. Por essas razões, os Estados Unidos decidiram que era de primordial importância controlar a vasta rede de rios que formavam o delta do Mekong e, em 1965, nascia a Força de Patrulha Ribeirinha (FPR).

A GUERRA PELO MEKONG

No início de 1966, a FPR lançou a Operação Game Warden com o objetivo de interditar os suprimentos comunistas e interromper o assédio inimigo ao transporte para Saigon. Os barcos de patrulha ribeirinha, ou BPRs, muitas vezes baseados em grandes Navios de Desembarque de Tanques (NDT) flutuando na foz dos rios, estabeleciam patrulhas ribeirinhas coordenadas para interromper o transporte inimigo nas vias fluviais. Os esforços iniciais foram feitos perto da foz do Mekong e obtiveram um sucesso considerável. Rio acima, entretanto, o sucesso foi mais limitado. Lá, apenas 140 BPRs patrulhavam as intermináveis vias fluviais com irregularidade devido à sua restrição numérica. Simplesmente não havia BPRs suficientes para fazer o trabalho. Embora os suprimentos Vietcong ainda estivessem sem dúvida atravessando, os resultados das patrulhas ribeirinhas eram encorajadores. Apenas em 1967 os marinheiros abordaram 400 mil barcos para inspeção. Como resultado a FPR destruiu mais de 2 mil embarcações inimigas e matou, feriu ou capturou mais de 1.300 Vietcongs – tudo isso ao custo de 39 vidas americanas.

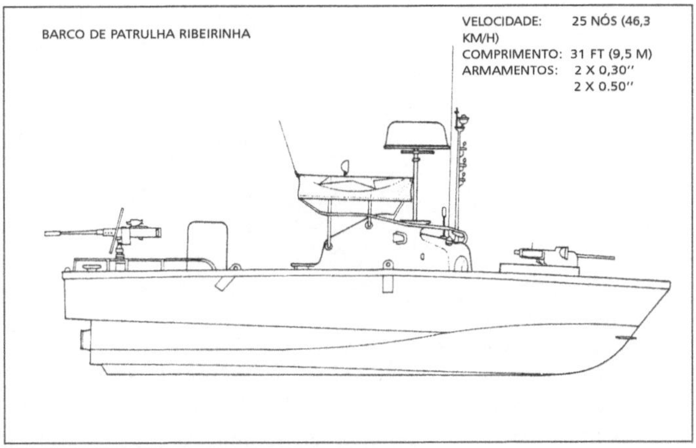

Além dessas patrulhas, a Operação Game Warden enviou caça-minas aos rios perto de Saigon para liberar a área das minas inimigas que pareciam ser constantemente reabastecidas. Um ponto problemático era a Zona Especial Rung Sat, um mangue de maré na entrada da via fluvial que levava a Saigon. O Vietcong usava essa área inóspita para lançar ataques contra o transporte fluvial. Em

Forças de patrulha ribeirinha especiais foram estabelecidas no Vietnã desde a época do conflito francês na Indochina, e em 1965 a Marinha do Vietnã do Sul tinha construído uma força de patrulha ribeirinha ofensiva com mais de 200 barcos de combate.

O DELTA DO MEKONG

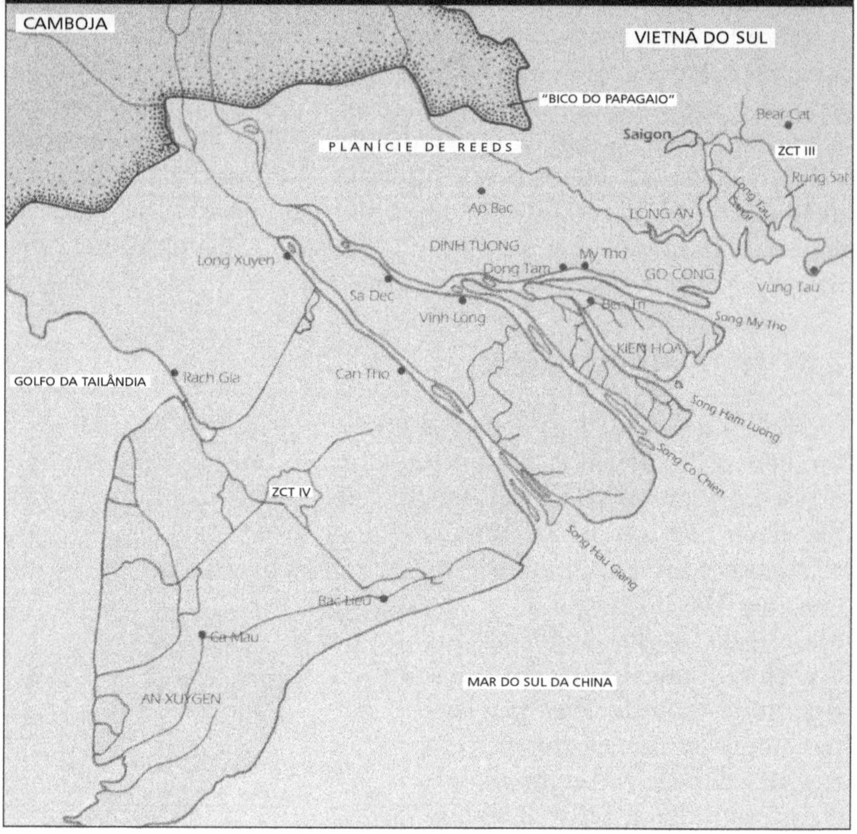

ABAIXO: UMA CANHONEIRA DISPARA BALAS DE CANHÃO 40 MM DURANTE UMA AÇÃO NO DELTA DO MEKONG EM 1967.

março de 1966 as forças americanas, incluindo BPRs, canhoneiras, destacamentos de helicópteros, equipes SEAL e infantaria, invadiram o santuário Vietcong na região. A grande missão de "Busca e Destruição" resultou na devastação de várias bases Vietcong e na morte de 69 guerrilheiros. Contudo, o inimigo em breve voltaria, mais uma vez minando as águas e assediando o transporte com armas pequenas e canhões sem recuo. O problema necessitava de uma solução mais permanente.

A FORÇA MÓVEL RIBEIRINHA

Em um esforço para localizar e destruir o Vietcong no delta do Mekong, os Estados Unidos formaram uma força conjunta entre o Exército e a Marinha, a Força Móvel Ribeirinha (FMR). O componente naval foi chamado de Força de Assalto Ribeirinha e fornecia uma base móvel flutuante para os soldados. Além disso, a Marinha americana fornecia apoio de fogo através do uso de monitores. Essas embarcações armadas continham suportes de armas 0,50", 40 mm e 20 mm, dois lança-granadas de 40 mm e um poderoso morteiro de 81 mm. A Força de Assalto Ribeirinha também carregava os soldados para a batalha utilizando navios de desembarque transformados, chamados Embarcações Armadas de Transporte de Tropas (ATC – *Armored Troop Carriers*). Esses navios também carregavam um poder de fogo considerável, incluindo metralhadoras calibre 0,50", lança-granadas e um canhão de 20 mm. Alguns ATCs também carregavam lança-chamas ou canhões de água para o uso contra os complexos de *bunkers* inimigos. As aeronaves, tanto da Marinha, quanto da Força Aérea americana forneciam suporte aéreo para as missões terrestres.

ACIMA: UMA EQUIPE DE SEALS DA MARINHA AMERICANA EMBARCA EM UMA MISSÃO NO INTERIOR DO TERRITÓRIO VIETCONG.

A 9ª Divisão de Infantaria, recém-chegada dos EUA, forneceu a sua 2ª Brigada e mais tarde a sua 3ª Brigada para formar o componente terrestre da Força Móvel Ribeirinha. Os soldados começaram a chegar na área na primavera de 1967. Esses homens muitas vezes ficavam alojados em embarcações de base flutuantes ou, às vezes, nos novos quartéis-generais da divisão em Dong Tam. Até mesmo a criação do acampamento de base foi um empreendimento enorme, pois foi construído sobre um mar de lama, dragado do delta do Mekong pelos maiores equipamentos de dragagem existentes. A 9ª Divisão de Infantaria, além de fornecer o pessoal de terra, também fornecia apoio de artilharia para a guerra ribeirinha com o uso de baterias colocadas em pontões flutuando nos rios.

A Força Móvel Ribeirinha foi produto de uma mudança das operações de parar e revistar para uma versão naval da "Busca e Destruição". Consequentemente, os projetistas foram colocados para trabalhar na criação de uma nova espécie de embarcação de combate rápida e fortemente armada.

ESQUERDA: SOLDADOS AMERICANOS USAM SUAS M16 PARA RESPONDER AO FOGO VINDO DA ÁREA DA COSTA. ERA NECESSÁRIO MUITO CUIDADO AO SE UTILIZAR ARMAS PESADAS PERTO DAS ÁREAS MAIS POPULOSAS.

LUTAS NO DELTA

A Força Móvel Ribeirinha envolveu-se em lutas amargas contra os batalhões 263 e 514 da Força Principal Vietcong. O delta era um forte centro de apoio Vietcong, e vital para o seu sistema logístico. As unidades do ERV na área nunca haviam desafiado o controle Vietcong, sabendo que eles lutariam ferozmente por uma região tão importante. Entretanto, quando iniciou a construção da base em Dong Tam, o Vietcong percebeu que as forças americanas estavam prestes a desafiar o controle deles sobre a região, e se dedicou a preparar o campo de batalha a seu favor. As forças comunistas prepararam complexos de *bunkers* defensivos ao longo da região e "apimentaram" a área com armadilhas letais. O Vietcong tentava discernir a direção da próxima varredura americana, e então ocupava os *bunkers* apropriados e esperava. Às vezes, os determinados Vietcongs esperavam por dias com água até o pescoço nos seus buracos lamacentos apenas para que uma unidade americana tropeçasse em uma emboscada. O Vietcong esperava para abrir fogo até que os americanos estivessem a poucos metros, na tentativa de neutralizar o apoio aéreo e de artilharia dos EUA. Assim que infligissem o máximo de perdas possível às forças americanas, fugiam para voltar em um outro dia.

ACIMA: UMA EQUIPE DO BPR VARRE AS MARGENS DO RIO À PROCURA DE ATIVIDADE VIETCONG.

ABAIXO: O PODER DE FOGO DE UMA EMBARCAÇÃO ARMADA DE TRANSPORTE DE TROPAS (ATC) INCLUÍA UM CANHÃO 20 MM, DUAS METRALHADORAS CALIBRE 0,50" E DUAS METRALHADORAS CALIBRE 0,30".

Os homens da 9ª Divisão de Infantaria rapidamente desenvolveram táticas para lidar com o estilo de guerra de emboscada praticado pelo Vietcong no delta. Os americanos normalmente desembarcavam dos ATCs e realizavam missões de três dias de "Busca e Destruição" com emboscadas noturnas. Geralmente, os americanos se abstinham dos campos de arroz, para evitar o perigo das minas nas represas. Como cada represa de campo de arroz era um complexo de

bunkers Vietcong em potencial, o movimento dos soldados americanos era lento. Ao se aproximarem de cada represa, as forças americanas enviavam uma equipe de três homens na frente para checar o inimigo. Se o Vietcong estivesse lá, a vida dos três homens estaria comprometida, mas o restante da infantaria, que havia permanecido fora da zona mortal, ladearia os *bunkers* e chamaria os ataques aéreos. Se os três homens alcançassem a represa em segurança, o avanço poderia continuar e outros três homens eram enviados para checar a próxima represa, e assim por diante.

Acima: Um barco de comando da Marinha sul-vietnamita, de construção francesa, se move pelo território mantido pelo Vietcong no final de 1967.

A Força Móvel Ribeirinha lutou grandes batalhas contra o Vietcong em junho e julho de 1967, resultando na morte de mais de 300 Vietcongs. Além disso os soldados abriram caminho até Rung Sat para destruir bases inimigas e depósitos de suprimentos adicionais. No entanto, as vitórias eram passageiras, porque o Vietcong ainda controlava a maior parte da região e recebia amplo apoio da população camponesa. Em setembro de 1967, o Vietcong contra-atacou e armou uma emboscada contra um comboio da Marinha americana a sudoeste de Saigon, danificando mais da metade dos navios e causando a morte de mais de 80 homens das forças americanas. O Vietcong fez outra emboscada contra um comboio no Canal Ruong em dezembro de 1967, mas dessa vez a Força Móvel Ribeirinha estava de prontidão. Durante a intensa batalha de um dia, os ATCs con-

Presa no meio de um rio, ladeada por margens potencialmente mantidas pelo inimigo, uma unidade de patrulha ribeirinha tinha de confiar na velocidade do barco para retirá-la rapidamente do alcance de qualquer disparo de arma pequena.

Esquerda: Um atirador treina a prontidão para ação com sua metralhadora M60 7,62 mm em uma margem afastada. As patrulhas ribeirinhas eram tão tensas e desgastantes quanto as conduzidas na selva, e talvez ainda mais, porque o Delta do Mekong era muito populoso e dificultava a identificação entre amigos e inimigos.

seguiram passar pelo fogo Vietcong e desembarcaram soldados da 9ª Divisão de Infantaria nas laterais do complexo de *bunkers*. Tendo comprometido a posição inimiga, a FMR prosseguiu para obter uma das suas vitórias mais significativas ao denunciar a posição e matar quase 270 lutadores Vietcong.

TET

Por todo o Vietnã em 1967, o Vietcong estava conservando a sua força ao evitar as batalhas e se preparando para a maciça Ofensiva do Tet. O mesmo era verdade no delta do Mekong. As forças americanas haviam obtido várias vitórias em atrito, mas a escala da Ofensiva do Tet demonstra que o esforço americano havia feito pouco para cortar as linhas de abastecimento inimigas ou para enfraquecer o inimigo em termos numéricos. A ofensiva pegou as forças americanas e sul-vietnamitas no delta de surpresa. As forças comunistas atacaram e tentaram invadir várias cidades importantes no delta, incluindo My Tho, Ben Tri e Can Tho. Os ataques Vietcong tiveram um sucesso inicial fantástico, capturando vários centros populacionais importantes e impondo uma crise sobre o sistema de comando americano no delta do Mekong.

A velocidade dos BPRs permitia que eles corressem para as áreas de conflito para acrescentar o seu poder de fogo aos esforços defensivos. Em muitos aspectos, as unidades de patrulha de barco obtiveram sucesso nas atuações defensivas dos EUA e do Vietnã do Sul em várias cidades do delta. Mais importante ainda, os homens da 9ª Divisão de Infantaria salvaram do desastre muitos lugares importantes do delta. A mobilidade e a força da FMR a tornou a "brigada de incêndios" da região, e as suas ações mereceram a Citação Presidencial de Unidade. Primeiro os homens da FMR tiveram de lutar de casa em casa pelas ruas de My Tho, mantida pelo inimigo. Tendo triunfado lá, a FMR transferiu o seu esforço de resgate para Vinh Long, onde enfrentou e derrotou três batalhões Vietcong. Finalmente, a FMR teve de enfrentar as forças do Vietcong, que haviam cercado a cidade mais importante do delta, Can Tho. A FMR se moveu de uma zona de crise a outra, e em quase um mês de lutas duras derrotou o Vietcong todas as vezes. As suas ações no Mekong, contudo, não contam a história completa. Alguns elementos da Força de Patrulha Ribeirinha foram enviados ao norte, para ajudar na luta ao redor de Hue. Essas unidades ajudaram a manter o

BARCO DE CONTROLE DE COMANDO

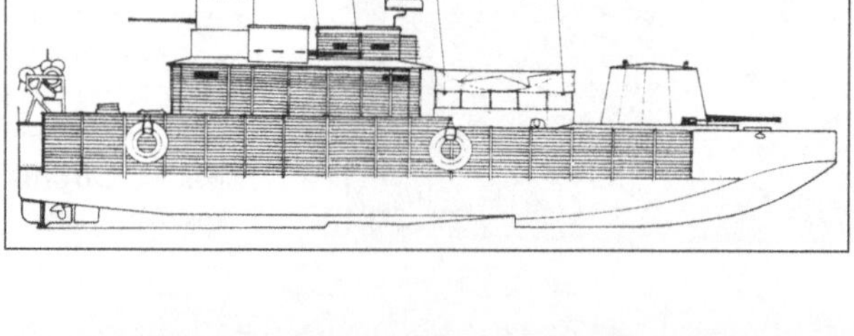

Comprimento: 57,5 ft (17,5 m)
Armamentos: 1 x 40 mm
2 x 400 mm lança-granadas
1 x 81 mm morteiro
2 x 0,50''

CONDIÇÕES DE BATALHA NO DELTA DO MEKONG

VADEANDO UM RIO.

O delta do Mekong é uma região erma e plana de vias fluviais serpenteantes e incontáveis campos de arroz. A guerra travada nessa área de água e lama dominava na região. O pessoal da Marinha e os homens da 9ª Divisão de Infantaria tinham que aprender a operar nesse ambiente singularmente hostil. Além disso, o delta é uma região densamente povoada, e isso limitava a utilização do poder de fogo para evitar a morte de civis. O Vietcong já tinha forte presença na área por muitos anos antes da chegada da Infantaria americana em 1967, e os insurgentes tinham aproveitado bem esse tempo, convertendo grande número de represas dos campos de arroz em complexos de *bunkers* e espalhando minas e armadilhas por toda a área. A Infantaria não conseguia caminhar nas represas por medo das minas, e normalmente operava nos campos cheios de água. Sem cobertura, a infantaria tinha de se aproximar de cada represa como se o inimigo estivesse lá nos *bunkers*, pronto para lutar; um deslize na concentração poderia resultar no abatimento e extermínio de toda uma unidade pelo fogo inimigo. E dentro da água espreitavam minas, cobras e sanguessugas. Os homens feridos em batalha nessas condições exigiam evacuações médicas imediatas, porque os dejetos humanos eram utilizados como fertilizante, e levavam qualquer ferimento a um choque séptico muito rapidamente. As condições eram ainda piores na Zona Especial Rung Sat, que guardava a principal via fluvial até Saigon. As tropas que operavam nessa área ficavam com frequência com água até o pescoço. As condições no delta do Mekong eram tão assustadoras que, mesmo que uma unidade não sofresse nenhuma fatalidade, ela tinha de ser removida de campo depois de apenas três dias. Qualquer tempo a mais e os soldados começavam a sofrer perdas devido à constante imersão de seus pés nas águas poluídas.

vital Rio Perfume aberto ao tráfego americano durante o Tet. No delta do Mekong, a FMR sozinha matou mais de mil Vietcongs durante as lutas que formaram a ofensiva. Essas perdas, adicionadas a outras sofridas por todo o Vietnã do Sul, foram um duro golpe para o Vietcong e possibilitaram que as forças americanas tomassem a ofensiva para si mesmas em 1969.

Enquanto os americanos e sul-vietnamitas se preparavam para impor a sua vantagem, o Vietcong lançou uma série de pequenas ofensivas do Tet na região do delta. Os ataques contra as cidades de Cai Lay e Saigon foram ambos embotados por contra-ataques maciços da 9ª Divisão de Infantaria que resultaram na morte de 700 inimigos. Durante julho e agosto de 1968, a FMR perseguiu o inimigo derrotado por todo o delta do Mekong, obtendo uma série de vitórias que empurraram o Vietcong ainda mais para perto das suas ba-

ACIMA: PODER DE FOGO TOTAL. SÓ A POPA DESSE BARCO DE PATRULHA CONTÉM ARMAMENTOS SUFICIENTES PARA DEVASTAR TODA UMA ÁREA COSTEIRA; OS ARMAMENTOS INCLUEM LANÇA-GRANADAS 40 MM, UMA METRALHADORA BROWNING CALIBRE 0,50" E UMA METRALHADORA M60.

ses no Camboja. Um testemunho da mudança da sorte na guerra do delta foi a incursão americana na Floresta de U Minh. Esse pântano quase impenetrável era há tempo uma fortaleza Vietcong não contestada, porque ficava tão longe ao sul que as forças americanas e sul-vietnamitas não ousavam entrar. Entretanto, o enfraquecimento do poder Vietcong na região tornou possível um ataque lá. Em violentos combates, as forças americanas causaram várias centenas de mortes aos inimigos e um grande dano à infraestrutura Vietcong local. Embora a Floresta de U Minh permanecesse como uma fortaleza Vietcong, a incursão aliada indicava que a maré da guerra havia se revertido no delta do Mekong.

SEALORDS

Na sequência da vitória do Tet, o general Westmoreland estava ansioso para impor a vantagem americana na guerra e perseguir e assediar o inimigo derrotado. No delta do Mekong, essa estratégia tomou a forma de um programa conhecido por seu acrônimo: SEALORDS – *Southeast Asia Lake, Ocean, River and Delta Strategy* (Estratégia de Lagos, Oceanos, Rios e Delta do Sudeste Asiático). O ambicioso plano ofensivo pedia que as forças navais e terrestres dos EUA e do Vietnã do Sul cortassem as linhas de suprimento inimigas do Camboja e destruíssem os seus campos de base no meio da selva. Contudo, houve uma mudança fundamental na estrutura das forças ribeirinhas – os estrategistas militares americanos acreditavam que a 9ª Divisão de Infantaria seria melhor utilizada se não estivesse mais ligada à FMR.

DIREITA: TROPAS TERRESTRES AMERICANAS ENTRAM NO TERRENO COBERTO DE ÁGUA DA ZONA DE RUNG SAT. AS DOENÇAS TROPICAIS E AS EMBOSCADAS INIMIGAS ERAM PERIGOS SEMPRE PRESENTES NESSAS REGIÕES.

Por essa razão, em junho de 1969 a 9ª Divisão de Infantaria deixou a FMR, indicando que a SEALORDS seria muito mais uma operação naval tradicional, e as forças terrestres seriam cooptadas quando necessário.

Esquerda: Soldados do Vietnã do Sul afundados até a cintura na lama espessa enquanto carregam um barco. Essas condições apodreciam rapidamente as roupas e infectavam qualquer ferimento.

Em 1969, as forças navais americanas e sul-vietnamitas estavam com a sua força máxima no delta do Mekong. Nessa época, a Força de Patrulha Ribeirinha contava com cerca de 258 barcos de patrulha e de varredura de minas, e a Força de Assalto Ribeirinha de 3.700 homens (que agora operava a maioria das funções em terra) possuía 184 monitores e condutores. Um esquadrão de 25 helicópteros armados e 15 aeronaves de asa fixa completavam a força, além das cinco equipes de SEALs que trabalhavam com eles. A Marinha do Vietnã do Sul ainda adicionou outros 655 barcos de ataque e de patrulha à essa poderosa armada. Todas as outras operações no Mekong ficaram em segundo plano quando a SEALORDS começou a operar no final de outubro de 1968.

A tática americana no delta do Mekong teve cada vez mais sucesso, especialmente depois da Ofensiva do Tet. Durantes as operações da SEALORDS, qualquer unidade Vietcong que decidisse emboscar uma patrulha ribeirinha seria enfrentada com contra-ataques cruéis da Marinha, da infantaria e de helicópteros.

Na primeira fase, as forças aliadas estabeleceram patrulhas e barreiras eletrônicas nas vias fluviais paralelas à fronteira com o Camboja. Essa operação demandava a abertura de canais desde o Golfo da Tailândia até o Rio Mekong, dentro de áreas controladas pelo Vietcong e que eram vitais para o sistema de logística dos comunistas. As patrulhas nunca foram tão longe das bases americanas antes, mas, por sorte, a resistência organizada era fraca. O mesmo não

Direita: Um Veículo de Patrulha de Sustentação por Ar (PACV – Patrol Air Cushion Vehicle). Essas máquinas versáteis, conhecidas como "invasores de boca de tubarão", tornaram difusas as linhas entre terra e rio ao conseguirem perseguir um ataque nos pantanais e campos de arroz com múltiplas metralhadoras e lança-granadas.

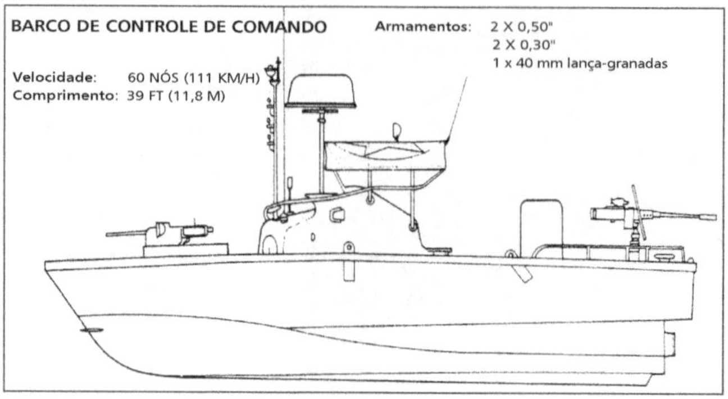

pode ser dito das operações a norte e a oeste de Saigon. Aqui as forças navais americanas e sul-vietnamitas se moveram rio acima pelo Rio Co Tay em um esforço para interditar os suprimentos que vinham da região crucial do "Bico de Papagaio" do Camboja. Esse movimento interromperia a rota de abastecimento comunista para as áreas próximas de Saigon e na Planície de Reeds. O Vietcong contra-atacou minando os rios e fazendo emboscadas para os barcos de patrulha, mas as forças americanas estavam empregando uma estratégia nova e eficaz que mantinha o número de perdas a um mínimo. As patrulhas eram unidades poderosas e completamente armadas. Os BPRs eram complementados pelo poder de fogo dos monitores, e a maioria das patrulhas tinha ATCs junto com um componente de infantaria capaz de lidar com quase todo tipo de ataque Vietcong. Por fim, helicópteros de ataque sobrevoavam ao redor esperando para se lançar sobre quaisquer guerrilheiros inimigos assim que eles se mostrassem. Essas unidades navais se moviam com rapidez, eram poderosas e capazes de responder a quase qualquer ameaça. O enfraquecido Vietcong não ousava atacar essas patrulhas com muita frequência com medo de sofrer altas perdas. No início de 1969, então, a FMR havia conseguido implementar uma barreira muito eficiente de interdição de suprimentos desde o norte de Saigon até o Golfo da Tailândia.

ABAIXO: AS MARGENS DO RIO QUEIMAM DEPOIS DE SOFREREM O ATAQUE DE UMA FORÇA DE ASSALTO RIBEIRINHA.

Depois do esforço bem-sucedido de interdição, as forças aliadas atacaram o Vietcong nos seus santuários na Floresta de U Minh e na península de Ca Mau. Essas áreas remotas não tinham a presença governamental sul-vietnamita e serviam como territórios e bases vitais para o Vietcong. De 7 a 18 de abril, as forças de mar, ar e terra atacaram as fortalezas Vietcong em uma operação maciça, apelidada de Silver Mace II. O Vietcong, fiel ao seu estilo, evitou contato com o poder de fogo superior da FMR, mas perdeu bases valiosas. Além disso, as forças sul-vietnamitas estabeleceram uma presença permanente na área pela primeira vez. As áreas mais remotas do sul do delta do Mekong já não seriam mais uma área Vietcong não contestada.

ESQUERDA: SEALs DA MARINHA AMERICANA ENTRAM EM AÇÃO EM SEU BARCO DE PATRULHA DE ASSALTO RIBEIRINHO (BPAR), 80 KM AO SUL DE SAIGON. DURANTE ESSE ATAQUE CONTRA UMA BASE INIMIGA, FORAM DESTRUÍDOS DE 40 A 50 BUNKERS E 51 VIETCONGS FORAM LEVADOS PRISIONEIROS.

A SEALORDS, em menos de um ano de operação, conseguiu colocar uma imensa pressão sobre o Vietcong no delta. Os suprimentos comunistas e os seus reforços caíram dramaticamente. As suas bases já não eram seguras, e as forças aliadas, pela primeira vez, permaneceram para trás para disputar o controle da área quando as forças comunistas ressurgiram. As perdas comunistas diante desse novo estilo de guerra naval foram impressionantes. Mais de 500 toneladas de suprimentos vitais tinham sido perdidas; além de aproximadamente 3 mil soldados comunistas terem sido mortos e 300 capturados. As forças americanas e sul-vietnamitas envolvidas na campanha, ao contrário, perderam apenas 186 homens mortos e 1.450 feridos. Os Estados Unidos e o Vietnã do Sul pareciam estar vencendo a guerra do delta.

NO CAMBOJA

A incursão pelo interior do Camboja pelas tropas americanas e sul-vietnamitas em abril de 1970 ofereceu uma ótima oportunidade para o SEALORDS. Em 9 de maio, depois que a incursão já tinha dado uma semana para as forças de terra repelirem quaisquer unidades inimigas maiores, uma frota formada por EUA e Vietnã do Sul invadiu os limites do Camboja por Phnom Penh. A força naval destruiu todas as embarcações comunistas pelo caminho, e tirou

SEALS DA MARINHA AMERICANA

Os SEALs da Marinha americana derivaram seu nome de seu ambiente de operação: "Sea, Air or Land" (Mar, Ar ou Terra). Eles foram formados em 1962 seguindo uma determinação do presidente Kennedy de fornecer uma força de elite anfíbia de infiltração para ser utilizada em missões de penetração secreta ou profunda. Especializados em todos os vários aspectos da contra-insurgência, esses comandos da Marinha altamente motivados operavam em unidades completamente autossuficientes, que poderiam permanecer isoladas em território inimigo por dias, aparecendo subitamente apenas para aplicar a força destrutiva máxima a uma base ou unidade Vietcong.

FOTO: UMA EQUIPE SEAL COM UMA URP SUL-VIETNAMITA.

A Equipe SEAL 1, de 211 homens, estava baseada em Coronado, Califórnia, e compreendia 12 pelotões de 14 homens. Em todos os momentos, a partir de 1966, normalmente cinco destes pelotões estavam no Vietnã do Sul. Três deles normalmente se estabeleciam em Nha Be e trabalhavam com outras unidades na guerra ribeirinha, como Destacamento Golf. No início de 1967, a Equipe SEAL 2 se tornou ativa e colocou pelotões em Can Tho. Embora ativos por todo o Vietnã, a maioria do trabalho dos SEALs se localizava no delta do Mekong, onde sua operação engenhosa dos barcos de patrulha ribeirinha e suas habilidades de combate de primeira os tornavam ideais para as operações de vigilância clandestina e inteligência ou para o reconhecimento agressivo. Eles lutaram incansavelmente contra o inimigo em uma guerra leve e móvel, utilizando-se bem da surpresa e da velocidade.

Os SEALs pegavam quase todo tipo de missão, incluindo emboscadas diurnas e noturnas, aportando em silêncio seus botes de borracha nas margens próximas de fortalezas do Vietcong. Os SEALs, quase invisíveis em sua camuflagem e de rostos pintados, lançavam terror nos corações de seus inimigos. Na Operação Bold Dragon III, em setembro de 1967, por exemplo, unidades SEALs atacaram uma base de *bunkers* Vietcong na ilha Tanh Ding, destruindo completamente a base e uma fábrica de armas com cargas de demolição. Muitas operações no sul foram conduzidas em conjunto com as Unidades de Reconhecimento de Província (URP) do Vietnã do Sul, grupos especialmente selecionados de soldados contra-terroristas vietnamitas retirados de várias fontes, desde tropas do ERV até prisioneiros militares.

Outras operações incluíam a eliminação dos "inspetores de impostos" do Vietcong, a recuperação dos corpos submersos de pilotos americanos, e até mesmo, como se acredita, operações dentro da própria baía de Haiphong, no Vietnã do Norte. Algumas das missões mais ambiciosas dos SEALs eram as tentativas de resgate de prisioneiros de guerra. Várias vezes as equipes SEAL invadiam acampamentos secretos e bem protegidos do Vietcong em tentativas de libertar prisioneiros de guerra americanos. Entretanto, eles nunca conseguiram localizar os prisioneiros de guerra americanos, embora tivessem libertado quase 50 prisioneiros de guerra do ERV. Os versáteis e móveis SEALs da Marinha americana, em parte devido à sua cadeia ininterrupta de sucessos no Vietnã, ainda formam uma unidade de elite de ataque rápido dentro das Forças Armadas americanas.

A noite era um dos períodos mais perigosos de operação para as forças ribeirinhas. Enquanto duas unidades de barcos se moviam durante o dia, à noite seis embarcações trabalhavam em conjunto em sua patrulha de 12-14 horas de duração.

dos comunistas o controle dos pontos superiores do Rio Mekong. A força-tarefa contava com mais de 50 embarcações, incluindo barcos de patrulha, de ataque e de assalto. Mais uma vez, o poder aéreo da Marinha sobrevoou o local, e os fuzileiros sul-vietnamitas providenciaram o golpe terrestre. No final do primeiro dia de operação, as forças sul-vietnamitas haviam tomado o controle de todo o rio até Phnom Penh. Mais para o sul, as forças americanas e sul-vietnamitas lançaram um assalto combinado sobre Neak Luong, um ponto de trânsito estratégico dos comunistas junto à via fluvial. As forças americanas, operando sob restrições políticas, não tiveram permissão de passar de Neak Luong, e tiveram de sair do Camboja em 29 de ju-

ESQUERDA: UM DESTACAMENTO DA FMR AJE RAPIDAMENTE DURANTE UM DESEMBARQUE ANFÍBIO JUNTO AO RIO MY THO EM 26 DE SETEMBRO DE 1967.

ABAIXO À ESQUERDA: UMA EQUIPE DE SOLDADOS DE DEMOLIÇÃO SUBAQUÁTICA DA MARINHA AMERICANA PREPARA UMA CARGA DE DEMOLIÇÃO EM UM BUNKER VIETCONG.

ABAIXO: SEALS DA MARINHA AMERICANA SÃO LEVADOS MAIS PARA O INTERIOR VIA HELICÓPTERO ANTES DE ARMAR UM PONTO DE EMBOSCADA PARA OS VIETCONGS DESAVISADOS.

nho. Os sul-vietnamitas, contudo, permaneceram para trás nesse rio importante para continuar a interditar os suprimentos em sua fonte. Além disso, os sul-vietnamitas começaram um esforço de evacuação que removeu do Camboja muitos milhares de grupos étnicos vietnamitas. Como a incursão ao Camboja em geral, as operações navais foram muito eficazes em interromper seriamente os esforços de abastecimento comunistas e os seus acampamentos de base. Junto com o sucesso geral do SEALORDS, então, a incursão ao Camboja deixou os sul-vietnamitas em uma posição militar muito forte no delta do Mekong, e os Estados Unidos se sentiram à vontade para aumentar a velocidade da sua retirada da Guerra do Vietnã.

Os sucessos da "Marinha Fluvial" tiraram grandes áreas do Vietnã do Sul do controle árido do Vietcong e as colocaram nas mãos das forças americanas e sul-vietnamitas locais, sendo que essas últimas ganharam uma experiência ribeirinha valiosa que permitiu aos EUA começarem a retirar suas unidades.

DIREITA: VIETCONGS CAPTURADOS SÃO ESCOLTADOS POR UNIDADES DA FMR. ELES TÊM SORTE POR NÃO SEREM CONTADOS NOS NÚMEROS DA GIGANTE TAXA DE MORTALIDADE DO VIETCONG INFLIGIDA PELAS FORÇAS RIBEIRINHAS.

ABAIXO: UM SOLDADO AMERICANO DA DIVISÃO RIBEIRINHA 51 DISPARA UMA FLECHA FLAMEJANTE NA DIREÇÃO DE UM BUNKER FORTIFICADO VIETCONG JUNTO AO RIO BASSAC.

VIETNAMIZAÇÃO

Mesmo antes da incursão ao Camboja, a política de vietnamização do presidente Richard Nixon começou a afetar a guerra no delta do Mekong. Como resultado, a Marinha americana implementou o processo que chamou de ACTOV (*Accelerated Turnover to the Vietnamese* – Entrega Acelerada para os Vietnamitas) no início de 1969. Conforme a Marinha americana retirava os seus homens de cena, ela entregava o controle da frota ribeirinha e toda a sua logística para a Marinha sul-vietnamita. As forças americanas, contudo, perceberam que os sul-vietnamitas, muitos dos quais eram recrutas criados em uma recente expansão militar, precisavam de um treinamento maior para operar e dar assistência aos equipamentos americanos. Além disso, embora a Marinha sul-vietnamita tivesse um desempenho admirável na incursão ao Camboja, ela não tinha nem moral nem capacidade de liderança muito altos. Assim, o Grupo de Conselheiros Navais procurou treinar os sul-vietnamitas para assumirem a guerra ribeirinha. Primeiro, o pessoal da Marinha era integrado às equipes dos navios americanos para treinamento, e quando a equipe sul-vietnamita estivesse suficientemente treinada, a equipe americana voltava para casa. Desta maneira centenas de navios, e por fim todas as operações ribeirinhas, foram lentamente entregues para o controle do Vietnã do Sul.

No início de 1970, a retirada americana precisou entregar a maior parte da campanha de interdição do delta do Mekong para o Vietnã do Sul. Além disso, uma força naval combinada entre EUA e Vietnã do Sul lançou a Operação Blue Shark, a última operação significativa realizada, ao menos por parte das forças americanas no delta. A Blue Shark foi uma operação de ataque projetada para destruir ou interromper a infraestrutura Vietcong restante nos mangues na foz do Rio Mekong e junto às ilhas rio acima, na direção do Camboja. Os ataques-relâmpago, ampliados pelos ataques mortais das equipes SEAL, muitas vezes pegavam de surpresa os normalmente vigilantes Vietcongs, e fizeram grandes danos à rede de comando e abastecimento restantes dos comunistas.

Em abril de 1971, o papel da Marinha americana na SEALORDS havia acabado, deixando o Vietnã do Sul a cargo dos esforços para controlar o abastecimento Vietcong no delta. De mais de 38 mil soldados, a presença naval dos EUA dentro e ao redor do Vietnã do Sul caiu para menos de 15 mil. Também no início de 1971, a Marinha americana transferiu a última das suas forças ribeirinhas, 293 BPRs e 225 barcos de assalto para os vietnamitas. O número de pessoal na Marinha do Vietnã do Sul havia aumentado dramaticamente para aproveitar o processo de vietnamização, de apenas 18 mil em 1968 para 32 mil no início de 1971.

Abaixo: Embarcações Armadas de Transporte de Tropas (ATCs) são atracadas ao lado de um navio de apoio para reparo e reabastecimento no rio Soi Rap. As operações ribeirinhas exigiam um suporte de logística eficiente para manter as patrulhas regulares.

Além disso, a Marinha americana entregou a maioria das suas bases ribeirinhas principais para os sul-vietnamitas. Algumas unidades de embarcações e equipes SEALs da Marinha americana permaneceram para trás para ajudar o Vietnã do Sul em seus esforços contínuos para policiar o delta do Mekong, mas em 1971 a guerra ribeirinha havia sido quase toda transferida para os sul-vietnamitas. De fato, a Força Móvel Ribeirinha e a Força de Assalto Ribeirinha foram os dois primeiros grandes comandos americanos desativados na vietnamização.

Esquerda: Uma patrulha ribeirinha passa por um bote civil perto da cidade de Ca Mau. Para que a pacificação fosse efetiva, era muito importante que as tropas de patrulha não interrompessem a vida natural do rio para os civis locais. Normalmente, eram colocados toques de recolher, e os rios eram patrulhados com mais agressividade durante a noite.

Direita: Um Veículo de Patrulha de Sustentação por Ar (PACV) corta o pântano e demonstra suas habilidades fora do rio na utilização em operações de perseguição.

Abaixo: Uma aeronave de combate Cobra se retira depois de lançar foguetes sobre uma posição Vietcong no Mekong.

Os esforços da Marinha americana e da 9ª Divisão de Infantaria podem ser colocados entre os mais bem-sucedidos de todo o envolvimento americano na Guerra do Vietnã. Antes do advento da Força de Patrulha Ribeirinha e da Força Móvel Ribeirinha, o delta do Mekong havia sido uma área incontestada de controle Vietcong. As forças do ERV não entravam na área, e grande parte da população local favorecia os comunistas. Em 1969, entretanto, o seu controle sobre grande parte da região havia sido abalado. As perdas sofridas pelo Vietcong mantiveram o delta do Mekong bem tranquilo, e certamente acabaram com a ameaça a Saigon vinda daquela área. Na análise final, os comunistas teriam

Direita: Um BPR da Divisão Ribeirinha 514 da Marinha americana transporta membros das forças sul-vietnamitas pelo Canal Vinh Te, para estabelecer uma emboscada noturna em outubro de 1969. Neste ponto, uma prioridade das forças navais americanas era treinar as tropas locais para assumir a guerra.

UM HELICÓPTERO UH-1 LANÇA UM ATAQUE DE FOGUETES.

A BATALHA DE 19 DE JUNHO DE 1967

Uma das piores batalhas enfrentadas pelas forças americanas no delta do Mekong foi a encontrada pela 2ª Brigada e pela 9ª Divisão de Infantaria em 19 de junho de 1967. A inteligência americana tinha localizado elementos do 5º Batalhão Nha Be e do 263º Batalhão de Força Principal do Vietcong. A 2ª Brigada americana foi enviada para investigar. Conforme as forças americanas lentamente abriam caminho entre os campos de arroz em direção ao inimigo, viram-se no meio de uma emboscada em forma de U. As forças inimigas tinham permitido que os americanos se aproximassem para ficar a poucos metros da linha de fogo. Armas pequenas e três metralhadoras calibre 0,50" abriram fogo contra a Companhia "A" à queima-roupa, causando quase 80% de baixas em minutos. A companhia foi cercada e não podia se retirar. Lá perto, a Companhia "C" se encontrou sob ataque e também ficou cercada, sem poder ir ao encontro para ajudar a Companhia "A". As forças americanas trabalharam rapidamente para chamar o apoio de fogo da artilharia e das canhoneiras da Marinha americana. Conforme a situação piorava, surgiu o código "Broken Arrow" (Flecha Quebrada). Isso significava que uma unidade americana estava sendo atacada e toda aeronave de combate na área deveria ir ao seu auxílio. Os ataques aéreos esmagaram as posições Vietcong, mas elas eram impermeáveis a tudo, exceto a um ataque direto. Durante o tumulto alguns bravos pilotos de evacuação médica tentaram remover os feridos da área da Companhia "C", mas foram abatidos. Sob a cobertura das bombas e do fogo de artilharia, os homens da Companhia "C" por fim conseguiram entrar no complexo de *bunkers*. Eles sabiam que os ataques aéreos não afugentariam os Vietcongs, isso demandaria um ataque frontal de infantaria sobre os próprios *bunkers*. Lembrando da Primeira Guerra Mundial, os homens seguiram em frente e ganharam o topo do complexo de *bunkers*. Os Vietcongs emergiam de todos os lugares de seus *bunkers* e buracos de aranha subterrâneos, mas agora estavam a céu aberto e as forças americanas os abateram. Na batalha, foram mortos 255 Vietcongs e 75 americanos, e 150 americanos foram feridos. Como sempre, depois da batalha as forças americanas retornaram para suas bases e o Vietcong retornou para a área, para esperar pelos americanos mais uma vez.

que avançar sobre Saigon a partir do norte, em um assalto terrestre tradicional. Na última campanha da guerra, o presidente Thieu, do Vietnã do Sul, renunciou ao controle do norte do seu país, contemplando que Saigon e o delta do Mekong seriam o lugar onde ele e as suas forças leais poderiam se manter indefinidamente. Isso porque na época, o delta havia sido transformado de uma área ameaçadora e mantida pelo inimigo em uma área segura e controlada pelo governo, através dos esforços das forças ribeirinhas.

Capítulo 8

A Ofensiva do Tet

Uma equipe de soldados americanos carrega um canhão sem recuo M40A1 de 160 mm para ação durante a Ofensiva do Tet. O Tet sinalizaria o início do fim do envolvimento americano na Guerra do Vietnã, apesar de os Estados Unidos infligirem uma grande derrota sobre as forças comunistas.

O *Tet* deveria ser um período de feriado e celebrações. Com muitas tropas sul-vietnamitas de licença e com a segurança afrouxada, o Vietnã do Norte escolheu esse como o momento ideal para invadir.

Em 1968, os comunistas já haviam acumulado tantas perdas na Guerra do Vietnã que estavam dispostos a apostar tudo em uma grande ofensiva projetada para acabar com a guerra. O objetivo da Ofensiva do Tet era lançar um ataque surpresa sobre as áreas urbanas do Vietnã do Sul, esperando espalhar um levante que forçaria os Estados Unidos a deixarem o conflito. Embora a série de ataques encontrasse algum sucesso inicial, o Vietcong na verdade sofreu uma derrota debilitante no interior nas mãos do poder de fogo superior dos EUA. A derrota, contudo, tornou-se vitória, pois esse evento, o mais importante da Guerra do Vietnã, levou a determinação americana à ruína.

No final de 1967, a Guerra do Vietnã havia alcançado um momento decisivo. Por mais de dois anos, as forças dos Estados Unidos haviam se envolvido em batalhas projetadas para "encontrar, fixar e finalizar" as forças do Vietcong e do Vietnã do Norte. Essas batalhas haviam atingido um "número de baixas por morte" muito elevado, e tanto o presidente Johnson quanto o general Westmoreland acreditavam piamente que os EUA estavam vencendo a guerra. Entretanto, começavam a aparecer rachaduras no corpo político americano. Dos *campi* da Califórnia até Washington, D.C., os protestos antiguerra se tornaram mais numerosos e mais violentos, e o público assistia ao espetáculo crescente de sectarização no seu noticiário televisivo noturno. Os protestos e a presença da cobertura da mídia eram motivo de muita preocupação para Johnson, e ele decidiu retaliar lançando uma campanha publicitária para acalmar o temor americano sobre a guerra. Para esse fim Johnson chamou várias autoridades de confiança, incluindo os ex-presidentes Truman e Eisenhower, para apoiar as suas ações no Vietnã. Johnson chegou a alistar o próprio

ABAIXO: VEÍCULOS AMERICANOS BLINDADOS DE TRANSPORTE DE PESSOAL DA 173ª BRIGADA AÉREA CONDUZEM UMA BUSCA NA VILA DE PHU LOC EM MAIO DE 1968, CAÇANDO OS SOLDADOS DO EVN NO RESCALDO DA OFENSIVA DO TET.

Esquerda: Um suspeito Vietcong é questionado pela Infantaria americana durante uma operação de varredura. A Ofensiva do Tet foi um momento terrível para o Vietcong, acarretando em grandes baixas e o deixando muito enfraquecido como força militar.

Abaixo: Soldados da Força Aérea americana com armas M16 e M60 enfrentam soldados do EVN em um tiroteio ao norte de Phu Bai.

Westmoreland para assegurar à nação que os Estados Unidos estavam de fato vencendo a guerra. Westmoreland desempenhou o seu papel com entusiasmo, assegurando aos seus concidadãos que o final da guerra estava próximo. De fato, ele alegou que as batalhas de atrito haviam enfraquecido tanto o inimigo que o Vietnã do Norte não conseguiria lançar nenhuma operação militar significativa no próximo ano. Mais uma vez a administração havia prometido ao seu povo uma guerra vitoriosa. Entretanto, como tantas outras promessas feitas durante o conflito, esta também foi mais uma promessa vazia. A verdade quase fragmentaria de cima abaixo uma nação já dividida.

GUERRA DE TÚNEIS

O Vietcong construiu sistemas de túneis tanto para evitar o contato com as forças americanas quanto para lançar assaltos-surpresa contra elas. Vastos complexos subterrâneos cobrindo centenas de quilômetros alcançavam desde Saigon até a fronteira com o Camboja. O distrito de Cu Chi, a 40 km de Saigon, continha os maiores sistemas do Vietnã do Sul – mais de 160 km de túneis conectando a maioria das vilas e contendo áreas de depósito, locais de treinamento e até mesmo hospitais. Os próprios túneis, estreitos e escuros, eram pequenos demais para permitir a entrada da maioria dos americanos. Assim surgiram os "Ratos de Túneis": soldados magros armados apenas com uma pistola e uma lanterna cujo trabalho era confrontar o Vietcong em seus esconderijos subterrâneos. O Vietcong defendia seu território muito bem, com armadilhas incluindo cobras e aranhas venenosas. Uma das táticas favoritas de defesa era esperar escondido e, enquanto um americano entrava no túnel, disparar um tiro em sua virilha. Isso faria os americanos restantes gastarem vários minutos para retirar o soldado ferido, permitindo ao defensor fugir e sair do sistema utilizando aberturas e saídas camufladas e secretas dos túneis. Nos túneis de Cu Chi os comunistas planejaram a Ofensiva do Tet e reuniram as tropas para o assalto a Saigon. Sem esses labirintos escondidos sob o solo é difícil acreditar que o Vietcong pudesse atacar Saigon de qualquer maneira significativa em 1968. De sua parte, os americanos fizeram tudo o que podiam para destruir as redes de túneis. A utilização dos "Ratos de Túneis", embora importante até o final da guerra, apenas ajudou a destruir os ocupantes, e não os túneis em si. Vários ataques de Boeing B-52 atingiram a área de Cu Chi, mas os túneis e seus habitantes se provaram resilientes, e a ameaça Vietcong permaneceu. Finalmente, os Estados Unidos recorreram à destruição completa do distrito de Cu Chi para eliminar a ameaça. Grandes Rome Plows (escavadoras blindadas) foram utilizadas para destruir as florestas da área e para escavar as inúmeras entradas e saídas dos túneis, sepultando quaisquer defensores dentro deles.

NAS OPERAÇÕES SUBTERRÂNEAS ERAM NECESSÁRIOS NERVOS DE AÇO.

DIREITA: A OFENSIVA DO TET VIU MAIS DE MIL SOLDADOS AMERICANOS E MAIS DE 2.500 SOLDADOS DO ERV SEREM MORTOS EM AÇÃO. AQUI, TRÊS SOLDADOS DA POLÍCIA MILITAR AMERICANA DEFENDEM SUA POSIÇÃO NA ENTRADA DA EMBAIXADA AMERICANA EM SAIGON, AO LADO DOS CORPOS DE DOIS SOLDADOS AMERICANOS.

ESQUERDA: SOLDADOS RANGER DO ERV DISPARAM CONTRA POSIÇÕES VIETCONG PERTO DE SAIGON DURANTE O TET. O VIETCONG ESPERAVA – MAS SERIA DESAPONTADO – QUE OS CIVIS SUL-VIETNAMITAS DERRUBASSEM SEU GOVERNO DURANTE A OFENSIVA.

Enquanto os Estados Unidos lidavam com as suas questões de unidade interna, o Vietnã do Norte alcançava o seu próprio momento decisivo. As batalhas de atrito tinham, de fato, custado muito caro ao Vietcong e ao Norte como um todo. As perdas haviam sido tão devastadoras que Ho e Giap se desesperaram em relação à capacidade da sua nação de olhar para a guerra e ver a vitória final. Como resultado, Giap e a liderança norte-vietnamita decidiram fugir do ideal de guerra prolongada e apostar em uma única e grande vitória militar em 1968. Giap, contudo, percebeu que os EUA mantinham a liderança com relação ao poder de fogo, e ainda esperava evitar uma batalha campal. Na melhor tradição revolucionária, a liderança do Norte acreditava que um grande assalto militar contra o opressor imperialista incitaria um levante popular contra o qual o poder de fogo americano não poderia competir. Mesmo que o levante fracassasse em se materializar, esperava-se que o moral sul-vietnamita se despedaçasse e que os Estados Unidos repensassem o seu envolvimento em uma guerra de custos crescentes. O planejamento detalhado para a ofensiva foi deixado a cargo do general Pham Hung.

A OFENSIVA DO TET, 1968

O PLANEJAMENTO PARA O TET

A fase preparatória para a grande ofensiva começou em 1967. Durante aquele ano, os ataques do EVN e do Vietcong atraíram as forças americanas para o interior do país, deixando a defesa das cidades nas mãos do ERV, menos capaz. As operações ao redor de Dak To e Khe Sanh fizeram parte dessa vasta distração. Com os americanos fora, o general Hung esperava lançar um ataque rápido contra a fraca resistência do ERV e obter o controle de cidades por todo o Vietnã do Sul. Um levante popular geral então aconteceria antes que as forças americanas pudessem reagir a tempo.

Todo o território do Vietnã do Sul foi tragado pelos ataques do EVN durante o Tet, alcançando desde Quan Tri mais ao norte até Quan Long perto da extremidade sul.

ACIMA: O EMBAIXADOR AMERICANO ELLSWORTH BUNKER OBSERVA OS RESULTADOS DO ATAQUE À EMBAIXADA.

ABAIXO: UM DOS MUITOS VIETCONGS MORTOS QUE ENCHERAM O TERRENO DA EMBAIXADA AMERICANA.

A segunda fase da operação era repleta de perigos. Aproximadamente, 84 mil forças do EVN/Vietcong tinham de atravessar até as áreas de preparação próximas às maiores cidades do Sul, o centro do controle americano. Os soldados utilizaram as redes de túneis, trilhas na selva e rios sinuosos para avançar metro a metro em direção aos seus objetivos. Se o movimento dessas forças fosse descoberto, o poder de fogo superior dos Estados Unidos poderia destruir a ofensiva antes mesmo de começar. Embora o comando americano percebesse uma atividade crescente ao longo da Trilha Ho Chi Minh e estivesse ciente de uma batalha vindoura, não tinha a menor ideia do plano geral. O resultado foi um milagre de logística e de inteligência. Utilizando apenas os pés e a sagacidade, o Vietcong e o EVN reuniram suas forças e ficaram prontos para lançar um assalto de surpresa sobre cada grande cidade do Vietnã do Sul.

O ataque aconteceria quando as forças americanas e sul-vietnamitas menos esperavam – o Tet, Ano Novo Lunar. Esse importante feriado vietnamita era ocasião para um cessar-fogo comemorati-

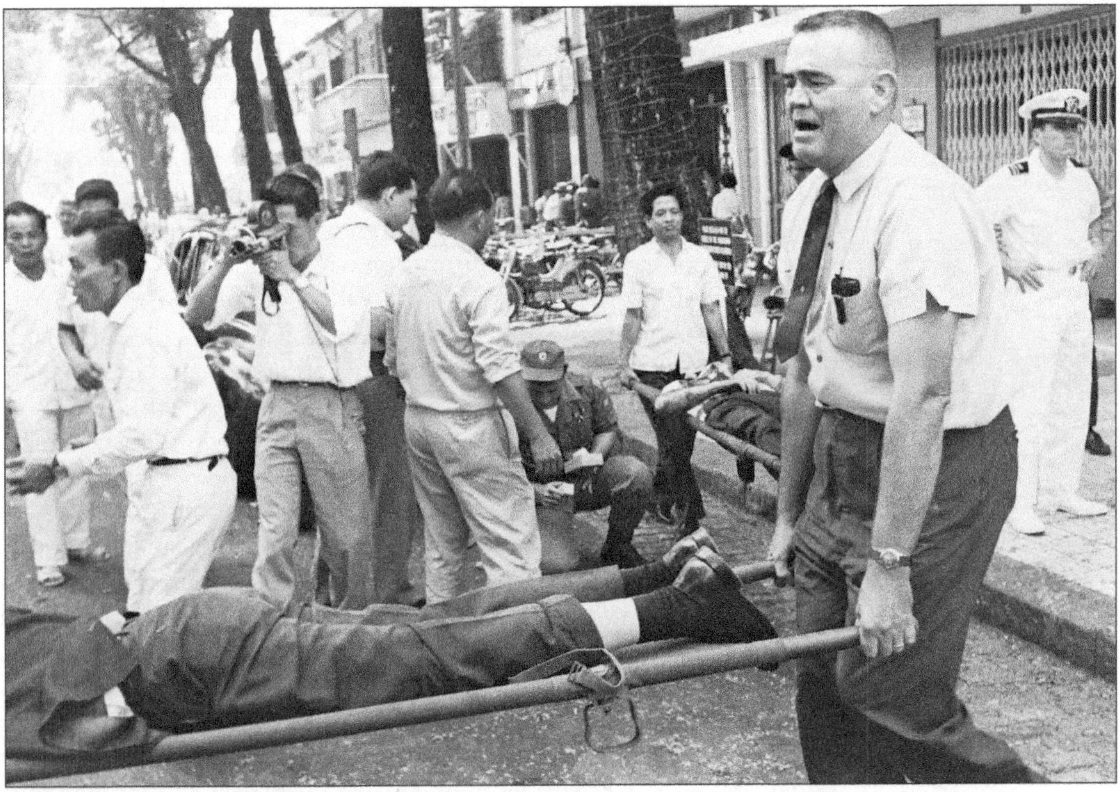

vo. O ERV havia enviado muitos dos seus soldados para casa, para desfrutar o feriado. Os comandantes americanos, embora esperassem algo, pensaram que qualquer grande assalto inimigo aconteceria na base dos Fuzileiros americanos em Khe Sanh. O EVN estivera reunindo forças ao redor daquela base isolada há algum tempo, e tanto Westmoreland quanto Johnson temiam que Giap tentasse alcançar uma grande vitória lá, assim como havia conseguido em Dien Bien Phu contra os franceses. Ninguém na estrutura de comando americana esperava assaltos urbanos da magnitude da Ofensiva do Tet. A maior superpotência do mundo havia sido enganada.

Acima: Durante as batalhas e bombardeios em Saigon, muitos funcionários americanos se viram engajados temporariamente em combate ou em funções médicas. Aqui os feridos são levados depois do ataque à Embaixada Americana.

O ATAQUE A SAIGON

Bem cedo na manhã de 30 de janeiro de 1968, o EVN e o Vietcong lançaram a sua ofensiva contra os centros urbanos do Sul. Um dos objetivos principais, se não simbólico, era o complexo da Embaixada Americana em Saigon. Sapadores do Vietcong abriram um buraco no muro que cercava a embaixada. Uma vez dentro do terreno, abriram fogo com armas automáticas e foguetes. O Vietcong, entretanto, não conseguiu entrar no prédio propriamente dito. A Polícia

Militar americana lutou contra os comandos por mais de seis horas e, por fim, matou a todos. O Vietcong havia penetrado o centro do lugar mais seguro em todo o país e atacado o próprio símbolo do poder americano. O general Westmoreland correu para o cenário da vitória e realizou uma coletiva de imprensa em meio aos escombros da batalha. Parado ao lado de corpos de Vietcongs mortos, Westmoreland assegurou novamente ao povo americano que a situação estava sob controle e que o inimigo havia sofrido uma grande derrota. Entretanto, para muitos telespectadores americanos, o cenário contradizia o otimismo de Westmoreland. O assalto à embaixada havia sido uma derrota militar para o Vietcong; mas mesmo assim eles haviam conseguido uma grande vitória psicológica.

Na sequência do assalto à Embaixada, as forças comunistas atacaram alvos por toda Saigon. Um total de 35 batalhões foram dedicados à operação, com 11 deles designados para ataques no centro da cidade. A própria cidade era o centro nervoso da vida sul-vietnamita, e mais de três milhões viviam na conurbação. Embora muitos dos habitantes estivessem desesperadamente carentes, a cidade permanecia como o centro de controle e de apoio para o governo sul-vietnamita. Os comunistas decidiram não combinar as suas forças em uma tentativa tradicional de conquistar a cidade; os ataques eram projetados para causar terror e provocar uma revolução. Para esse fim, pequenas unidades atacavam separadamente em alvos sensíveis ao longo de toda a cidade. Os alvos foram escolhidos pelo seu grande significado simbólico. Um pequeno esquadrão suicida atacou o protegido Palácio

ABAIXO: OS CORPOS DE VIETCONGS MORTOS ENCHEM AS RUAS DE SAIGON ENQUANTO SOLDADOS DO ERV EM CHOQUE FAZEM UM BREVE DESCANSO DA LUTA.

ENFERMEIRAS AMERICANAS NO VIETNÃ

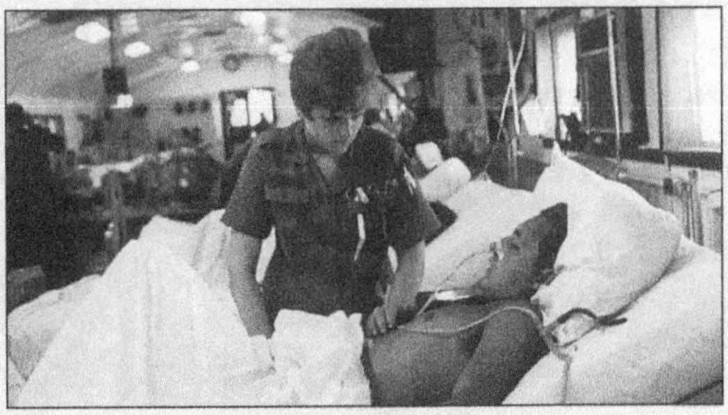

Uma enfermeira trata um militar americano ferido em um hospital de campo.

A Administração dos Veteranos contabiliza 11 mil mulheres que serviram no Vietnã. Estima-se que até 80% delas tenham servido como enfermeiras. Embora, tecnicamente, as mulheres não tenham combatido durante a guerra, os hospitais onde elas trabalharam muitas vezes eram atacados. De fato, isso resultou na morte de oito mulheres americanas e em outras dezenas de feridas. Todas as enfermeiras eram oficiais e faziam turnos de um ano de serviço militar em um ambiente impiedoso "só para homens". As enfermeiras assumiram sua missão de misericórdia com grande cuidado e força inesgotável. Os soldados em combate viam as enfermeiras como admiráveis e fortes. As tropas americanas foram expostas à morte por períodos curtos, mas as enfermeiras enfrentavam a morte e a mutilação todos os dias à medida que chegavam novas remessas de garotos feridos, normalmente de 19 anos, para ficarem sob seus cuidados. Elas tinham de auxiliar os médicos nas cirurgias, confortar pacientes jovens que temiam nunca mais andar novamente, e segurar a mão dos moribundos. O nível de estresse era extremo e, muitas vezes, resultavam em traumas prolongados e síndrome de *burnout* nas enfermeiras. Depois de retornar para casa, elas enfrentavam os mesmos problemas de ajustamento que a maioria dos veteranos enfrentava. Estavam perdidas e sozinhas em uma sociedade que aprendera a não gostar delas e da guerra. Os problemas das enfermeiras, entretanto, eram muitas vezes maiores que os enfrentados pelos homens. Em um caso, uma enfermeira veterana chamada Lynda Van Devanter tentou se unir a uma marcha de veteranos depois da guerra. O organizador da marcha não permitiu que ela participasse, dizendo que não era uma verdadeira veterana, não importando onde ela dissesse ter servido. Somente em 1982, a Administração dos Veteranos reconheceu que as mulheres eram veteranas do Vietnã. Agora, entretanto, compreende-se melhor o papel desempenhado pelas mulheres e o preço que isso lhes custou. Para muitos veteranos de combate, foram as enfermeiras as verdadeiras heroínas do Vietnã.

Presidencial. Unidades similares atacaram os quartéis-generais tanto do MACV quanto do ERV, assim como a estação de rádio governamental. Algumas das lutas mais ferozes aconteceram na base aérea de Tan Son Nhut. Tropas americanas surpreendidas se encontraram em meio a um ataque vindo de três direções simultâneas. Na escuridão, a confusão reinou enquanto o Vietcong se dispersava dentro da unidade. Cada soldado americano que conseguiu pegou uma arma e se defendeu em uma luta feroz. Quando surgiu a manhã, helicópteros, bombardeiros e tanques chegaram para resgatar os defensores sitiados e destruir as forças de ataque.

Por toda Saigon, o Vietcong havia alcançado a surpresa inicial planejada. Entretanto, os soldados do ERV, fortalecidos pelo apoio

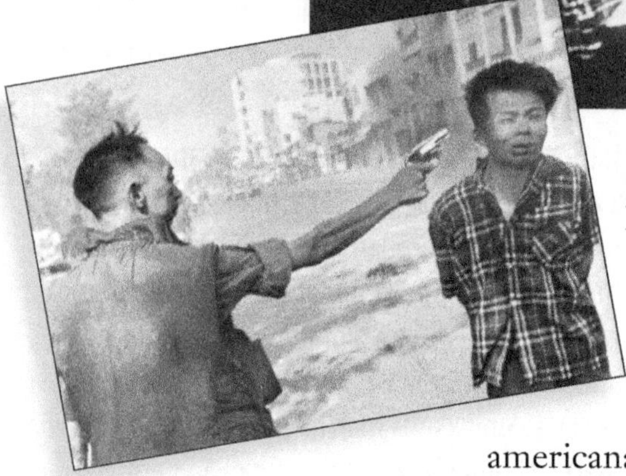

Direita e abaixo: Um incidente abominável durante o Tet, quando um oficial Vietcong foi levado para longe das câmeras e então executado pelo chefe-geral da polícia Nguyen Ngoc Loan.

americano, lutaram bravamente e impuseram altas perdas aos atacantes. Os ataques dentro e na região da capital, assim, foram todos fracassos militares. O Vietcong não havia atingido nenhum dos seus objetivos táticos, e sofreu perdas gigantescas. Além disso, no lugar mais importante, eles esperaram por um levante geral que não aconteceu. Não houve nenhuma ira revolucionária por parte do povo, e os "opressores imperialistas" não foram lançados ao mar. O assalto, entretanto, causou um dano considerável. Em seus esforços para afastar os atacantes, as forças americanas e do ERV haviam utilizado indiscriminadamente o seu poder de fogo. Como resultado, houve vítimas civis e

HUE, 31 DE JANEIRO DE 1968

A ofensiva do Vietcong e do EVN durante o Tet teve uma escala impressionante. Ainda assim, ao atacar por toda a área territorial do Vietnã do Sul, eles se excederam e não conseguiram manter seus ganhos.

milhares de pessoas ficaram sem casa. O humor se tornou sombrio em Saigon. Os habitantes da cidade sempre haviam se sentido separados da luta e acreditavam que o seu governo, com a ajuda considerável dos americanos, poderia os proteger. Essa ilusão havia sido despedaçada. A confiança pública em um regime já difamado por corrupção e impropriedades agora desabou.

ABAIXO: UMA VISÃO NOTURNA DO TET. AS MORTES CIVIS FORAM ALTAS À MEDIDA QUE O EVN E OS SOLDADOS AMERICANOS E DO ERV LUTAVAM INTENSAMENTE EM CIDADES POR TODO O PAÍS.

BATALHAS NO DELTA DO MEKONG

O Vietcong dedicou muitos esforços durante a Ofensiva do Tet na região do delta do Mekong, um centro tradicional Vietcong. A área ampla e pantanosa era cenário de uma verdadeira insurgência, com o Vietcong operando em meio à população, e sentindo que o ideal de causar uma revolução em massa tinha a sua melhor chance de sucesso ali. O Vietcong atacou 13 das 16 capitais de província no Delta do Mekong durante o Tet. As forças do ERV na região tiveram um desempenho fraco a princípio, e alguns comandantes do ERV chegaram ao extremo de não atender o telefone durante a batalha para não ter de tomar decisões. Para salvar a situação, as forças americanas chegaram e afugentaram o Vietcong. Com todo o peso do poder de fogo americano, as perdas civis foram bem altas, e estimativas muito conservadoras afirmam mais de 8 mil mortes e 200 mil desabrigados. O Vietcong também sofreu altas perdas, com quase 6 mil mortos.

A CIDADE IMPERIAL DE HUE

A Ofensiva do Tet alcançou o seu clímax na cidade de Hue. Situada na costa norte de Danang, a cidade bela e histórica já havia servido como capital imperial do Vietnã. O Rio Perfume divide a cidade em duas metades. Ao norte do rio está a Cidadela murada, parte mais antiga e mais populosa de Hue. A moderna Cidade Nova ocupa a parte ao sul do rio. Como capital imperial respeitada, Hue desfrutava de um lugar especial no coração de grande parte dos vietnamitas, e o Vietcong e o EVN haviam deixado a cidade intocada. Era uma cidade aberta até a manhã de 31 de janeiro de 1968. Às 3h30 da madrugada um grande tiroteio anunciou a invasão de quase 8 mil soldados comunistas. A surpresa foi absoluta e dentro de poucas horas as forças do EVN/Vietcong haviam ocupado toda a Cidadela e também grande parte da

Acima: Luta de casa em casa em Bien Hoa. Soldados americanos da 101ª Divisão Aérea conduzem busca por atiradores Vietcongs refugiados na cidade, apoiados por blindados.

Cidade Nova. Hue foi a única cidade que os comunistas capturaram e mantiveram durante o Tet. A luta para retomar a cidade duraria mais de um mês e é considerada a batalha mais sangrenta de toda a Guerra do Vietnã. Durante essa batalha, Hue seria destruída e a guerra mudaria irreversivelmente.

A reação americana ao ataque refletiu a sua inabilidade de compreender a realidade do Tet. O comando dos Fuzileiros americanos em Phu Bai, poucos quilômetros ao sul de Hue, enviou uma única companhia de Fuzileiros americanos para fazer contato com uma força de aconselhamento americana que havia sido cercada. Os Fuzileiros americanos, contra todas as probabilidades, acabaram alcançando esse feito. A seguir, eles enviaram dois pelotões pelo Rio Perfume até a Cidadela e para o contato direto com praticamente uma divisão inteira do EVN/Vietcong. Os americanos foram expulsos com grandes perdas e relataram contato com uma unidade inimiga considerável. O comando americano agora caía em si em relação à magnitude do problema. Hue precisava ser reconquistada a qualquer custo e, antes que a batalha terminasse, envolveria três batalhões de Fuzileiros e 11 do ERV.

GUERRA URBANA

No início da luta, os Estados Unidos estavam relutantes em utilizar o seu poder de fogo com força total, ainda mais para destruir Hue. A ferocidade da luta, entretanto, forçou uma mudança de atitude. O plano era que os Fuzileiros americanos retomassem a Cidade Nova enquanto o ERV recapturava a Cidadela histórica. As forças do ERV e dos Fuzileiros americanos se viram presas em uma batalha casa por casa, quarto por quarto, que lembrava mais Stalingrado que a guerra de selva, com a qual eles haviam se acostumado. O treinamento em guerra urbana era muito difícil e caro, pois os comunistas estavam

Hue estava devastada. Quando o poder aéreo e de artilharia americano foram sancionados para a batalha, bombas de alto poder explosivo foram lançadas do mar, do ar e da terra, arruinando o coração daquela que já tinha sido uma bela cidade colonial.

DIREITA: UM ATIRADOR DISPARA UMA M60 EM UMA RUA PARA FORNECER APOIO PARA AS TROPAS DE ASSALTO.

determinados a permanecer e lutar, causando o máximo de vítimas possível. Como resultado, os Fuzileiros americanos avançaram quatro escassos quarteirões em um *front* muito estreito e o ERV fez apenas um pequeno abalo nas defesas da Cidadela. A decisão foi então liberar o poder de fogo americano sobre a cidade, reduzindo grande parte dela a escombros no final. Não houve tempo para evacuar os civis, então muitos se tornaram vítimas inocentes da luta de titãs. Ainda assim, os comunistas se mantiveram firmes, determinados a defender os prédios despedaçados até o fim. A luta era selvagem e, muitas vezes, corpo a corpo.

ABAIXO: CANHÕES SEM RECUO ERAM DISPARADOS MUITAS VEZES A CURTA DISTÂNCIA DURANTE A BATALHA EM HUE.

Em 9 de fevereiro, os Fuzileiros americanos haviam limpado toda a Cidade Nova, exceto alguns poucos atiradores isolados, deixando para trás um cemitério a céu aberto e prédios despedaçados. Na Cidadela, entretanto, a batalha foi feroz. Era aparente que o ERV precisaria de ajuda para recapturar a capital hereditária. Por isso, o 1º Batalhão do 5º Regimento de Fuzileiros americanos cruzou o Rio Perfume para se unir ao combate. Enquanto isso, o inimigo continuava a lutar com uma determinação feroz. A batalha continuou até que as forças do ERV finalmente levantaram a sua bandeira no Palácio Imperial em 24 de fevereiro. Mesmo assim, alguns bolsões de EVN continuavam a resistir, principalmente na área de Gia Hoi.

Quando a Cidadela caiu, o EVN não tentou manter a vulnerável área de Gia Hoi. Mais uma vez, a decisão

Acima: Fuzileiros do ERV no delta do Mekong se movem para dentro da selva em uma missão de "Busca e Destruição" contra uma rota de suprimento inimigo em novembro de 1968. A vietnamização estava começando a ter efeito e os soldados do ERV estavam, depois disso, lutando um número crescente de batalhas próprias.

militar foi consistente, mas neste meio tempo o EVN havia convertido grande parte do distrito em uma coleção infernal de valas comuns. Algumas forças comunistas, entretanto, lutaram até o amargo final, e somente em 2 de março Hue foi inteiramente libertada. Durante o mês de lutas, além dos milhares de civis mortos, mais de 8 mil soldados haviam morrido e 75% da população estavam sem teto. Muitos dos cidadãos de Hue, uma vez orgulhosos, perambulavam entre os escombros e os corpos, incapazes de compreender o que havia acontecido. A cidade havia sido destruída, mas estava "livre".

O ato final da grande Ofensiva do Tet aconteceu na remota base de Fuzileiros americanos em Khe Sanh. As forças comunistas haviam invadido há meses o local isolado. Giap esperava que a ameaça iminente ajudasse a atrair as tropas americanas para longe das cidades, e ele estava correto. Cerca de 40 mil homens do EVN/Vietcong cercaram quase 6 mil fuzileiros americanos, e a batalha vindoura deveria formar o estágio final do Tet. Depois do levante popular, Giap raciocinou que uma vitória no estilo da de Dien Bien Phu forçaria os Estados Unidos a deixarem o conflito.

Direita: Soldados do ERV em uma batalha de rua. O combate urbano era uma experiência muito violenta e desorientadora; distritos inteiros tinham de ser libertados, casa por casa.

MASSACRE EM GIA HOI

Durante a Ofensiva do Tet, o EVN governou sobre o distrito de Gia Hoi em Hue durante mais de três semanas. Assim, em uma pequena parte de Hue, os comunistas puderam instituir sua revolução. Eles governaram principalmente por meio de táticas de terror. Foi a vez deles de se vingar contra aqueles que ousaram ajudar e incentivar o "agressor imperialista americano". Eles tinham listas, fornecidas por simpatizantes, que continham os nomes e endereços de pessoas que faziam parte do governo sul-vietnamita ou que o apoiavam. Oficiais do EVN altamente armados avançavam pelas ruas e anunciavam os nomes dos suspeitos usando megafones, pedindo que se apresentassem na escola. Ali o governo revolucionário provisório administraria uma "reeducação". Alguns fizeram como ordenado, e outros tentaram se esconder. O tempo, entretanto, estava ao lado do EVN, permitindo que eles caçassem os elementos "subversivos" ao seu prazer. Uma vez localizados, o resultado era o mesmo – morte. O método de execução mais comum utilizado pelo EVN era amarrar as vítimas na altura dos pulsos e então disparar uma bala na nuca. Entretanto, quando ficou claro que Gia Hoi iria sucumbir, em um esforço para economizar tempo muitas vítimas foram simplesmente enterradas vivas. Uma estimativa conservadora aponta que os comunistas executaram quase 3 mil pessoas durante a batalha.

As mortes de civis nas mãos dos comunistas teriam uma importância ainda maior. Quando a guerra se aproximava de um fim, Nixon procurou a paz com honra. Ele percebeu que, se as forças americanas deixassem o Vietnã do Sul muito rapidamente, a vitória comunista resultante causaria uma tragédia humanitária. Milhões de pessoas tinham apoiado as forças americanas ou o governo do Vietnã do Sul. As mortes em Hue pareciam indicar que esses homens e mulheres seriam massacrados. Nixon, para o bem ou para o mal, usou esse raciocínio para estender o envolvimento americano no conflito.

DESASTRE COMUNISTA

Uma vez que a Ofensiva do Tet e a luta concomitante em Khe Sanh, chegaram ao fim, ficou aparente que os comunistas tinham sofrido uma derrota esmagadora. Não houve nenhum levante popular. O povo do Vietnã do Sul estava, como um todo, pouco disposto a vir em auxílio dos seus irmãos do Norte. Essa percepção foi cruel para a liderança do Norte. Significava que o povo do Sul não estava desiludido com o seu regime a ponto de querer entrar em uma luta armada. Também poucos membros do ERV haviam desertado, e as suas unidades lutaram com mais obstinação do que os comunistas esperavam. No final, então, parecia que o governo do Vietnã do Sul nunca cairia enquanto tivesse o apoio americano. Ho Chi Minh e Giap tinham de confiar em uma derrota militar das forças americanas em campo para alcançar a vitória. Isso foi uma revelação chocante para os comunistas. Desde o início, eles acreditavam que lutavam pelo povo oprimido do Sul e ao seu lado. Tet indicou que esse não

Abaixo: Fuzileiros americanos disparam de uma janela em Hue durante uma ação perigosa e imprevisível de busca e liberação com objetivo de remover o EVN da Cidadela.

Hue deu ao EVN uma oportunidade de impor sua lei revolucionária por algumas semanas. Ele o fez por meio de uma explosão de assassinatos e torturas, embora essas táticas apenas os alienassem ainda mais das pessoas as quais queriam inspirar como apoiadores.

era o caso, e forçou a liderança comunista a repensar a sua estratégia e os seus objetivos.

Em termos estritamente militares, Tet havia sido um desastre absoluto para os comunistas, e a maior vitória da guerra para os Estados Unidos. A estratégia americana no conflito era "encontrar, fixar e finalizar" o inimigo em uma guerra de atrito. Entretanto, as forças do EVN/Vietcong sempre haviam se recusado a se fixar em batalha. Quando as perdas se tornavam proibitivas, eles interrompiam o contato, confiando em uma estratégia de guerra prolongada para esgotar a determinação americana. Tet mudou tudo isso. As forças do EVN/Vietcong ofereceram a batalha e se fixaram em um lugar, e então se encontraram à mercê do poder de fogo americano. Dos 84 mil homens do EVN/Vietcong comprometidos com a Ofensiva do Tet, cerca de 58 mil foram mortos. Isso representa uma taxa de mortalidade de espantosos 70%. O massacre virtualmente eliminou o Vietcong como uma força de batalha efetiva. Os quadros restantes tiveram de se retirar bem para o interior em um esforço por recrutar novos soldados. Como resultado, a quantidade de território rural do Vietnã controlado pelo Vietcong caiu dramaticamente. Assim, em várias áreas o Vietcong não governava mais. Em um esforço para estabilizar a situação, mais soldados regulares do EVN

ACIMA: FUZILEIROS AMERICANOS EM HUE PROCURAM PROTEÇÃO.

DIREITA: SOLDADOS AMERICANOS SE APROXIMAM CUIDADOSAMENTE DE UM VÃO NO MURO.

Acima: Soldados do ERV em um tiroteio. As batalhas em Hue e em outras cidades forneceram muitas imagens para a mídia.

desceram pela Trilha Ho Chi Minh para reforçar as unidades que haviam sido destruídas. O processo de reconstrução era meticuloso e lento, e permitiu ao Vietnã do Sul tempo para se reconstruir e reabastecer. Os comunistas continuariam a lutar, é claro, mas a sua derrota no Tet parecia ser completa. Mal sabiam eles na época que o seu fracasso militar se transformaria em uma inacreditável vitória psicológica sobre a nação mais forte do mundo.

CHOQUE NOS ESTADOS UNIDOS

O general Westmoreland estava satisfeito com a vitória americana na Ofensiva do Tet, e ansiava por perseguir o inimigo sob ataque até os seus esconderijos e destruí-lo. Tanto ele quanto Johnson proclamaram as notícias da vitória à nação. Tet foi de fato um grande triunfo para as Forças Armadas americanas. Ironicamente, entretanto, o público americano não interpretaria os eventos do Tet da mesma maneira, vendo-os como uma derrota. Há poucos meses, figuras púbicas haviam assegurado a seu país que a vitória estava próxima. Os ataques-surpresa em grande escala desta ofensiva chocaram um público americano que fora induzido à complacência. O fato de que a ofensiva havia acontecido, e atacado os símbolos da autoridade americana no processo, foi um golpe para a psique americana. A Ofensiva do Tet simplesmente fez todas as garantias prévias de que os EUA estavam vencendo a guerra parecessem mentiras. É claro que o EVN/Vietcong teve de desistir de todos os seus ganhos, e sofreu grandes perdas. Entretanto, a natureza desarmoniosa da vitória foi difícil de compreender

A Ofensiva do Tet atingiu em cheio os recursos tanto do EVN quanto do Vietcong – e demorariam anos para que eles se recuperassem desses golpes. O Vietcong, em particular, quase deixou de existir como um poder militar coeso.

Acima: Um sniper americano bem escondido faz sua mira.

para a maioria dos americanos; as suas forças não haviam capturado nenhuma cidade nem conquistado território inimigo. Os únicos sinais de vitória eram as pilhas de inimigos mortos. Parecia que o norte tinha números ilimitados de homens a quem recorrer, e que a guerra ficaria ainda mais séria e cara, e possivelmente duraria para sempre.

Como consequência do Tet, Westmoreland estava ansioso para pressionar a sua vantagem, e esperava ganhar o apoio de Johnson para expandir a guerra no Sudeste Asiático. O general Earle Wheeler, presidente do Estado-Maior Conjunto, tinha outros planos. Ele viu o Tet como uma oportunidade para consertar vários erros militares. Os Estados Unidos tinham enfraquecido seriamente as suas forças na Europa e na Coreia do Sul em um esforço de suprir as tropas no Vietnã. Essa mobilização das forças existentes se deu em virtude da relutância de Johnson de chamar a Guarda Nacional e os oficiais da Reserva e colocar os Estados Unidos em posição de guerra total. Wheeler viajou ao Vietnã no final de fevereiro em uma missão de averiguação. Durante a sua viagem, ele conversou com Westmoreland. Os dois concordaram que, para alcançar os objetivos da vitória no Vietnã e da estabilidade no restante do mundo, Westmoreland exigiria mais 206 mil homens. Wheeler retornou então para Washington, D.C., e colocou o requerimento de tropas diante de Johnson.

O requerimento de um número tão grande de soldados chocou os membros da administração. Até mesmo Robert McNamara, que de alguma forma fora o arquiteto da guerra, foi pego de surpresa. Se as forças comunistas tinham acabado de sofrer uma derrota terrível, como Westmoreland poderia ainda necessitar de mais 206 mil homens? McNamara, que estava prestes a renunciar por motivos pessoais, apresentou o seu último ato como Secretário de Estado e aconselhou Johnson a não aceitar o requerimento de tropas. Johnson percebeu a magnitude do pedido de Wheeler por mais soldados. A aprovação do requerimento exigiria chamar a Guarda Nacional e dos Reservistas e afetaria a economia. O Vietnã se tornaria realmente uma guerra: era tempo de “entrar” na guerra ou sair dela. A decisão de Johnson seria o ato singular mais importante durante o envolvimento americano no Vietnã.

ACIMA: NO AUGE DA BATALHA EM HUE, UM AVIÃO DE OBSERVAÇÃO FAZ UM SOBREVOO BAIXO E PERIGOSO.

ENTRA CLARK CLIFFORD

Johnson procurou o Secretário de Estado, Clark Clifford, para se aconselhar. Ele era relativamente novo nos debates governamentais contínuos sobre a guerra na região. Clifford conhecia a gravidade da situação, e levou o seu papel muito a sério. Formou uma força-tarefa que começou um estudo sobre vários aspectos do envolvimento americano no Vietnã. Os resultados dessa investigação foram assustadores, e Clifford percebeu que a política americana no Vietnã estava falida:

"Não consegui descobrir quando a guerra iria terminar nem de que maneira terminaria. Não consegui descobrir se os novos pedidos por homens e equipamentos seriam suficientes ou se precisaríamos de mais e, se precisássemos, de quanto mais seria... Tudo o que tive foi a afirmação, dada com muito pouca autoconfiança para ser confortadora, de que se persistíssemos por período indeterminado, o inimigo poderia escolher não continuar. Então perguntei: 'Alguém vê qualquer diminuição na vontade do inimigo depois desses quatro anos que estivemos lá, depois da enorme mortalidade e da destruição maciça dos nossos bombardeios?'. A resposta foi que não parecia haver nenhuma diminuição na vontade do inimigo."

Clifford estava convencido de que a situação americana era desesperadora e começou a convencer Johnson não apenas a rejeitar o requerimento de tropas como também a iniciar uma retirada americana gradual. A situação de Johnson piorou quando a história do requerimento de tropas apareceu no *The New York Times*, provocando uma tempestade de protestos públicos. A política também atuou na decisão de Johnson. Eugene McCarthy, que concorria com Johnson nas primárias do Partido Democrata como um candidato da paz, quase ganhou as primárias de New Hampshire. A quase vitória convenceu o politicamente formidável Robert Kennedy a entrar no combate. A guerra de Johnson e a sua presidência estavam ruindo.

A apresentação da Ofensiva do Tet feita pela mídia tendia a destacá-la como uma derrota para as forças americanas e do ERV. As câmeras focavam em tragédias individuais, que para o espectador se tornavam princípios gerais.

WALTER CRONKITE

O Vietnã foi a guerra da televisão. Membros da mídia tinham acesso quase ilimitado aos campos de batalha, e muitas vezes entrevistavam soldados no meio do combate. Como resultado, os cidadãos americanos testemunharam a guerra, das vitórias gloriosas às mortes agonizantes, na televisão todas as noites. Há toda uma escola de pensamento que argumenta que a mídia, e seu retrato negativo da guerra, fez o público se virar contra o conflito e ocasionar a derrota americana no Vietnã. Embora tal afirmação seja forte demais, é seguro dizer que o papel da mídia foi muito importante, especialmente durante a Ofensiva do Tet. As equipes de televisão estavam à mão quando a batalha penetrou o complexo da embaixada americana, e os telespectadores puderam testemunhar em horário nobre o chefe de polícia sul-vietnamita Nguyen Ngoc Loan colocar sua arma na cabeça de um suspeito de terrorismo Vietcong e executá-lo. O evento televisivo mais importante da guerra, contudo, foi menos dramático. Walter Cronkite era o âncora de jornalismo melhor avaliado nos EUA. Os americanos confiavam em Cronkite como em ninguém mais. Em certo sentido, ele era a América. Em seu programa na CBS, *Evening News*, Cronkite tinha sido um apoiador consistente das ações americanas no Vietnã. Com a Ofensiva do Tet, entretanto, as coisas mudaram. O que ele viu o convenceu de que as previsões promissoras do governo em relação à vitória estavam erradas. Em 27 de fevereiro, o homem mais confiável da nação falou para uma audiência de mais de nove milhões de pessoas. Ele ofereceu a revelação alarmante de que a "experiência sangrenta do Vietnã" somente terminaria em um impasse e encerrou sua transmissão com o seguinte comentário:

"Fica cada vez mais claro para mim como repórter que a única saída racional então será negociar, não como vitoriosos, mas como um povo respeitável que vive à altura de seu compromisso com a defesa da democracia, e que fez o melhor que pôde. Aqui fala Walter Cronkite. Boa noite."

Para o grande público americano, a mudança de posição de Cronkite em relação à guerra foi mais importante do que as vitórias e derrotas no campo de batalha. Cronkite tinha passado sua opinião sobre a guerra; os americanos acreditavam nele, e a opinião pública virou-se irrevogavelmente contra a guerra. A influência da mídia na Guerra do Vietnã levou os militares a fazer mudanças duradouras em relação ao acesso de repórteres ao campo de batalha. O controle rígido da mídia durante as guerras desde então, além das coletivas de imprensa controladas, é resultado direto do Vietnã.

ABAIXO: PRISIONEIROS VIETCONG SÃO LEVADOS POR SOLDADOS DO ERV. MUITOS DELES FORAM BALEADOS SEM CRITÉRIOS.

A DECISÃO DE JOHNSON

Enquanto Johnson ficava em cima do muro, Clifford aplicava a pressão final ao reunir os "sábios". Esse grupo de conselheiros influentes, incluindo Dean Acheson e Averell Harriman, informou a Johnson que eles também tinham a opinião de que o país deveria começar a se retirar da guerra. As notícias abalaram Johnson. Como líder do mundo livre, ele tinha de enfrentar a ideia de que havia presidido o maior fracasso de

O presidente Johnson estava enfrentando um problema grave: era impossível manter os EUA na guerra, mas a retirada rápida poderia levar à queda do Vietnã do Sul e à vitória dos comunistas. A única opção era desenvolver o Sul para que pudesse ser autossuficiente.

política externa na história americana. Ele era o presidente que iria perder uma guerra. Em 31 de março, Johnson fez um pronunciamento ao vivo na televisão, e abatido informou ao público que a política americana no Vietnã iria mudar, e que seria iniciada uma retirada gradual. A sua afirmação final foi uma bomba:

"Com os filhos da América nos campos distantes, com o futuro da América em jogo aqui em casa... não creio que devo devotar nem uma hora ou dia do meu tempo a qualquer causa partidária... Então, eu não devo buscar e não aceitarei a nomeação do meu partido para outro mandato como o seu presidente."

A Ofensiva do Tet foi de fato o evento mais importante da Guerra do Vietnã. A expectativa das forças do EVN/Vietcong era de ter causado um levante e obtido uma grande vitória sobre os Estados Unidos. Entretanto, pelo contrário, o poder de fogo americano infligiu graves perdas sobre os comunistas, enviando-os para casa com uma derrota inglória. Ironicamente, mesmo com o desespero em Hanói chegando ao seu ápice, o apoio americano para a guerra foi desfeito. A vitória americana foi vista como uma derrota, e uma derrota tão devastadora que Johnson e os seus conselheiros começaram o processo tortuosamente lento de retirada das tropas americanas do Vietnã do Sul. Em março, Johnson nem chegou a admitir que a guerra estava perdida. Ele então se recusou a disputar outro mandato como presidente e se tornou uma vítima de sua própria guerra.

ABAIXO: SOLDADOS DO ERV AVANÇAM EM MEIO A UMA CIDADE EM CHAMAS. O ERV CONTABILIZOU 2.788 MORTES DURANTE O TET, E TRÊS VEZES ESSE NÚMERO EM FERIDOS.

Capítulo 9

Estratégia nas Encruzilhadas

Um soldado americano desfruta de um momento de silêncio lendo uma carta no seu bunker. A partir de 1968, a estratégia de vietnamização começaria a fazer efeito, e a firme retirada americana se iniciou. A guerra, entretanto, ainda continuava a retumbar.

Muitos questionaram se Khe Sanh valia o esforço por sua defesa. Isolado, com pouco impacto estratégico sobre o EVN, ele logo se tornou um símbolo da teimosia americana e, por fim, de sua derrota.

No rescaldo da Ofensiva do Tet, a Guerra do Vietnã se concentrou na batalha contínua em Khe Sanh. Embora ambas tivessem sido vitórias americanas definitivas, o consenso político doméstico nos Estados Unidos desmoronou, exigindo uma retirada da guerra – processo conhecido como vietnamização. Na sequência da renúncia do presidente Johnson em disputar uma nova eleição, a condução da Guerra do Vietnã caiu sobre o novo presidente americano, Richard Nixon, e o seu Secretário de Estado, Henry Kissinger. Nixon lutou para equilibrar as suas esperanças de "Paz com Honra" e as demandas crescentes do público e do Congresso americano para que se terminasse o envolvimento do país no Sudeste Asiático. Como tanto os Estados Unidos quanto o Vietnã do Norte buscavam uma maneira de sair do conflito, a guerra mudou e até mesmo se espalhou para o Camboja.

No topo de uma montanha de terra vermelha, na selva perto da fronteira com o Laos, ficava a base dos Fuzileiros americanos de Khe Sanh. Esta era uma de uma série de bases fortificadas perto da ZDM projetadas para interditar os esforços de abastecimento dos comunistas e guardar a fronteira norte do Vietnã do Sul, e a sua proximidade com o Laos a tornava uma das mais importantes de sua espécie. A base ladeava uma das principais rotas de abastecimento do inimigo, e era utilizada para executar operações secretas no Laos. Como vimos anteriormente, os norte-vietnamitas planejaram o ataque contra Khe Sanh como parte integral do seu plano geral para a vitória na Ofensiva do Tet.

KHE SANH

Cerca de 6 mil Fuzileiros americanos e Rangers do ERV estavam locados em Khe Sanh. O local principal era cercado por bases me-

DIREITA: A PISTA EMPOEIRADA QUE LEVAVA A KHE SANH. LOCALIZADA JUNTO À FRONTEIRA COM O LAOS, ESPERAVA-SE QUE KHE SANH FOSSE A BASE IDEAL PARA INTERDITAR AS ROTAS DE SUPRIMENTO DO EVN PELA TRILHA HO CHI MINH.

ESQUERDA: SOLDADOS SE ESPALHAM PARA CONSEGUIR COBERTURA QUANDO AS BOMBAS DO EVN CAEM SOBRE A BASE DE KHE SANH. DOIS REGIMENTOS DE ARTILHARIA DO EVN CONCENTRARAM SUA ATENÇÃO EM KHE SANH UTILIZANDO PODEROSAS ARMAS 130 MM E 152 MM.

nores das Forças Especiais e por posições de batalha que ampliavam a força dos Fuzileiros americanos. Contudo, os comunistas acumularam silenciosamente cerca de 40 mil homens na selva ao redor, o que não passou despercebido. Os estrategistas militares americanos, incluindo o nervoso presidente Johnson, temiam que Khe Sanh não sobrevivesse à investida que estava por vir. O general Westmoreland não tinha esse tipo de apreensão. Ele esperava que esses Fuzileiros isolados atraíssem o inimigo para o campo aberto onde o poder de fogo maciço poderia ser mobilizado. Em sua cabeça, qualquer comparação com Dien Bien Phu era incorreta, porque o sistema de abastecimento aéreo americano para Khe Sanh não podia ser interrompido.

O cerco do EVN começou em 20 de janeiro de 1968. Uma salva de artilharia e fogo de morteiros desceu sobre a base, na tentativa de submetê-la e de destruir o seu aeródromo. Entretanto, ao fazer isso, os comunistas entregaram as suas posições, e o general Westmoreland respondeu lançando a Operação Niagara – bombardeiros estratégicos B-52, bombardeiros táticos e artilharia maltrataram as posições do EVN com um bombardeio contínuo e sem remorsos. Isso causou muitas perdas entre o EVN, mas eles mantiveram e apertaram ainda mais o cerco em torno de Khe Sanh.

À medida que o EVN se aproximava, colocava uma pressão tremenda nos pontos menores ao redor. A batalha por esses topos de montanha remotos foi feroz e algumas vezes corpo a corpo. Quando essas forças se aproximaram de Khe Sanh, o general Giap ordenou um aumento na artilharia contra a base. Na sequência, em 29 de fevereiro, a 304ª Divisão do EVN lançou um assalto, mas a sarai-

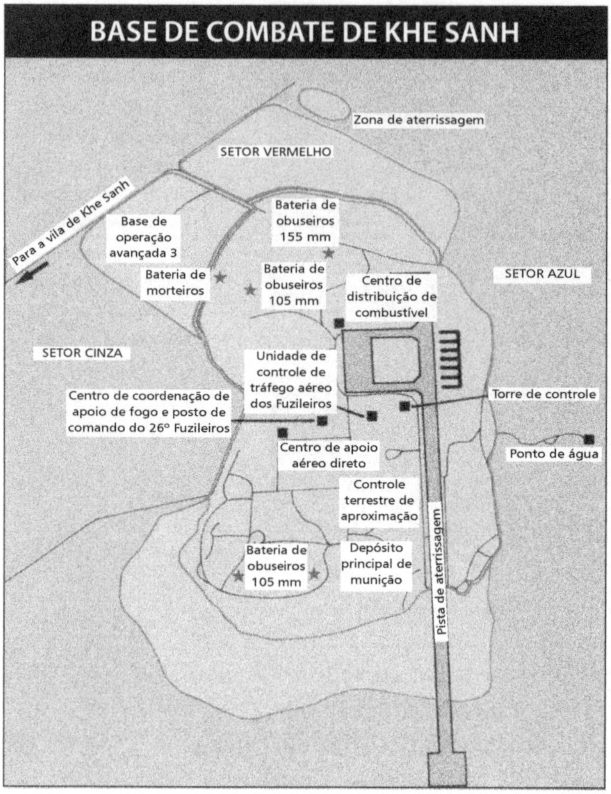

vada de fogo de defesa, junto com o bombardeio incessante dos atacantes, destruiu a 304ª em dois dias de luta selvagem, antes que eles conseguissem alcançar o perímetro.

O desastre serviu para convencer o general Giap que as posições americanas em Khe Sanh não cairiam diante de um ataque direto. Então, embora o cerco continuasse, Giap ordenou que o esforço para capturar a base fosse interrompido e começou a retirar as suas forças da área. Mais uma vez, ele havia julgado mal a força americana, e agora havia percebido que não haveria uma grande vitória em 1968. Embora ainda permanecessem algumas lutas críticas, os Fuzileiros americanos haviam vencido a batalha. Em 8 de abril, uma força de Fuzileiros e tropas da Cavalaria Aérea alcançaram Khe Sanh por terra e destruiram o cerco depois de 77 dias, marcando uma vitória substancial para as forças americanas. Cerca de 200 soldados americanos haviam morrido, mas estimava-se que 10 mil homens do exército inimigo tivessem morrido também. O solo ao redor havia sido devastado pelos ataques incansáveis dos B-52 – no total, o equivalente a 10 bombas atômicas do tamanho da de Hiroshima haviam sido lançadas durante a Operação Niágara.

DIREITA: A TORRE DE CONTROLE AÉREO EM KHE SANH. O ISOLAMENTO DA BASE FAZIA COM QUE A GUARNIÇÃO BASEADA LÁ DEPENDESSE COMPLETAMENTE DO ABASTECIMENTO AÉREO, E O EVN FEZ SEU MELHOR PARA ABATER QUALQUER AERONAVE OU HELICÓPTERO QUE OUSASSE TENTAR A ATERRISSAGEM PERIGOSA.

UMA GUERRA DINÂMICA

Na sequência da Ofensiva do Tet, tanto os Estados Unidos, quanto o Vietnã do Norte reconsideraram a maneira como a guerra estava sendo lutada.

Para os norte-vietnamitas, as ações ofensivas coordenadas durante o Tet tinham constituído uma derrota militar devastadora. Entretanto, a agitação pública nos Estados Unidos deu aos comunistas grande esperança de uma vitória eventual. Então, o Vietnã do Norte escolheu defender e reconstruir a sua força no ano seguinte ao Tet. O Vietcong havia sido destruído e precisaria de uma infusão maciça de soldados do Norte. De todos os lugares, as unidades do Vietcong e do EVN fugiram para refúgios no Camboja e no Laos. Os comunistas ainda planejavam ataques, mas somente aqueles da variedade inconveniente que almejava causar o máximo de vítimas americanas com perdas mínimas. Dessa maneira, os comunistas esperavam aumentar a pressão sobre a saída dos Estados Unidos do conflito.

O general Westmoreland e a estrutura de comando americana viram Tet como uma grande vitória para os Estados Unidos e os seus aliados, e procuraram pressionar a sua vantagem. Ele planejava bloquear a fuga do Vietcong e do EVN, levando-os para a batalha e completando a destruição militar do inimigo, que havia se saído tão bem no Tet. Além disso, a campanha de bombardeios americanos se intensificou.

Khe Sanh se tornou um ímã para repórteres fotográficos, equipes de câmera e jornalistas. Com evocações a Dien Bien Phu, Khe Sanh deu à mídia um drama que era tanto fascinante quanto fotogênico.

Enquanto os dois lados revisavam as suas estratégias, as negociações de paz também se iniciaram. Em 13 de maio de 1968, representantes dos dois lados se encontraram em Paris. Entretanto, as conversas rapidamente se encerraram, pois cada parte tentava negociar uma paz vitoriosa. Assim, no ano seguinte à Ofensiva do Tet, a luta na verdade se intensificou e resultou no ano mais sangrento da guerra em termos de mortes americanas. Em certo sentido, Westmoreland havia se colocado nas mãos do Vietnã do Norte, porque a alta taxa de mortalidade iria pressionar ao máximo a vontade de um público americano no limite.

ESQUERDA: A TORRE DE CONTROLE E RADAR DE CONTROLE AÉREO EM KHE SANH, ALVOS TAMBÉM DA ARTILHARIA DO EVN.

OPERAÇÃO RANCH HAND

Em 1962, aviões de transporte C-123, especialmente modificados para carregar e pulverizar herbicidas, começaram o esforço americano para desfolhar e assim destruir os esconderijos de selva do Vietcong. As terras de cultivo também eram alvos para não fornecerem alimentos aos insurgentes. A Operação Hades, mais conhecida como por Operação Ranch Hand (ajudante de fazendeiro), utilizou vários agentes desfolhantes empacotados em caixotes com códigos de cores. O mais poderoso deles era o Agente Laranja, à base de dioxina. Em questão de minutos um único C-123 poderia dispersar Agente Laranja o suficiente para desfolhar 300 acres de terra. Os resultados eram dramáticos e devastadores. A vida vegetal rapidamente ficava marrom e morria, deixando para trás um terreno árido. Os esforços de desfolhamento americanos se intensificaram conforme a guerra continuava, alcançando seu ápice em 1967. Durante aquele ano, 1,7 milhões de acres de terra foram afetados, uma área do tamanho da metade do estado de Connecticut (EUA). Embora eficazes, esses esforços de degradação ambiental tinham pouco efeito militar tangível, e rapidamente se tornaram controversos. Em 1968, um estudo indicou que a exposição a níveis concentrados de dioxina causava malformações congênitas e outros males. Quanto mais evidências surgiam dos perigos à saúde do desfolhante, mais o governo americano diminuía a operação. O último voo da Ranch Hand aconteceu em janeiro de 1971. No total, mais de um sétimo da área de terras do Vietnã do Sul tinha sido pulverizado com desfolhante, e a operação permanece controversa desde a guerra porque milhares de veteranos americanos – sem mencionar os incontáveis civis vietnamitas – ainda sofrem os efeitos da mortal dioxina na forma de câncer e malformações congênitas.

DERRAMANDO O AGENTE LARANJA.

BATALHAS NO RESCALDO DO TET

As lutas eclodiram por todo o Vietnã do Sul enquanto os Estados Unidos tentavam derrotar as unidades Vietcong/EVN restantes. Embora algumas dessas batalhas fossem grandes e destinadas a encontrar o seu lugar na história, a maioria eram apenas pequenas operações de unidades. As unidades dos Estados Unidos e do ERV varreram o Vietnã do Sul em milhares de tiroteios e pequenas batalhas que já foram há muito esquecidas. Em abril, contudo, ao redor de Saigon, cerca de oitenta batalhões americanos e do ERV lançaram a Operação Toan Thang ("Vitória Completa"). A sua tarefa era destruir qualquer remanescente das unidades Vietcong que haviam

ABAIXO: O CAOS DE KHE SANH. OS SOLDADOS DA BASE ACABARAM VIVENDO EM TOTAL MISÉRIA.

atacado Saigon durante o Tet. Entretanto, a operação teve um sucesso apenas limitado, porque o inimigo conseguiu em grande parte escapar. O insucesso da operação dos EUA-ERV apareceu um mês mais tarde, em maio, quando o Vietcong começou a lançar uma série de ataques de foguete "mini-Tet" sobre a capital.

Acima: Uma vista aérea da base de Khe Sanh. Como Dien Bien Phu, sua posição no fundo do vale mostra como ela era vulnerável à artilharia do EVN.

No Planato Central, Westmoreland estava determinado a destruir a área de preparação do EVN localizada no Vale de A Shau, que representava uma ameaça a Hue. A tarefa de atacar o vale remoto e traiçoeiro recaiu sobre a 7ª Cavalaria. A Operação Delaware começou em 19 de abril com um ataque aéreo sobre a ponta norte do vale. Os helicópteros foram recebidos com um fogo antiaéreo fulminante – dez foram destruídos e outros quatorze danificados. Então, para piorar as coisas, o clima deteriorou dramaticamente, tornando quase impossível o reabastecimento dos soldados em terra. Mas, quando o tempo melhorou, ficou aparente que o EVN havia fugido, escolhendo defender apenas um único centro de abastecimento em uma área chamada de "The Punchbowl" ("A Poncheira"). As forças americanas conseguiram capturar devidamente ou destruir grande parte dos suprimentos inimigos, mas em agosto a área havia sido abandonada, causando pouco dano permanente real ao inimigo. Quando as forças americanas partiram, o EVN retornou para reconstruir a sua área de preparação e começar o processo de reabastecimento.

A batalha mais intensa aconteceu próximo de uma vila chamada Dai Do, perto da ZDM, onde a 320ª Divisão do inimigo tentou cor-

Esquerda: Um CH-34 mantém os rotores girando, pronto para uma decolagem rápida, enquanto recebe soldados em Khe Sanh. No final do cerco, helicópteros e aeronaves destruídos enchiam a base aérea.

Acima: Um helicóptero de combate UH-1 é reabastecido em Khe Sanh. Como aeronave de ataque, esses helicópteros conseguiam manter parte da pressão longe dos soldados sob o cerco ao pulverizar as localizações do EVN com fogo de canhão e foguetes.

tar uma linha de abastecimento crítica para os Fuzileiros americanos. Os Fuzileiros descobriram essa nova ameaça em 30 de abril e contra-atacaram imediatamente. Em uma série de combates sem trégua ao longo de um mês inteiro, os Fuzileiros americanos, utilizando navios de desembarque, tanques e fogo naval, lentamente pressionaram os determinados norte-vietnamitas para fora dos seus *bunkers*, túneis e buracos de aranha. A batalha era feroz, mas no final os Fuzileiros foram vitoriosos e forçaram o inimigo a se retirar. O mês havia custado aos Fuzileiros 327 mortos e 1.200 feridos; o EVN, em uma das poucas vezes que escolheu ficar e lutar no ano seguinte ao Tet, perdeu cerca de 3.000 homens. As batalhas continuariam na área da ZDM por grande parte do restante do ano, levando a um impasse quase inevitável.

ABRAMS ENTRA

Em julho de 1968, o general William Westmoreland foi sucedido como comandante das forças americanas no Vietnã (COMUSMACV – *Commander US Military Assistance Command Vietnam* [Comandante do Comando Americano de Assistência Militar no Vietnã]) pelo general Creighton Abrams, cuja tarefa inevitável era comandar uma guerra que a nação já não queria mais e que o governo admitia estar perdida. Abrams se veria com as mãos amarradas pela necessidade de manter baixo o número de vítimas em um esforço para evitar problemas em casa. O processo de vietnamização também roubaria lentamente dele a sua força de soldados. Embora as tradicionais missões de Busca e Destruição continuassem sob o seu comando, a ênfase dos esforços americanos na guerra lentamente começou a mudar.

Abrams procurou iniciar a estratégia de "uma guerra", que misturaria os ataques militares tradicionais com esforços crescentes de pacificação na zona rural sul-vietnamita. Na derrota do Tet, o Vietcong havia perdido o controle de muitas vilas, e Abrams buscava manter tudo do mesmo jeito. O plano envolvia armar os civis sul-vietnamitas para a sua própria proteção. As forças americanas foram espalhadas pelas áreas do interior para ajudar a defender as vilas leais e os seus

cidadãos. Uma ênfase adicional foi colocada no programa Chieu Hoi, ou "Braços Abertos", cujo objetivo era estimular a deserção nas fileiras do inimigo. Esses desertores forneceriam não apenas informações valiosas, como também um significativo incentivo moral para as forças do governo.

O Programa Phoenix foi provavelmente o elemento mais controverso da estratégia de Abrams. Ele buscava eliminar a infraestrutura do Vietcong e, ao menos tecnicamente, era administrado pela polícia sul-vietnamita com o auxílio da CIA. As equipes especiais que implementavam o programa, muitas vezes formadas de desertores do Vietcong, executaram uma onda de assassinatos

ACIMA: TOMANDO ABRIGO. UM DOS MAIORES PROBLEMAS DURANTE KHE SANH FOI O FOGO DOS SNIPERS, COM OS ATIRADORES DO EVN POSICIONADOS EM CIMA DAS ÁRVORES ACERTANDO SOLDADOS INDIVIDUALMENTE.

DIREITA: FUZILEIROS AMERICANOS ESPERAM ANSIOSAMENTE PARA SEREM RECOLHIDOS DE KHE SANH POR UMA AERONAVE DE TRANSPORTE. ELES MANTINHAM A CABEÇA BAIXA PARA EVITAR AS EXPLOSÕES DE MORTEIROS E DA ARTILHARIA.

DIREITA: FUZILEIROS AMERICANOS MOLHAM COM MANGUEIRA UMA DAS MUITAS AERONAVES QUE NÃO CONSEGUIRAM DECOLAR DE VOLTA DA PISTA DE KHE SANH.

ABAIXO: COM A CALMA RESTAURADA, UM FUZILEIRO LIMPA SUA ARMA SENTADO EM CIMA DE UM DOS BUNKERS DO PERÍMETRO DE KHE SANH.

de funcionários políticos do Vietcong nas vilas. Os métodos violentos causaram controvérsias, mas pareciam ser eficazes para desgastar o apoio ao Vietcong em muitas áreas. Contudo, é difícil avaliar o sucesso dos esforços de pacificação como um todo, e a profundidade da lealdade do povo sul-vietnamita ao seu governo permaneceria em questão.

NIXON E KISSINGER

Em 1968, o Vietnã tinha se tornado um fardo incrível para a administração americana. Nixon ameaçou e persuadiu o Norte, mas a opinião pública hostil no Ocidente limitava suas oportunidades de ação.

Enquanto a guerra no Vietnã permanecia um impasse sangrento, o processo das eleições continuava nos Estados Unidos. Na sequência da decisão de Johnson de não concorrer à presidência, o Partido Democrata ficou preso no meio da luta entre os seus elementos pró e antiguerra. O Partido Republicano se unificou em torno de Richard Nixon e a sua afirmação impetuosa de que ele tinha um plano secreto para acabar com a guerra no Vietnã. Nixon venceu a eleição presidencial em 1968 por uma margem apertada. Ele e o seu conselheiro chefe, o Secretário de Estado Henry Kissinger, voltaram-se, então, para o problema de administrar a guerra.

Nixon planejava inicialmente usar uma abordagem de "punição e incentivo" com os norte-vietnamitas. Os Estados Unidos abran-

daram a sua postura de negociação nas conversas de paz em Paris, mas intensificaram os seus bombardeios – especialmente contra a Trilha Ho Chi Minh. Nixon prometeu que esses ataques seriam insignificantes comparados àqueles que ele desencadearia se o Norte não caísse em si e concordasse com os termos que permitissem ao Vietnã do Sul permanecer independente. Entretanto, os comunistas não hesitaram e se mantiveram firmes em sua política de prolongar a batalha no Vietnã em um esforço para sobreviver aos Estados Unidos. O Norte disse que Nixon estava blefando e isso o deixou furioso. Ele ansiava por retaliar lançando ataques que puniriam mortalmente o Norte, mas percebeu que a opinião pública americana não permitiria tal atitude. Nixon tinha vencido as eleições com a promessa de que traria a paz; se ele, ao contrário, expandisse a guerra ainda mais em busca de uma vitória militar inatingível, a sua carreira política estaria destruída. A sua frustração com a situação se tornou aparente em setembro de 1969 quando ele afirmou: "Eu não consigo acreditar que um poder de quarta categoria como o Vietnã do Norte não tenha um ponto de esgotamento".

Acima: Fuzileiros assaltam a Montanha 881 através da poeira, fumaça e fogo da resistência do EVN.

Acima, esquerda: Fuzileiros americanos carregam um canhão sem recuo para sua posição de disparo no topo do monte em torno de Khe Sanh, prontos para atirar nas tropas do EVN na Montanha 689.

VIETNAMIZAÇÃO

Embora a vitória agora parecesse além do alcance, o presidente Nixon podia ainda buscar uma "Paz com Honra", que permitisse ao Vietnã do Sul continuar sobrevivendo depois da retirada americana do conflito. Para alcançar esse objetivo, Nixon esperava usar a "sua-

MASSACRE EM MY LAI

SOLDADOS REVISTAM UMA CASA VIETNAMITA.

Em 16 de março de 1968, homens da Companhia "C", 1º Batalhão, 11ª Brigada de Infantaria, entraram em uma série de aldeias na província de Quang Ngai em uma missão de Busca e Destruição. As aldeias, incluindo My Lai, eram conhecidas como território Vietcong. Muitos soldados da força americana perderam o controle e, utilizando rifles, metralhadoras e baionetas, assassinaram cerca de 300 a 400 civis – homens, mulheres e crianças. Em certo momento, cerca de 70 civis foram levados para uma vala e então abatidos com fogo automático. Por mais de um ano, o Exército acobertou o massacre. Somente em novembro de 1969, devido a uma reportagem no *The New York Times*, o público ficou sabendo do que tinha acontecido. Por mais um ano, o público americano ficou ligado na história dos eventos em My Lai, conforme esta se desenrolava nos tribunais e na mídia. Depois de uma investigação, treze soldados foram acusados de crimes de guerra e crimes contra a humanidade. Desses treze, apenas o tenente William Calley, um líder de pelotão da Companhia "C", foi condenado. Seu pelotão tinha assassinado cerca de 200 das vítimas de My Lai, e ele foi sentenciado a dez anos de prisão por assassinato em massa. O massacre indignou e polarizou os Estados Unidos. Alguns acreditaram que Calley era apenas um bode expiatório para a derrota americana no Vietnã. Outros viram sua sentença como branda e hipócrita. Muitos se perguntaram que outras atrocidades os americanos tinham cometido na Guerra do Vietnã. O fato de que o Exército americano, o defensor da liberdade, pudesse cometer tal atrocidade provou a muitas pessoas a falência da guerra no Vietnã, e o apoio à guerra decaiu rapidamente. No final, o tenente William Calley cumpriu apenas três anos da sua sentença antes de receber a liberdade condicional, em 1974. Ele agora leva uma vida tranquila como lojista na Georgia.

ACIMA: A GUERRA DA MÍDIA. MEMBROS FORTEMENTE ARMADOS DE UMA EQUIPE DE RANGERS NA ÁREA DE BIEN HOA FALAM COM UM JORNALISTA DO EXÉRCITO.

vização" com a União Soviética e com a China como uma arma no Vietnã. O bloco comunista teria que diminuir o seu apoio ao Vietnã do Norte para ter, em troca, a amizade dos Estados Unidos. Porém, o processo de aproximação entre os blocos opostos da Guerra Fria seria lento, e Nixon precisava de evidências tangíveis de que estava encerrando o envolvimento americano no Vietnã rapidamente. Como resultado, ele se voltou a um processo que carregava o rótulo de "vietnamização".

O plano inventado por Nixon e Kissinger pedia uma retirada gradual das forças americanas do Vietnã do Sul. Durante este lento processo, a ajuda monetária e o treinamento militar americano desenvolveriam o ERV ao ponto de ele conseguir defender o Vietnã do Sul sem qualquer assistência militar americana. Finalmente, antes de deixar o conflito as forças americanas lançariam alguns ataques de desorganização para deslocar a infraestrutura do EVN e do Vietcong, proporcionando assim para o Sul o precioso dom do tempo.

A saída gradual dos Estados Unidos da guerra começou em junho de 1969, quando o presidente Nixon diminuiu o limite de soldados no Vietnã e cerca de 25 mil soldados americanos voltaram para casa. Para contrabalançar a retirada americana, o ERV e a FANV receberam os equipamentos americanos mais recentes, e em 1970 as forças armadas do Vietnã do Sul contavam com mais de um milhão de homens.

O presidente Thieu também executou muitos esforços de reforma agrária antecipados em 1970, em uma tentativa de solidificar o apoio ao regime sulista dentro das fileiras dos camponeses sul-vietnamitas, os mais suscetíveis à conversa revolucionária do Vietcong. No papel, a vietnamização parecia estar funcionando, já que o Vietnã do Sul possuía agora uma das maiores e mais modernas Forças Armadas do mundo inteiro. Os números chamativos, no entanto, camuflavam a fraqueza fatal do moral, da economia e da liderança.

HAMBURGER HILL

Durante 1969, Abrams continuou a implementar sua estratégia "uma guerra", e os norte-vietnamitas continuavam a evitar grandes batalhas. Como resultado o ano foi dominado, principalmente, por pequenas lutas de unidades por todo o Vietnã do Sul, tendo como objetivo a pacificação do interior. Algumas divisões americanas foram até mesmo separadas em forças-tarefa menores, cujo trabalho era patrulhar a zona rural, em vez de "buscar e destruir" o inimigo. Nas áreas de fronteira aconteceram algumas ações maiores, visando interromper as linhas de abastecimento dos comunistas. Entretanto, a guerra estava sendo entregue para o ERV, e as fatalidades americanas caíram proporcionalmente.

> Hamburger Hill foi outra vitória militar que se transformou em derrota política. A Busca e Destruição tinha perdido a sua credibilidade, e a mortalidade americana tinha de ser limitada nas operações futuras.

Uma última e grande missão de Busca e Destruição, contudo, permaneceu. A inteligência americana tinha localizado uma concentração renovada do inimigo no Vale de A Shau, representando uma nova ameaça à grande parte do Planalto Central. Em 10 de maio, as forças americanas e do ERV atacaram a área por ar para destruir a infraestrutura do EVN mais uma vez. Enquanto faziam buscas por toda a área, as forças americanas localizaram uma série de *bunkers* inimigos no meio da selva, no cume da Montanha 937, mais tarde conhecida como "Hamburger Hill". Uma única companhia tentou inicialmente tomar a montanha, mas fracassou devido à tempestade de fogos de metralhadoras que recebeu a sua movimentação.

Neste ponto, os EUA chamaram os ataques aéreos e de artilharia contra as posições inimigas. Em 13 de maio, duas companhias da 187ª Infantaria se lançaram contra a montanha, mas foram forçadas a voltar depois de uma luta intensa. Mais uma vez o apoio aéreo foi chamado, mas um novo ataque em 18 de maio também fracassou. Durante essa batalha épica, o bombardeio intenso e a chuva incessante transformaram a montanha em um deserto quase intransitável de lama e árvores despedaçadas. Os homens começavam a subida apenas para escorregar novamente para trás quando perdiam o passo.

Em 20 de maio, nada menos do que quatro batalhões atacaram e alcançaram o topo, apenas para descobrir que o sistema de *bunkers* do EVN estava vazio. O inimigo comunista, depois de ter infligido o máximo de danos possível às forças americanas, tinha fugido durante a noite. Durante a luta, os americanos haviam contabilizado 56 homens mortos (contra quase 700 mortos do EVN). Depois de apenas duas noites de posse da montanha, as forças americanas receberam a ordem de abandonar o seu prêmio, porque estava fadado a não ter nenhum valor tático.

De certa maneira, o exemplo fornecido pela ação na Montanha 937 simboliza o esforço de guerra americano no Vietnã. Na guerra estratégica de atrito, a Montanha 937 foi claramente uma vitória dos EUA: o inimigo tinha sido localizado e extirpado da área. Mas a montanha, em si, não tinha significado algum, apenas a morte dos homens que estavam nela, e por isso ela foi abandonada. Os americanos, contudo, tinham muita dificuldade em entender tais vitórias. Parecia sem sentido atacar uma montanha, ter perdas, e então sair e permitir que o inimigo retornasse. A Hamburger Hill recebeu grande cobertura da imprensa nos Estados Unidos, e levou a uma onda de protestos. Das ruas ao Congresso americano, choviam exigências de que tais batalhas não mais acontecessem. Como resultado, Nixon ordenou que Abrams

DIREITA: FUZILEIROS AMERICANOS DISPARAM UM MORTEIRO 81 MM EM UM DUELO MORTAL COM O INIMIGO ENQUANTO TENTAM PROTEGER UM HELICÓPTERO DE TRANSPORTE EM SUA ATERRISSAGEM. A AÇÃO ERA PARTE DE UMA OPERAÇÃO DE BUSCA E LIBERAÇÃO DURANTE SETEMBRO DE 1968, PERTO DA BASE DE COMBATE VANDEGRIFT.

ESQUERDA: HAMBURGER HILL: PARAQUEDISTAS AMERICANOS DA 101ª DIVISÃO AÉREA CARREGANDO UM COMPANHEIRO FERIDO ESPERAM PELA CHEGADA DO HELICÓPTERO DE EVACUAÇÃO MÉDICA. A HAMBURGER HILL FOI UMA DAS BATALHAS MAIS DIFÍCEIS NA HISTÓRIA DA AERONÁUTICA.

mantivesse as fatalidades americanas no Vietnã ao mínimo. De muitas maneiras, Hamburger Hill foi o capítulo final do esforço militar americano no Vietnã.

ABAIXO: UMA PISTA DE POUSO APRESSADAMENTE LIBERADA PERMITE QUE UM HELICÓPTERO UH-1D DE EVACUAÇÃO MÉDICA DESÇA E LEVE OS FERIDOS DA 101ª DIVISÃO AÉREA DEPOIS DE UMA BATALHA DURANTE OUTUBRO DE 1969.

CRISE NO CAMBOJA

Em 1970, a vietnamização acontecia a passos largos. Nixon estava ciente de que precisava manter a sua promessa de campanha de se desligar da guerra, especialmente em um ano de eleições cruciais para o Congresso. Como resultado, apesar da objeção tanto de Abrams quanto de Thieu, ele retirou mais 150 mil americanos do Vietnã. Quase ao mesmo tempo, sem esperar, acontecia um desastre no Camboja. Em março, o general Lon Nol, a favor dos americanos, derrubou o governo neutro do Príncipe Sihanouk. O novo líder ordenou que o EVN deixasse o seu país e a importante Trilha Ho Chi Minh. Os norte-vietnamitas se recusaram e se uniram aos insurgentes comunistas cambojanos, o Khmer Rouge, em um esforço para destruir Lon Nol e o seu governo.

QUEDA DO ACAMPAMENTO DAS FORÇAS ESPECIAIS EM LANG VEI

UM ACAMPAMENTO DE OBSERVAÇÃO DAS FORÇAS ESPECIAIS INSTALADO PRECARIAMENTE NO PLANALTO DO VIETNÃ.

Várias bases de tiro, fortalezas e acampamentos das Forças Especiais (conhecidos muitas vezes como "Boinas Verdes") cercavam a base dos Fuzileiros americanos em Khe Sanh. As localizações das Forças Especiais na área eram parte de uma série de bases a partir das quais as Forças Especiais, juntamente com os homens locais da tribo Montagnard, guardavam a área longa e vulnerável da fronteira sul-vietnamita. A partir dessas bases as unidades das Forças Especiais, normalmente guiadas por soldados americanos, mas operadas pelos Montagnards, "pulavam a cerca" em missões de reconhecimento no Camboja e no Laos. Uma dessas bases estava localizada em Lang Vei, a apenas 8 km de Khe Sanh. Quando o EVN começou a apertar o cerco, os 24 americanos e 500 Montagnards de Lang Vei se encontraram cercados e sob constante bombardeio e ameaças de ataque. Em 7 de fevereiro de 1969, o EVN lançou um ataque devastador sobre Lang Vei logo após a meia-noite. Pela primeira vez na guerra no Vietnã do Sul, os comunistas fizeram uso da guerra armada, atacando com vários tanques leves soviéticos FT-76. Os Boinas Verdes e seus aliados Montagnard lutaram com tenacidade, utilizando armas leves antitanque para destruir cinco tanques inimigos, mas a onda do EVN era irresistível. As forças comunistas varreram a base e exterminaram os defensores em seus *bunker*. O EVN usou explosivos em mochilas, granadas de termite e granadas de gás em seu ataque sobre o *bunker* de comando. Na manhã seguinte as forças americanas sitiadas lançaram contra-ataques e chamaram o reforço dos ataques aéreos, mas Lang Vei já tinha caído. Alguns dos sobreviventes foram evacuados por helicóptero para Khe Sanh, mas muitos tiveram que fazer a dolorosa jornada a pé. No final, sete americanos foram mortos e três levados prisioneiros; e 200 dos 500 Montagnards também foram mortos.

Conforme diminuíam as justificativas americanas para a Guerra do Vietnã, os soldados se tornavam cada vez mais desmotivados e desanimados. Lutando e morrendo a milhares de quilômetros de casa, eles se sentiam difamados e perseguidos pela opinião pública doméstica.

Era um momento importante para a presidência de Nixon. Ele queria desesperadamente ajudar o regime pró-EUA de Lon Nol. Além disso, os seus conselheiros militares lhe haviam pressionado por anos para atacar o Camboja e lidar com as bases do EVN localizadas lá. Inicialmente, Nixon se contentou com a ajuda clandestina ao governo de Lon Nol, mas ele era a favor de uma ajuda militar dramática para o novo regime. Os conselheiros da Casa Branca, contudo, alertaram o presidente de que tal ação poderia ser inconstitucional e certamente acenderia uma tempestade de protestos como nunca vistos antes. No final, Nixon escolheu um meio-termo entre a falta de ação e uma invasão completa. Uma força de cerca de 20 mil homens americanos e do ERV atacaria o EVN nas áreas do "Anzol" e do "Bico do Papagaio" no Camboja, perto de Saigon.

ESQUERDA: UM CANHÃO SEM RECUO 106 MM INSTALADO EM UM JIPE É PREPARADO PARA DISPARAR CONTRA UMA POSIÇÃO VIETCONG SUSPEITA DURANTE UMA PATRULHA RODOVIÁRIA.

EXPANDINDO A GUERRA

Enquanto essa incursão iniciava, Nixon foi à TV para anunciar a ação. Quase imediatamente, grande parte dos EUA se envolveu nos incidentes de protesto mais sérios desde 1968. Para muitos, parecia que Nixon havia quebrado a sua promessa de sair do Vietnã e, ao contrário, estava expandindo a guerra. Os protestos se tornaram violentos, mais notavelmente na Universidade Estadual de Kent, em Ohio, onde quatro estudantes que protestavam foram mortos a tiros pela Guarda Nacional americana. O presidente, embora esperasse protestos e tivesse limitado a incursão ao Camboja por esse motivo, ficou furioso. Ele procurou revidar aos manifestantes, e ao fazer isso iniciou uma série de atitudes ilegais contra o povo americano que levou à sua renúncia após o escândalo de Watergate (ver Capítulo 11).

ABAIXO: UM MOMENTO DE REFLEXÃO PARA UM PARAQUEDISTA AMERICANO NO TOPO DA HAMBURGER HILL, DEPOIS DO HORROR DOS DIAS DE COMBATE.

Nixon esperava que a ação no Camboja alcançasse vários objetivos. O ataque foi projetado para pegar o EVN de surpresa e impor a eles uma vitória militar esmagadora. As forças do ERV e dos EUA destruiriam a infraestrutura dos comunistas ali, deslocando assim todo o planejamento do EVN e diminuindo a pressão sobre o governo de Lon Nol. Finalmente, a operação serviria como um teste de caráter para o ERV. Entretanto, sem o conhecimento dos planejadores americanos, os comunistas estavam cientes da invasão a caminho e haviam feito preparações para se retirar, evitando assim perdas indevidas.

ABAIXO: HELICÓPTEROS BELL UH-1E, DOS FUZILEIROS AMERICANOS, POUSAM NA BASE DE APOIO DE FOGO CUNNINGHAM, UMA DAS MUITAS BAFS EM AÇÃO PESADA DURANTE AS OPERAÇÕES DE BUSCA E LIBERAÇÃO.

Em 29 de abril de 1970, as forças do ERV, apoiadas pelo poder aéreo americano, começaram a adentrar a região do "Bico do Papagaio". O EVN retrocedeu frente ao ataque. O ERV, por sua vez, parecia apenas disposto a permitir que o EVN escapasse. Em 1º de maio, as forças americanas e do ERV entraram na região do "Anzol", e o prevenido EVN mais uma vez escapou de uma batalha decisiva. Em seus esforços para alcançar a vitória, as forças americanas e do ERV foram mais uma vez prejudicadas pelas limitações impostas sobre elas. Nixon, para reduzir os protestos em casa, havia ordenado Abrams a manter a taxa de fatalidades ao mínimo e a apenas invadir o Camboja em uma faixa de 30 km de profundidade. Assim como tantas vezes no passado, então, as forças americanas se frustraram ao ver o EVN escapar das suas mãos para dentro de um território que estava fora dos seus limites por razões políticas. Nixon também colocou um limite de tempo para a operação, ordenando a Abrams que retirasse todas as forças do Camboja até 30 de junho.

Abrams seguiu as suas instruções à risca, e todas as forças saíram do Camboja na data estipulada. A ação havia alcançado o sucesso limitado de deslocar o sistema de logística dos comunistas. Entretanto, a vitória decisiva escapou das mãos dos americanos. De muitas maneiras, o episódio serve como uma ilustração de toda a Guerra do Vietnã. Por vários motivos, a operação foi importante o bastante para acontecer, e poderia ter resultado em uma vitória tática. A pressão política dentro dos Estados Unidos, entretanto, forçou algumas limitações sobre ela que por fim levaram à impossibilidade de uma vitória significativa. Depois da retirada das forças americanas, os comunistas retornaram devidamente à área e começaram a reconstruir o seu sistema de logística. O principal benefício foi que o planejamento comunista foi interrompido por mais de um ano, dando ao processo defeituoso de vietnamização mais tempo para percorrer o seu caminho.

Nixon com certeza não ficou satisfeito com os resultados da invasão do Camboja. Poucos objetivos de real valor haviam sido alcançados, ao preço de um grande tumulto social em casa. Contudo, ele ainda esperava alcançar uma paz com honra que resultasse em

Em 1969, houve 239 incidentes de *fragging* nas forças americanas. Em 1970, esse número cresceu para 383, um aumento indicativo do colapso da ordem e do moral das forças no Vietnã.

ESQUERDA: UM TANQUE M48 DA 11ª CAVALARIA ARMADA AVANÇA POR UMA ESTRADA DEPOIS DE DETECTAR, E DESTRUIR, UMA MINA ANTITANQUE VIETNAMITA.

um Vietnã do Sul viável. Para alcançar este objetivo, ele redobrou os seus esforços na suavização em uma tentativa de diminuir o apoio comunista para o Vietnã do Norte. O ritmo rápido da vietnamização, entretanto, significava que Nixon e Kissinger tinham de atingir os seus resultados rapidamente. Outra operação militar, projetada para destruir ainda mais a Trilha Ho Chi Minh e o sistema de logística norte-vietnamita, parecia ser uma solução natural.

MORAL AMERICANO EM DECLÍNIO

Os Estados Unidos haviam entrado na Guerra do Vietnã em 1965 com a melhor força militar de todo o mundo, sem sombra de dúvida. Em 1970, a situação havia mudado. O processo havia tornado o Exército americano repleto de soldados relutantes que estavam dolorosamente cientes de que muitos em sua nação os haviam abandonado e se voltado contra a guerra. Também por volta de 1970 se tornou claro para a maioria dos soldados americanos que os EUA estavam se retirando da guerra, e não tinham planos reais de vencer o conflito. Para esses homens, a sobrevivência era mais fundamental do que a vitória. Adicionado ainda a essa mistura potente, estava o elemento da desarmonia racial. Os conflitos domésticos entre a América negra e a branca tinham um efeito inevitável sobre o exército que servia no Vietnã. As tensões raciais entre os soldados eram fortes, especialmente nas áreas de retaguarda, e às vezes resultavam em trocas de tiros.

ABAIXO: UM SOLDADO DA FORÇA AÉREA SE CONTORCE DE DOR ENQUANTO ESPERA PELA CHEGADA DOS HELICÓPTEROS DE EVACUAÇÃO MÉDICA. SOFRER FERIMENTOS POR UMA CAUSA NÃO APARENTE MINOU O MORAL DE MUITOS HOMENS.

Ironicamente, foi nos seus últimos anos de envolvimento do Vietnã que os EUA pareceram encontrar suas estratégias mais bem-sucedidas de combate contra os comunistas, mas já era tarde demais.

DIREITA: TIRANDO DO INIMIGO. ENGENHEIROS AMERICANOS ABREM CAMINHO POR MEIO DE CENTENAS DE CAIXOTES DE SUPRIMENTOS ABANDONADOS PELAS FORÇAS COMUNISTAS DEPOIS DE UMA OPERAÇÃO NO CAMBOJA.

ABAIXO: UM SOLDADO DAS FORÇAS ESPECIAIS CHECA SUA MINI-METRALHADORA ROTATÓRIA, CAPAZ DE DISPARAR 4 MIL TIROS DE 7,62 MM POR MINUTO.

O moral e a efetividade do Exército americano no Vietnã caíram vertiginosamente durante 1970. As unidades enviadas para encontrar o inimigo muitas vezes preferiam praticar táticas de "busca e evasão" para evitar as fatalidades desnecessárias. Embora tal indisciplina não afetasse todas as unidades, a prática de evitar as batalhas e de desobedecer às ordens se tornou muito mais comum do que os militares chegariam a admitir.

A prática americana de fazer revezamento dos oficiais em campo a cada seis meses garantia que as unidades propensas a problemas de moral fossem comandadas por oficiais jovens e inexperientes. Para muitos, esses oficiais representavam um risco às suas vidas por seu despreparo ou por seus esforços em garantir que a unidade buscasse realmente o combate com o inimigo. Como resultado, o Exército americano começou a sofrer uma série de assassinatos, ou *fraggings*, nos quais os homens alistados tentavam matar seus próprios superiores ou "sargentos", normalmente utilizando granadas. Em 1969, o Exército relatou 96 casos de *fragging*, e esse número subiu para espantosos 209 casos em 1970.

O crescente uso de drogas também se tornou um indicador da queda do moral. As drogas, incluindo maconha e heroína, estavam prontamen-

te disponíveis no Vietnã do Sul. De fato, o corrupto governo sul-vietnamita tinha um grande papel no seu comércio. Em 1970, o consumo de drogas era crescente entre os soldados americanos. Uma pesquisa de saída conduzida em 1969 revelou que 60% dos homens alistados haviam consumido maconha durante o seu turno, e o impressionante número de 35% admitiu fumá-la mais de 200 vezes durante o período de um ano de serviço militar no Vietnã. A heroína, contudo, apresentava-se como um problema mais sério, não apenas por ser muito viciante, mas por ser barata. No final de 1970, as forças americanas no Vietnã do Sul contabilizavam duas mortes por dia por *overdose* de heroína. Em 1971, o Exército americano foi forçado a admitir que 35 mil dos seus soldados no Vietnã estavam viciados em heroína. A Guerra do Vietnã, que tinha feito tanto para destruir o consenso no *front* americano, também estava trabalhando para destruir o Exército americano. Essa força que já tinha sido muito potente estava, em muitos aspectos, ruindo. O dano feito às Forças Armadas americanas e à sua imagem não seria erradicado até a vitória no Golfo, cerca de 30 anos mais tarde.

ACIMA: EVIDÊNCIA DA AMPLIAÇÃO DA GUERRA. EM 1970, A EQUIPE DE UM VEÍCULO BLINDADO DE TRANSPORTE DE PESSOAL AMERICANO PARA DURANTE INCURSÃO AO CAMBOJA, PARA UMA PAUSA, AÇÃO QUE PROVOCOU UM ENORME CLAMOR PÚBLICO.

ESQUERDA: UM OFICIAL AMERICANO MOSTRA PARA UM NOVATO UMA DAS MUITAS METRALHADORAS MÓVEIS CALIBRE 0,30" CAPTURADAS DO EVN NO CAMBOJA. AS PERDAS DE MATERIAL DO EVN ALI ATRASARAM SEUS ESFORÇOS DE INVASÃO POR MAIS DOIS ANOS.

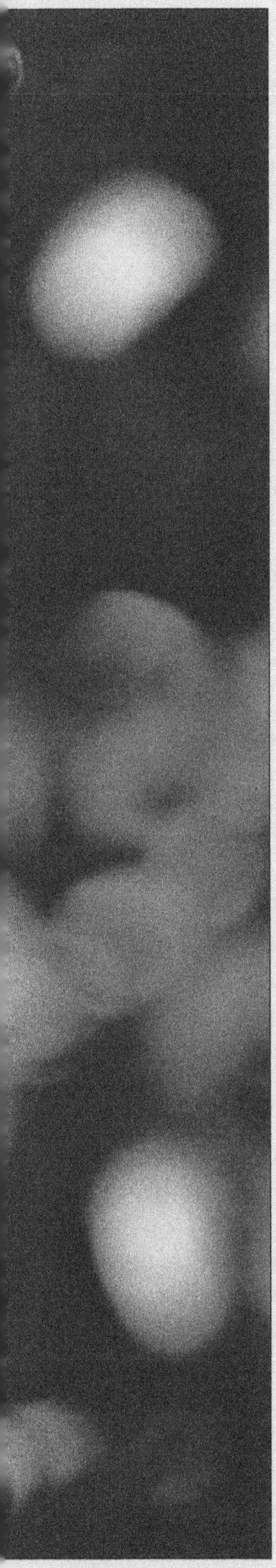

Capítulo 10

A Guerra Secreta

No meio da selva do Laos e do Camboja, as Forças Especiais americanas conduziram uma guerra paralela àquela que acontecia além da fronteira, no Vietnã. A diferença naqueles países era que, se os soldados americanos fossem mortos ou capturados, o governo negaria a existência das operações.

O país do Laos, situado entre a Tailândia e o Vietnã, se tornou um dos estados mais bombardeados do século XX, sendo atingido por meio bilhão de toneladas de bombas americanas de alto poder explosivo entre 1964 e 1968.

A primeira crise que os Estados Unidos enfrentaram no Sudeste Asiático não foi no Vietnã, e sim no Laos. As limitações impostas sobre os Estados Unidos pelo Acordo de Genebra ditavam que o envolvimento americano no Laos, e mais tarde no Camboja, precisaria ser clandestino. Antes mesmo de as tropas americanas aportarem em Danang, a CIA e as Forças Especiais já haviam lançado uma guerra secreta no Laos e no Camboja que duraria até 1975. A natureza feroz, e muitas vezes étnica, da guerra secreta deixaria atrás de si um legado de ódio e genocídio.

UMA CRISE INESPERADA

A nação do Laos, situada entre o Vietnã e a Tailândia, ocupava um ponto fundamental na estratégia americana para a Guerra Fria. Antes mesmo da derrota francesa em Dien Bien Phu, a pequena nação agrícola tinha se tornado algo como um campo de batalha superpoderoso. A administração Eisenhower via o Laos como o elemento decisivo da contenção, e deu grande apoio militar e econômico para o governo real em Vientiane – ao ponto de chegar a pagar todo o orçamento do Exército Real do Laos. Do lado oposto ao governo estava a força comunista insurgente conhecida como Pathet Lao, que recebia ajuda da União Soviética e da China. Os vizinhos comunistas vietnamitas também desempenhariam um papel importante na luta pelo controle do Laos, especialmente quando a área de fronteira se tornou cada vez mais importante para os seus esforços de abastecimento pela região.

O Acordo de Genebra de 1954 tornou o Laos um país neutro e proibiu o envolvimento de superpotências lá. Como resultado, o conflito crescente no Laos tinha de ser conduzido em segredo tanto pelos Estados Unidos quanto pela União Soviética. Em 1955, o governo Eisenhower havia decidido que o Laos era um perigo iminente de queda; seria necessário ajuda para garantir a sua estabilidade, mas o Acordo de Genebra estava no caminho. Em um esforço para conter a ameaça da expansão comunista e ainda assim tentar permanecer em conformidade com o Acordo de Genebra, os Estados Unidos

DISTRIBUIÇÃO ÉTNICA NO LAOS

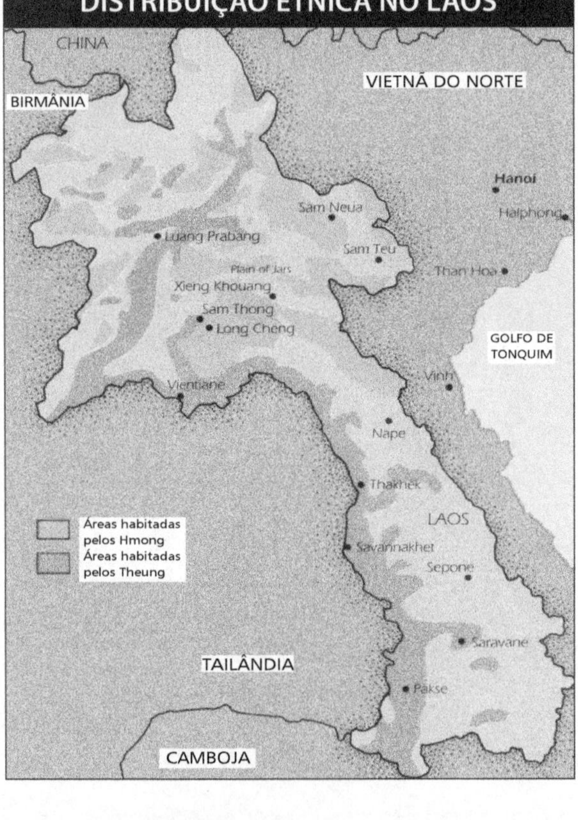

criaram o Escritório de Avaliação de Programas (EAP). O EAP era formado por militares americanos "aposentados" que tinham a tarefa de treinar e fortalecer o Exército Real do Laos. Em 1959, um total de 428 conselheiros americanos estavam no Laos, começando uma longa história de operações secretas americanas naquela nação.

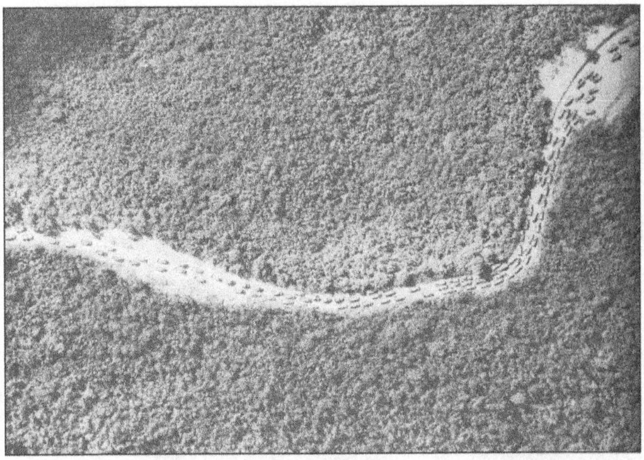

Acima: Centenas de caminhões lotam a trilha Ho Chi Minh em seu trajeto pelo Laos.

O GOLPE DE KONG LE

Um equilíbrio delicado havia sido atingido no Laos entre as forças apoiadas pelos EUA e as apoiadas pelos comunistas. Em 1960, entretanto, esse equilíbrio foi despedaçado e a nação foi arrastada para dentro de uma guerra civil. As eleições de abril de 1960, manipuladas pela CIA, que distribuiu dinheiro à

CLUBE DE COMANDO

Em 1966, os Estados Unidos aumentaram novamente o nível de envolvimento no Laos. Nessa época, a Operação *Rolling Thunder* tinha obtido um lugar central no pensamento estratégico americano. Entretanto, as condições climáticas no norte mudavam rapidamente, e eram necessárias previsões detalhadas do tempo para garantir o bombardeio preciso. Por esse motivo, os Estados Unidos fundaram um sistema de orientação meteorológica e por radar no topo da Montanha Phu Pha Thi, no norte do Laos. A montanha estava a apenas 32 km do Vietnã do Norte, e o radar avançado localizado lá poderia guiar os bombardeiros aos seus alvos mesmo nas piores condições climáticas. A operação, apelidada de "Clube de Comando", também serviu como área de preparação para várias missões de comando da CIA. Normalmente, cerca de vinte americanos, incluindo pessoal da CIA e da Força Aérea americana, operavam em Phu Pha Thi ao mesmo tempo. Sua instalação de radar era quase uma fortaleza. Todas as estradas para o topo da montanha de 1.770 metros de altitude eram minadas, exceto uma. Cerca de 300 soldados Hmong e tailandeses guardavam a estrada restante. A importante base, e sua prova do envolvimento secreto americano no Laos, parecia bem segura.

Os comunistas vietnamitas estavam bem cientes da importância daquela instalação de radar, e tentaram atingi-la por meio de ataques aéreos, mas fracassaram. Em março de 1968, foi lançada uma ofensiva terrestre contínua contra a base. Os atacantes prenderam os defensores Hmong no lugar, enquanto uma unidade de infiltração, usando detectores manuais de minas, deslizavam despercebidos pelas estradas minadas "inexpugnáveis". Quando eles atingiram o cume, os 18 americanos a serviço na hora não tiveram outra escolha senão fugir, descendo por cordas para uma caverna secreta e saindo da montanha. Para muitos, contudo, a saída chegou tarde demais. As notícias do ataque logo alcançaram a Air America, que enviou vários helicópteros de resgate. Entretanto, cerca de 11 americanos e a maioria dos defensores Hmong foram mortos.

Uma unidade de treinamento das Forças Especiais.

Acima: Um piloto do 23º Esquadrão Tático de Apoio Aéreo durante uma missão de Controle Aéreo Avançado para alvejar forças inimigas.

> Para operar com eficiência no Laos, as Forças Especiais e a CIA tinham de tentar entender uma cultura que contrastava completamente com a sua. Ao compreender os medos e as esperanças do povo laociano, esperava-se conseguir transformá-los em uma força de batalha motivada.

vontade, resultaram em um governo da direita política. O novo regime atacou o Pathet Lao de maneira adequada. Para um jovem oficial chamado Kong Le, a corrupção e a influência externa no governo do seu país estavam além do suportável. Em agosto, o oficial idealista liderou um golpe bem-sucedido contra os governadores pró-EUA em Vientiane. Le esperava que o governo resultante, liderado por Souvanna Phouma, fosse de natureza neutra e ajudasse a salvar a sua terra natal. Phouma, contudo, logo indicou que estava disposto a negociar com o Pathet Lao e a União Soviética, e forçou uma crise em Washington, D.C. O exército pró-EUA, liderado pelo general Phoumi, com os conselheiros do EAP e abastecido pela CIA, expulsou as forças de Phouma da capital. O confronto entre as diferentes alas ideológicas das forças do Laos se mudou para a estratégica Planície dos Jarros. Nenhuma das superpotências estava disposta a ver o seu cliente derrotado, e a CIA e as forças soviéticas conduziram grandes transportes de suprimentos via aérea para a região. As superpotências estavam prestes a se confrontar naquele minúsculo país.

O presidente Eisenhower tinha perfeito conhecimento do perigo representado pelo impasse das superpotências no Laos, mas estava chegando ao final do seu mandato e deixou o problema para o seu sucessor. Antes de deixar a presidência, Eisenhower informou ao próximo presidente, John F. Kennedy, que o Laos era o ponto focal mais importante do mundo. Logo após a sua posse, então, o jovem presidente enfrentou a sua primeira crise. Em uma demonstração pública de apoio ao Laos, Kennedy promoveu o EAP a um Grupo de Aconselhamento e Assistência Militar. Entretanto, as perdas no campo de batalha convenceram os Estados Unidos que a sua ajuda de 350 milhões de dólares e quase 600 conselheiros militares, agora operando abertamente, tinham obtido pouco sucesso em tornar o Exército Real do Laos uma força de batalha efetiva. As guerrilhas do Pathet Lao, apoiadas por uma infusão crescente de homens norte-vietnamitas, tinham se imposto novamente. Os Estados Unidos tiveram de procurar outras soluções para conter o avanço do comunismo no Laos. Kennedy foi aconselhado pelos militares a enviar uma força de quase 150 mil homens e armas táticas nucleares para o Laos, para esmagar a insurgência. Ele ignorou os pedidos dos militares e procurou alcançar uma solução diplomática. Mas, enquanto pressionava a União Soviética do lado diplomático, os Estados Unidos também intensificavam a sua guerra secreta no Laos.

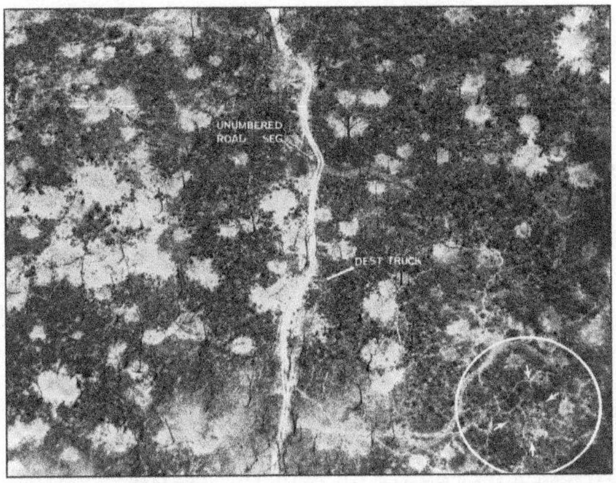

ESQUERDA: UMA FOTOGRAFIA DA VIGILÂNCIA AMERICANA DE UMA SEÇÃO DA TRILHA HO CHI MINH REVELA GRAFICAMENTE O DANO FEITO PELOS BOMBARDEIOS AMERICANOS.

A GUERRA DA CIA

Grande parte da assistência para as forças apoiadas pelos americanos no Laos se originou na Tailândia. Lá, em Udorn, a operação aérea da CIA, conhecida como Air America, tinha a sua base. Supostamente uma linha aérea comercial, a Air America era operada por agentes da CIA à paisana. A sua tarefa eram as missões de reconhecimento e as perigosas missões secretas de abastecimento no Laos. A CIA estabeleceu pequenas áreas de pouso, chamadas zonas Lima, por todo o Laos para apoiar as suas operações.

Desde 1951, a CIA, por meio de uma organização secreta tailandesa chamada Companhia de Abastecimento Externo do Su-

ESQUERDA: SOLDADOS DAS FORÇAS ESPECIAIS NÃO TINHAM APENAS HABILIDADES DE COMBATE EXTRAORDINÁRIAS, MAS TAMBÉM POSSUÍAM UM LEQUE AMPLO DE APTIDÕES SOCIAIS, LINGUÍSTICAS E CULTURAIS QUE PERMITIAM A ELES CRIAR RELACIONAMENTO COM AS COMUNIDADES DE MINORIA ÉTNICA NO SUDESTE ASIÁTICO.

> O Laos era um dos grandes campos de batalha secretos da Guerra Fria. Não só as Forças Especiais americanas estavam presentes lá, como também mais de 100 mil soldados do EVN operaram dentro de suas fronteiras apenas entre 1963 e 1971.

deste Asiático, estava treinando os militares tailandeses em técnicas de contra-insurgência. O resultado do seu trabalho foram as Unidades de Reforço Aéreo Policial, ou URAPs. Essa força de ataque móvel altamente treinada operava na vulnerável região de fronteira entre a Tailândia e o Laos contra os insurgentes comunistas. Em 1961, a missão da URAP foi expandida e a Air America levou vários detetives da CIA e equipes URAP para o norte do Laos para uma missão secreta especial. O fracasso do Exército Real do Laos havia desencadeado a necessidade de outra força militar pró-EUA no Laos.

Na solidez montanhosa do norte do Laos, viviam membros de uma cultura antiga chamados de Hmong. Com a sua própria língua e crenças, eles haviam resistido à absorção pela cultura ampla e dominante do Laos. Muitos Hmong consideravam o avanço dos comunistas e as suas promessas de revolução como uma ameaça à sua independência e ao seu modo de vida. Além disso, os comunistas haviam interrompido o lucrativo comércio de ópio dos Hmong. As equipes da CIA e URAP entraram nas vilas Hmong e disseram que os comunistas queriam tirar as terras deles, oferecendo então ajuda para que os Hmong se defendessem. No final de 1961, a CIA havia criado e equipado uma força indígena de mais de 10 mil homens da tribo Hmong. No sul do Laos, a CIA recrutou a tribo Theung, em um esforço para perturbar as linhas de suprimento comunistas. O esforço no sul, contudo, era secundário, porque era no norte que o controle do Laos seria conquistado ou perdido. A Air America teve de redobrar os seus esforços de abastecimento a partir de Udorn como resultado do recrutamento bem-sucedido. Os Estados Unidos agora tinham uma segunda força armada da qual poderiam tirar partido no Laos, e a guerra secreta parecia estar indo bem.

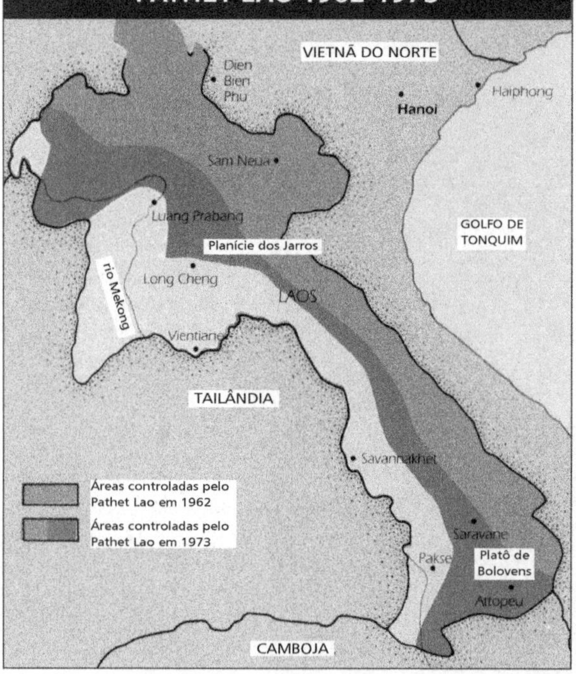

PATHET LAO 1962-1973

O ACORDO DE GENEBRA

Enquanto os Estados Unidos expandiam as suas operações secretas no Laos, Kennedy começou a pressionar por uma negociação de paz. Com problemas em Cuba e no Vietnã do Sul, Kennedy acreditava que o Laos seria um lugar inapropriado para um levante contra a União Soviética. Em maio de 1961, 14 nações, incluindo os EUA e a URSS, convocaram uma segunda Conferência de Genebra para tratar do futuro do Laos. Em 23 de julho de 1962, o novo Acordo de Genebra foi assinado. Esse acordo era um compromisso que objetivava a construção de um governo verdadeiramente neutro no Laos. Phouma seria primeiro-ministro do Laos e presidiria um governo de coalizão no qual o Pathet Lao e os monarquistas dividiriam o poder. Além disso, todas as forças americanas, soviéticas e norte-vietnamitas teriam de deixar o Laos. Cerca de 666 conselheiros militares americanos deixaram o país e abandonaram os seus aliados monarquistas e Hmong. Todos os conselheiros soviéticos também saíram. Contudo, aconteceu que os soviéticos exerciam pouca influência prática no Pathet Lao ou em seus aliados vietnamitas. Os norte-vietnamitas, que por razões logísticas tinham que manter o controle da sua fronteira com o Laos, retiraram apenas uma força simbólica de 40 soldados. Essa ação alarmou os EUA, pois a CIA estimava que cerca de 6 mil norte-vietnamitas permaneciam no Laos, violando assim o acordo alcançado em Genebra. Essa presença contínua preocupou Kennedy, mas ele havia atingido o seu objetivo principal de evitar um confronto de superpotências no Laos. Além disso, nessa época o interesse americano no Sudeste Asiático havia começado a mudar para o Vietnã do Sul. A guerra no Laos não havia acabado, mas se tornaria cada vez mais secreta, travada à sombra da guerra maior no Vietnã.

O RETORNO DA CIA

Os Estados Unidos logo começaram a reconstruir a sua presença secreta no Laos. Por meio de um ramo do programa USAID (Agência dos Estados Unidos para o Desenvolvimento Internacional) em Vientiane, os suprimentos militares chegaram às forças leais aos interesses americanos. Os carregamentos eram controlados pelo Grupo de Aconselhamento e Assistência Militar na Tailândia. Os Estados Unidos agora dependiam completamente da CIA para as operações militares dentro do Laos. Os seus detetives tinham de manter um nível de "negação plausível", significando que, se eles fossem pegos dentro das fronteiras do Laos, o governo americano os repudiaria.

A CIA reacendeu o seu relacionamento com os Hmong, e até mesmo levou vários homens da tribo, sob o comando do general Hmong Vang Pao, para treinamento na Tailândia. Mais uma vez, apenas os esforços dos pilotos "civis" da Air America tornaram possível essa guerra secreta, pilotando as suas minúsculas aeronaves em pequenas pistas de pouso em locais remotos e perigosos da selva, muitas vezes navegando apenas por estimativa.

OS MONTAGNARDS

Várias minorias étnicas distintas habitavam as montanhas do Sudeste Asiático. Os americanos que serviam no Vietnã do sul normalmente se referiam a eles como Montagnards, que é a expressão francesa para "pessoas da montanha". Sendo um povo tribal com estilo de vida comparativamente primitivo, o relacionamento entre os Montagnards e os vietnamitas era de animosidade e violência. Os vietnamitas os consideravam inferiores, e usavam o termo pejorativo *moi,* ou "selvagens", para descrevê-los. Dentro do leque dessas tribos de montanha estavam várias religiões e culturas distintas. Os principais povos eram os Jarai, os Rhade, os Sedang e os Bru. Eles, por sua vez, hostilizavam os vietnamitas, e fariam quase qualquer coisa para permanecerem independentes de seu governo.

DISTRIBUIÇÃO DE ARMAS AMERICANAS.

As Forças Especiais americanas e o supersecreto Grupo de Estudos e Observação (GEO) entraram no meio desse relacionamento dinâmico. Essas forças americanas contrataram os Montagnards como mercenários para lutar contra os norte-vietnamitas e o Vietcong, tanto dentro do Vietnã do Sul quanto como parte da guerra secreta americana conduzida no Vietnã do Norte, Laos e Camboja. Os Montagnards normalmente serviam com alegria, e com treinamento e armas modernas provaram ser amigos leais e guerreiros determinados. As forças Montagnard executaram várias funções durante a guerra americana no Vietnã do Sul: grandes grupos deles operavam os campos das Forças Especiais perto das fronteiras com o Camboja e o Laos no esforço para interditar suprimentos; e soldados Montagnard constituíam a maior parte do pessoal nas missões secretas do GEO dentro do Laos e do Camboja. Os Montagnards lutaram muito pela causa americana, mas a retirada americana os deixou vulneráveis a violentas operações de limpeza étnica nas mãos dos vitoriosos comunistas.

ESQUERDA: AGINDO COMO VIETCONGS, SOLDADOS DAS FORÇAS POPULARES NO VIETNÃ SUBMETEM-SE A UM EXERCÍCIO DE TREINAMENTO NO CENTRO DE LONG HAI, EM MARÇO DE 1970. O TREINAMENTO AMERICANO DAS FORÇAS VIETNAMITAS AUMENTOU RAPIDAMENTE CONFORME OS EUA COMEÇAVAM A RETIRAR SUAS TROPAS DA LINHA DE FRENTE.

Em 1963 e 1964, aconteceram certos eventos no Laos e na Tailândia que colocaram o Departamento de Estado Americano e o embaixador em Vientiane, Leonard Unger, a cargo dos esforços de guerra no Laos. O acordo de compartilhamento de poder estipulado pelo Acordo de Genebra rapidamente se rompeu, e o Pathet Lao, com os seus aliados norte-vietnamitas, começou mais uma vez a colocar pressão militar sobre o governo Phouma. A principal área de conflito era na região da Planície dos Jarros, onde as forças comunistas obtiveram vitórias contra o obsoleto exército laociano. Em uma reação à situação militar deteriorante, os EUA enviaram unidades da Força Aérea para a base da Air America em Udorn para treinar os pilotos tailandeses e laocianos em como fornecer apoio de combate aéreo ao Exército Real do Laos. Em um movimento muito secreto, a CIA recrutou vários pilotos americanos para voar missões de combate no Laos. Os americanos pilotavam aviões marcados com as cores da Força Aérea Real do Laos e eram chamados de "Equipe A". Unger também pressionou Phouma a permitir voos ostensivos de reconhecimento da Força Aérea e Marinha americanas, de codinome "Equipe Yankee", sobre o território controlado pelos comunistas. Unger e o Departamento de Estado americano controlavam as operações tanto da "Equipe A" quanto dos voos de reconhecimento.

Soldados do Grupo de Estudos e Observação enfrentavam um futuro terrível se fossem capturados. Sem o reconhecimento governamental de sua presença, e com várias mortes de Vietcongs/EVN em suas mãos, eles eram muitas vezes sujeitos a tortura.

A GUERRA CRESCE

Em novembro de 1964, um novo líder, o novo embaixador americano William Sullivan, assumiu a guerra secreta no Laos. Ele exercia um poder sem precedentes para um diplomata, chegando a prevalecer sobre o general William Westmoreland nas questões referentes ao Laos. O seu poder derivava do papel que Kennedy tinha dado a

ESQUERDA: OS EUA UTILIZARAM MUITAS AERONAVES CIVIS PARA CONDUZIR SUAS MISSÕES DE RECONHECIMENTO SOBRE TERRITÓRIOS COMO O LAOS E O CAMBOJA. A AERONAVE AQUI É UMA N91572 ICCS DA BASE AÉREA DE TAN SON NHUT, NO VIETNÃ DO SUL.

ABAIXO: A AERONAVE DE ABASTECIMENTO AMERICANA GARANTIU QUE MUITAS UNIDADES DE OPERAÇÕES ESPECIAIS PERMANECESSEM OPERÁVEIS EM CAMPO POR LONGOS PERÍODOS.

Unger, mas Sullivan aumentou tanto o seu poder quanto o envolvimento americano. Sullivan comandou a força de conselheiros americanos no Laos, agentes da CIA, Air America, voos da Força Aérea e da Marinha americana, assim como o exército irregular Hmong, sob o controle de Vang Pao.

Em 1964, o exército Hmong havia se tornado uma força de batalha formidável, aconselhada e abastecida pelos agentes da CIA de Sullivan. Dentro do exército Hmong, existia a Unidade Especial de Guerrilha. A sua tarefa era atormentar as posições comunistas e as linhas de abastecimento, especialmente durante a estação das monções. Nesse período, as chuvas torrenciais forçavam o Pathet Lao e os seus aliados vietnamitas a operar ao longo das estradas. Os Hmong, utilizando a mobilidade superior fornecida pela Air America, lançavam ataques para destruir o sistema de logística dos comunistas. Quando chegava a estação seca, os comunistas contra-atacavam e capturavam metodicamente as vilas montanhosas dos Hmong. A guerra secreta entre os Hmong e os comunistas seguiu esse padrão até o final do conflito no Laos. No final da década de 1960, os choques entre os dois lados tinham crescido em tamanho e intensidade. Companhias Hmong inteiras utilizavam táticas aeromóveis, ajudados pela Air America, para atacar de helicóptero o território inimigo. Quando essas operações aconteciam, Controladores Aéreos Avançados (CAAs) especiais secretos, ou "Ravens", sobrevoavam a região, e os ataques aéreos da CIA, Força Aérea e Marinha americana esmagavam as posições comunistas. A guerra, embora ainda encoberta, havia se tornado de algum modo mais tradicional do que o conflito crescente no Vietnã do Sul, e tão intensa quanto. Podemos utilizar

ACIMA: UMA AERONAVE LEVE DECOLA DE SUA PISTA EMPOEIRADA. SUA CAPACIDADE DE FAZER ATERRISSAGENS CURTAS A TORNAVA IDEAL PARA O DESLOCAMENTO DAS OPERAÇÕES ESPECIAIS.

UMA MISSÃO DO GEO EM PROGRESSO.

GEO

Em 1964, os Estados Unidos formaram o supersecreto Grupo de Estudos e Observação (GEO) para coordenar a atividade clandestina tanto dentro quanto fora do Vietnã do Sul. A unidade voluntária era subdividida em cinco seções, cujas missões incluíam de tudo: desde guerra psicológica até infiltrações no Vietnã do Norte. O GEO contornava a cadeia de comando normal, e seu comandante se reportava diretamente ao Estado-Maior Conjunto. Com frequência o próprio presidente tinha de aprovar missões muito delicadas do GEO. Suas unidades, normalmente equipes de 12 homens formadas de três americanos e nove soldados indígenas, tinham como uma de suas principais missões a vigilância transfronteiriça da Trilha Ho Chi Minh. Além disso, as unidades GEO resgatavam pilotos abatidos, sabotavam material comunista, resgatavam prisioneiros e executavam assassinatos. As unidades GEO eram normalmente inseridas no Camboja ou no Laos por helicóptero, e eles tentavam impedir sua detecção enquanto vigiavam as atividades de abastecimento comunistas. As unidades estavam no coração do território inimigo, e se fossem detectadas tinham de solicitar a evacuação de emergência via helicóptero ou enfrentar a aniquilação. Uma vez em posição de segurança, o GEO poderia direcionar ataques aéreos devastadores sobre as posições inimigas no Camboja e no Laos. Conforme a guerra continuava, essas missões se tornaram cada vez mais perigosas, já que os norte-vietnamitas começaram a devotar mais tempo e esforços para interrompê-las. No final, cerca de 40 mil soldados comunistas foram designados para guardar a Trilha Ho Chi Minh face à ameaça do GEO. Embora o GEO tentasse normalmente evitar a batalha, quando forçado a lutar era uma unidade muito eficiente – estima-se que esses guerreiros secretos mataram 150 soldados inimigos para cada membro seu perdido em batalha.

a quantidade de bombas para ilustrar a extensão da guerra no Laos e o envolvimento clandestino dos EUA – em 1967 e 1968 as forças americanas lançaram 500 mil toneladas de bombas no Vietnã do Norte, e neste mesmo período lançaram 350 mil toneladas de bombas no Laos. O aumento da intensidade da luta no Laos tinha um lado muito obscuro. Uma feroz rivalidade se desenvolveu entre os Hmong e os comunistas, e ambos se envolveram em atrocidades. O Pathet Lao e os norte-vietnamitas começaram a abominar os Hmong, e adotaram como objetivo a destruição completa dos seus temíveis adversários de minoria étnica.

Outro aspecto da guerra dos Hmong era o reconhecimento em território inimigo. Especialmente devido à ampliação do conflito no Vietnã do Sul, os Estados Unidos começaram a precisar desesperadamente de informações sobre o tráfego na Trilha Ho Chi Minh. Os Hmong, junto com as forças irregulares secretas tailandesas, formavam as unidades de comando Road Watch (RW) para empreender essas missões importantes. As missões de inserção via helicóptero, apelidadas de "Expresso Pônei", carregavam essas equipes de RW para os seus lugares finais, às vezes até mesmo dentro do Vietnã do Norte. Enquanto estavam lá, as pequenas equipes tentavam evitar serem detectadas e vigiar o tráfego no sistema da trilha. As informações de inteligência eram então transmitidas via rádio para aeronaves que sobrevoavam a área para avaliação. O EVN sabia que estava sendo observado, e fez o máximo, incluindo o uso de cães farejadores, para localizar e destruir as equipes Hmong. Essas valiosas missões de vigilância resultaram, assim, em uma alta taxa de mortalidade entre os comandos Hmong.

UMA GUERRA SECRETA SE TORNA PÚBLICA

Em 1969, o Congresso americano, que estava ciente do segredo mal guardado do envolvimento americano no Laos, começou a realizar audiências sobre a guerra secreta. Em março de 1970, o presidente Nixon foi forçado a anunciar que os Estados Unidos tinham mais de mil cidadãos trabalhando pelo e com o exército laociano. Entretanto, nem os soviéticos nem os chineses fizeram disso um problema, e a guerra continuou como estava, embora mais publicamente.

Também naquele ano, a força Hmong irregular de Vang Pao fez uma aposta ambiciosa e desesperada pela vitória na Planície dos Jarros. O ataque surpresa, de codinome Operação Reviravolta, pegou os vietnamitas e o Pathet Lao desprevenidos, e inicialmente conseguiu uma grande vitória. Entretanto, os comunistas se reagruparam e contra-atacaram os Hmong com uma força armada de tamanho considerável. Vang Pao estava virtualmente sem defesas contra tal ataque, e o Laos parecia pronto, finalmente, a cair diante do comunismo. Em um esforço para resgatar o seu aliado cambaleante, os americanos liberaram ataques de B-52 sobre os comunistas pela primeira vez, e a Planície dos Jarros acabou sofrendo uma imensa destruição. A força Hmong havia sido salva, mas o impulso do conflito fora irrevogavelmente transferido para os comunistas.

ABAIXO: UMA AERONAVE DE ABASTECIMENTO AMERICANA ACELERA PARA A DECOLAGEM.

O Exército Real do Laos era uma força fraca e corrupta, incapaz de enfrentar o inimigo à altura, não importasse o tamanho da ajuda americana. Por esse motivo os Hmong aguentaram o fardo da guerra secreta no Laos por anos. Os efeitos dessa luta estavam começando a aparecer. Os Hmong haviam contabilizado cerca de 10 mil vítimas fatais, e mais de 100 mil pessoas do seu povo foram forçadas a fugir da sua terra natal ancestral. As perdas constantes forçaram os Hmong a convocar guerreiros de 13 anos de idade em 1970. Embora continuassem lutando, Vang Pao e o seu exército tribal foram derrotados. Eles dependiam do apoio aéreo americano contínuo para sobreviver. A sua força, contudo, já havia se esgotado, e era apenas questão de tempo antes que os seus inimigos implacáveis do Pathet Lao e do Vietnã os caçassem todos.

UM TIPO DE PAZ

O envolvimento americano no Laos foi reduzido na década de 1970, seguindo o padrão do final da Guerra do Vietnã. Em 1972, havia conversas de paz em Vientiane, mesmo com os Hmong ainda lutando contra os comunistas. Phouma e o governo do Laos perceberam que os Estados Unidos estavam finalizando o seu envolvimento no Sudeste Asiático, deixando-os sem nenhum apoio significativo para enfrentar os comunistas. Sentindo-se abandonado, em 21 de fevereiro de 1971 o governo definiu um acordo de compartilhamento de poder com o Pathet Lao. O Laos se tornou uma nação neutra, e mais uma vez as forças americanas saíram do país, embora até 60 mil norte-vietnamitas não tivessem feito o mesmo. Mas, assim como o cessar-fogo no Vietnã do Sul, a paz no Laos foi curta.

O Pathet Lao e os seus aliados vietnamitas continuaram a colocar pressão sobre o cambaleante exército Hmong e os seus aliados ineptos do Exército Real do Laos. O governo e o reduzido pessoal americano restante tentaram trazer uma trégua para o combate, mas não conseguiram. De várias maneiras, os Estados Unidos haviam ini-

ABAIXO: UMA PISTA DE POUSO AMERICANA CLANDESTINA. COMO OS SOLDADOS AMERICANOS NÃO TINHAM JURISDIÇÃO OFICIAL EM UM LUGAR COMO O LAOS, AS AERONAVES MILITARES NÃO ERAM UTILIZADAS.

ciado, e financiado, a guerra no Laos, e sem um auxílio militar americano maciço as forças do governo estavam perdidas em relação ao que fazer. O Pathet Lao obteve vitória atrás de vitória e, dentro de um curto período, a maioria dos membros não comunistas do governo já havia reconhecido o inevitável e fugido para a Tailândia. Quanto aos Hmong, que eram apenas simples fazendeiros antes da CIA os recrutar para lutar uma guerra americana, o seu fim estava próximo. Conforme os comunistas se aproximavam para a matança, Vang Pao suplicou ajuda aos Estados Unidos – e recebeu. Em sua última grande operação na guerra secreta, os Estados Unidos utilizaram o poder aéreo para remover vários milhares de Hmong da sua última base perto da Planície dos Jarros. A maior parte deles se tornariam refugiados na Tailândia. Aqueles que não conseguiram fugir se tornaram vítimas da selvagem limpeza étnica que os comunistas fizeram por toda a nação. Em dezembro de 1975, o Pathet Lao proclamou a fundação da República Democrática Popular Lau. Os Estados Unidos haviam perdido a guerra secreta.

INCURSÕES AO LAOS E AO CAMBOJA

CAMBOJA

Os esforços dos Estados Unidos no Camboja tiveram um formato bem diferente daqueles da guerra secreta no Laos. O Camboja, sob o poder de Norodom Sihanouk, havia alcançado a sua independência da França em 1953, e se tornou neutro como resultado do Acordo de Genebra de 1954. Sihanouk, esperando manter a sua nação fora da conflagração crescente no Sudeste Asiático, tentou permanecer neutro e equilibrar a sua nação entre as demandas conflitantes dos comunistas e dos Estados Unidos. O fracasso condenou a sua nação a um holocausto.

Inicialmente, Sihanouk buscou a ajuda dos Estados Unidos durante a formação do seu exército. Vendo o Camboja como um possível baluarte contra o comunismo, os Estados Unidos forneceram a Sihanouk um fundo de mais de 85 milhões de dólares, e estabeleceram um Grupo de Aconselhamento e Assistência Militar de trinta pessoas no Camboja para auxiliar no treinamento do exército cambojano. Diferente do Laos, o Camboja não sofria com nenhuma insurgência comunista

A partir de 1965, a presença comunista no Camboja aumentou gradualmente em força e confiança. Os Estados Unidos encontraram outra ameaça ao vizinho Vietnã e se voltaram ao seu poder aéreo e às Forças Especiais.

ESQUERDA: UM GRUPO DE GUERRILHEIROS DO KHMER VERMELHO SE MOVE PELO INTERIOR NO OESTE DO CAMBOJA.

nativa dimensionável. A ameaça vinha dos norte-vietnamitas que cobiçavam as regiões de fronteira do Camboja para utilizar no complexo da Trilha Ho Chi Minh.

AS RELAÇÕES AMERICANAS DESMORONAM

O casamento de conveniência entre o Camboja e os Estados Unidos logo se tornou problemático. Conforme a guerra se intensificava no Vietnã do Sul, ela entrava pelo Camboja. Em 1960, as tropas norte-vietnamitas estavam utilizando abertamente o nordeste do Camboja para se infiltrarem no Vietnã do Sul. Ainda mais sério era o fato de que as forças do EVN e do Vietcong estavam construindo bases logísticas dentro das fronteiras do Camboja para utilizarem como santuários em sua guerra. Sihanouk, de novo pouco disposto a envolver o seu país diretamente na guerra crescente, fez um protesto formal, mas continuou a fechar os olhos para as ações. O exército cambojano, então, monitorava a atividade comunista no Camboja, mas não interferia diretamente.

ABAIXO: REFUGIADOS CIVIS RUMO À FRONTEIRA COM A TAILÂNDIA ATRAVÉS DOS CAMPOS INUNDADOS DA ESTAÇÃO DE MONÇÕES. A POPULAÇÃO DO CAMBOJA SE TORNOU, POR FIM, VÍTIMA DE UM DOS MAIORES GENOCÍDIOS DA HISTÓRIA.

Os Estados Unidos consideravam as atitudes de Sihanouk quixotescas. Ele aceitara a ajuda dos Estados Unidos, mas parecia não fazer nada de construtivo com ela. Embora impedidas de entrar no Camboja pelo Acordo de Genebra, as forças sul-vietnamitas e os conselheiros americanos muitas vezes seguiam as forças Vietcong além da fronteira em "perseguição". Os cambojanos protestaram

DANIEL BOONE

Em maio de 1967, a corrente de suprimentos através do Camboja para as forças comunistas no Vietnã do Sul tinha se tornado tão importante para apoiar a guerra que os Estados Unidos autorizaram o GEO a realizar missões clandestinas de vigilância – conhecidas como missões "Daniel Boone" – para localizar o complexo da Trilha Ho Chi Minh. As forças americanas operariam em um ambiente "estéril", indicando que usariam uniformes simples, sem identificação, e normalmente armados com as AK-47S do inimigo. As unidades GEO receberam instruções para evitar o combate a qualquer custo, e se o pessoal americano fosse capturado seria repudiado. Uma dessas missões "Daniel Boone" aconteceu em 1969. A inteligência americana acreditava que tinha localizado no Camboja o sempre esquivo COSVN, quartel-general do comando comunista no Sul. Em abril de 1969, um ataque Arc Light esmagou o COSVN, mas os Estados Unidos necessitavam de uma prova da eficácia do ataque. Para isso, o GEO preparou uma companhia "Hatchet Force" para mapear os danos e ela foi inserida por helicóptero enquanto as bombas dos B-52s explodiam. A operação resultante foi desastrosa. Os homens do GEO aterrissaram dentro de uma área de defesa preparada pelos comunistas e caíram quase imediatamente frente ao tiroteio fulminante do inimigo. De fato, o tiroteio era tão pesado que os helicópteros não conseguiram voltar para uma evacuação. Em um esforço para salvar seus compatriotas, vários soldados do GEO entraram de cabeça no campo de fogo devastador ao redor do COSVN. Somente depois de um apoio de bombardeiros, o GEO conseguiu evacuar a área. Suas perdas foram pesadas e a bravura e sacrifício dos soldados passaram despercebidos, pois suas ações eram tão secretas que eles não puderam receber medalhas. Se fossem mortos, seriam listados como desaparecidos ou então como tendo sido mortos dentro do Vietnã do Sul.

FORÇAS ESPECIAIS EM PATRULHA.

Durante as missões secretas de bombardeamento sobre o Camboja, pilotos de B-52 decolavam esperando atacar alvos no Vietnã do Sul, apenas para serem redirecionados no meio do voo para um destino transfronteiriço.

contra tais ações e, em resposta, abriram relações diplomáticas com a China em 1958. Sihanouk também se convenceu que a CIA estava por trás de um plano secreto para o depor do poder e o substiuir por um anticomunista mais vigoroso. Ele estava enfrentando uma insurgência da direita no Camboja, liderada pelo Khmer Serei, um levante que Sihanouk acreditava ser apoiado pelos Estados Unidos. A situação piorou em 1965, quando as forças americanas no Vietnã do Sul começaram a recrutar forças irregulares de uma minoria cambojana, conhecida como Khmer Krom, para o serviço do Grupo de Estudos e Observação (GEO). Essa minoria étnica também era parte vigorosa da insurgência contra o governo de Sihanouk, e o relacionamento entre ele e os Estados Unidos ruiu rapidamente. Em 1965, o Camboja cortou as relações diplomáticas com os Estados Unidos, e todos os conselheiros militares americanos foram forçados a deixar a nação.

ENVOLVIMENTO COMUNISTA

O Camboja começou então a receber apoio militar do bloco comunista. Além disso, Sihanouk permitiu que os norte-vietnamitas

Esquerda: Um comandante das Forças Especiais americanas inspeciona os armamentos dos soldados da Força Móvel de Ataque Vietnamita, treinada por conselheiros e especialistas americanos.

acessassem o porto de águas profundas de Sihanoukville. A partir de lá, os suprimentos fluíam para as bases florescentes do EVN e do Vietcong junto à fronteira do Camboja com o Vietnã do Sul. Ironicamente, à medida que esquentavam as relações do Camboja com os comunistas, um levante camponês em 1967 levou à formação de uma insurgência comunista contra Sihanouk, liderada por Saloth Sar (vulgo Pol Pot) a cargo do Khmer Vermelho.

Os Estados Unidos estavam cientes do desenvolvimento comunista e do seu sistema de bases no Camboja. Equipes das Forças Especiais, com alguns mercenários locais, estavam cruzando a fronteira desde 1967. As chamadas missões "Daniel Boone" eram projetadas para descobrir e monitorar essas bases e as atividades dos comunistas. Como a Ofensiva do Tet havia deixado claro, essas bases eram cruciais para a estratégia geral comunista na guerra. Conforme os Estados Unidos começavam a sua lenta retirada do conflito, ou vietnamização, a importância dessas bases cambojanas crescia. A destruição das bases daria aos sul-vietnamitas o tempo necessário para se prepararem para a sua própria defesa.

Abaixo: Um soldado do governo guarda um santuário em Phnom Penh, Camboja.

MISSÕES DE BOMBARDEIO SECRETAS

Em maio de 1969, os Estados Unidos lançaram uma série de missões de bombardeio sobre as bases no Camboja, apelidadas de "Menu Series". Os ataques tinham ao menos o apoio tácito do sempre oscilante Sihanouk, que agora temia a presença comunista extensiva no seu país. Durante as "Menu Series", bombardeiros americanos B-52 fizeram cerca de 3.630

DIREITA: BLINDADOS AMERICANOS SE PREPARAM PARA ENTRAR EM AÇÃO DURANTE UMA INVASÃO AO CAMBOJA EM MAIO DE 1970.

ataques ao Camboja. Esses ataques violavam o Acordo de Genebra, e eram, portanto, mantidos em segredo do povo americano. Os pilotos dos B-52 recebiam localizações para bombardeio no Vietnã do Sul, e eram redirecionados para o Camboja apenas na metade do voo. Além disso, o Pentágono recorreu a um sistema de "relatório duplo" das suas missões para poder falsificar os relatórios e manter as atividades em segredo do Congresso americano.

Os ataques foram eficazes, e levaram os comunistas para o interior do Camboja, em busca de refúgios mais seguros. Essa ação forçou o confronto entre os comunistas e as forças cambojanas. Um membro poderoso do governo Sihanouk, General Lon Nol, acreditava que o primeiro-ministro não estava agindo com vigor suficiente contra esse inimigo interno e, em março de 1970, deu um golpe e formou um governo muito mais favorável aos EUA.

ABAIXO: SOLDADOS AMERICANOS SEGUEM ATRÁS DO AVANÇO DAS TROPAS DO ERV DURANTE A OPERAÇÃO LAM SON 719, A INVASÃO SUL-VIETNAMITA AO LAOS NO INÍCIO DE 1971.

LON NOL E A QUEDA DO CAMBOJA

Os comunistas temiam que Lon Nol fizesse o que Sihanouk nunca fez e permitisse que os EUA agissem no Camboja. Por isso, começaram a mover os seus refúgios seguros ainda mais para o interior do Camboja. O processo se apressou quando as forças americanas e sul-vietnamitas invadiram o Camboja, no final de abril de 1970. Para os propósitos da Guerra do Vietnã, a invasão foi um sucesso, deslocando as linhas de abastecimento comunistas. Entretanto, a invasão teve consequências de maior alcance para o regime de Lon Nol. Os norte-vietnamitas em retirada conquistaram grande parte do nordeste do Camboja e entregaram a terra para o Khmer Rouge, uma força que agora contava com o popular Sihanouk no seu meio. Esse desenrolar revigorou e fortaleceu uma insurgência comunista que estivera moribunda.

Enquanto crescia a ameaça ao regime de Lon Nol, renovava-se também a ajuda americana ao governo sitiado. Entre 1970 e 1975, os Estados Unidos enviariam cerca de 1,8 bilhão de dólares em auxílios, em um esforço para conter o avanço do comunismo. Entretanto, o exército cambojano, assim como o Exército Real do Laos, não se equiparava à força crescente do Khmer Vermelho ou dos seus aliados norte-vietnamitas.

As incursões americanas ao Laos e ao Camboja obtiveram algum sucesso militar, mas apenas enfureceram a opinião pública e tornaram ainda mais difícil prosseguir com a guerra no próprio Vietnã do Sul.

Em 1973, no final do envolvimento americano no Vietnã do Sul, o Khmer Vermelho controlava cerca de 70% do interior do Camboja. As forças de Lon Nol haviam sofrido uma série de reveses militares e retornado para a capital Phnom Penh. O Khmer Vermelho estava pronto para destruir as forças do governo e acabar com a guerra no Camboja. Contudo, o presidente Nixon ainda não estava pronto para "perder" o Camboja e liberou novamente os B-52s. Os ataques, também conhecidos como Arc Light, tinham continuado de maneira bem inconstante desde as "Menu Series", quando e como fossem necessários. Entretanto, o peso do bombardeio utilizado para defender Phnom Penh foi sem precedentes. Os ataques levaram o Khmer Vermelho de volta ao interior, tendo causado a ele perdas consideráveis. Eles não retornariam à capital por quase dois anos.

Os ataques aéreos, contudo, tiveram efeitos terríveis tanto para o Camboja, quanto para o próprio regime de Lon Nol. Ao todo, foram lançadas cerca de 540 mil toneladas de bombas sobre o Camboja, mais de três vezes a quantidade lançada sobre o Japão na Segunda Guerra Mundial. Os bombardeios destruíram a frágil economia cambojana e mataram mais de 100 mil pessoas. Lon Nol agora não tinha nada para defender a não ser refugiados, e com um exército que estava se desintegrando. À medida que crescia a pressão nos Estados Unidos para terminar todo o envolvimento militar no Sudeste Asiático, o regime cambojano perdia o seu último apoiador. Quando ficou claro para o Khmer Vermelho que os B-52s não retornariam, eles atacaram e mais uma vez caíram sobre a capital. Os bombardeios tinham desempenhado um papel fundamental para converter o Khmer Vermelho em uma máquina brutal de assassinatos. Em abril de 1975, o Khmer Vermelho tinha emergido vitorioso e começava a cobrar uma terrível vingança sobre os seus inimigos.

ABAIXO: SOLDADOS VITORIOSOS DO KHMER VERMELHO ENTRAM EM PHNOM PENH DEPOIS DA DERROTA FINAL DAS FORÇAS DO GOVERNO. ESSA VITÓRIA ERA APENAS O INÍCIO DOS PROBLEMAS SANGRENTOS DO CAMBOJA.

Capítulo 11

O Front Doméstico

Um soldado americano monta guarda diante de um prédio em chamas em Washington, D.C., depois das revoltas que se seguiram ao assassinato de Martin Luther King Jr. A época da Guerra do Vietnã foi marcada por intensos protestos civis e convulsões políticas no mundo inteiro, e a violência começou a se alastrar para além das fronteiras do Sudeste Asiático.

A televisão coloca a realidade do combate na Guerra do Vietnã diretamente na casa das pessoas. Elas muitas vezes se chocavam com o que viam, e esse choque se transformou em protestos furiosos contra a política governamental americana.

Os Estados Unidos entraram na Guerra do Vietnã como uma sociedade, em geral, unida a favor do conflito. Contudo, em poucos anos, o apoio à guerra diminuiu e o país parecia estar à beira de uma revolução. A Guerra do Vietnã não pode ser isolada dos anos 1960, e os atritos raciais e sociais que assolaram a nação durante o período interagiram com a guerra e o sistema de recrutamento de maneira dinâmica. Essas forças relacionadas convergiram em 1968, um ano de assassinatos, revoltas e atritos políticos. Nesse ano, o destino da Guerra do Vietnã foi decidido no *front* doméstico.

A era do Vietnã era turbulenta, e alguns historiadores acreditam que os Estados Unidos chegaram bem perto de uma revolução. Embora essa afirmação pareça exagerada, é seguro dizer que as rachaduras no "edifício" americano foram as mais sérias desde a Guerra Civil Americana. Os anos 1960 teriam sido uma década difícil para os Estados Unidos mesmo

DIREITA: O PODER DA MÍDIA. UM CORRESPONDENTE DE GUERRA AMERICANO APRESENTA UMA REPORTAGEM EM FRENTE À CÂMERA EM UMA BASE MILITAR, PARA SER TRANSMITIDA MAIS TARDE NOS EUA.

A GRANDE SOCIEDADE

A presidência de Lyndon Johnson era centrada na implementação do que ele chamava de sua "Grande Sociedade", o que implicava em mudanças decisivas na estrutura da sociedade e da economia para tornar os Estados Unidos um país mais inclusivo. Para isso, Johnson alterou fundamentalmente o estado social americano, e aprovou uma legislação considerável de apoio aos direitos civis. O Ato dos Direitos Civis e o Ato dos Direitos de Voto afastaram a segregação legalizada no Sul do país, mas não conseguiram afastar a violência e a intolerância racial. Johnson trabalhou arduamente para tornar real a sua Grande Sociedade. Tão arduamente que, de fato, ele teve pouco tempo para se dedicar à guerra que florescia no Vietnã. O comandante em chefe dos Estados Unidos estava distraído. Além disso, Johnson acreditava que precisava reter o apoio da maioria dos americanos para conseguir implementar seu plano de mudanças sociais decisivas. Como resultado, ele não estava disposto a arriscar o consenso nacional ao envolver o país em uma guerra verdadeira no Vietnã. Dessa forma, em parte por causa de sua preocupação com a unidade política a favor do projeto da Grande Sociedade, Johnson colocou limites no envolvimento da nação no Vietnã, limites esses que tornariam a guerra impossível de se vencer. No fim, a aposta fracassou e a perda da guerra destruiu o consenso nacional pela reforma, condenando a Grande Sociedade ao fracasso. Johnson deixaria a presidência como um homem vencido, tendo fracassado tanto no Vietnã quanto no *front* doméstico.

UMA PASSEATA A FAVOR DOS DIREITOS CIVIS, 1965.

ESQUERDA: IMAGENS COMO ESTA, ENVOLVENDO CIVIS, SERVIRAM APENAS PARA INFLAMAR O SENTIMENTO ANTIGUERRA NOS ESTADOS UNIDOS.

ABAIXO: UM MONGE BUDISTA DE 73 ANOS QUEIMA A SI MESMO ATÉ A MORTE EM UM PROTESTO CONTRA O GOVERNO DE SAIGON. EM 1963, ESTE RETRATO CHOCOU O OCIDENTE.

sem a guerra: chegara a era dos direitos civis e da igualdade dos sexos; a geração "baby boom" atingira na idade de exigir o que lhe era devido; nascia o estado social americano; a contracultura experimentava as drogas e novas maneiras de pensamento; e o *rock'n'roll*, um gênero musical novo, mas decadente, tornava-se a linguagem da época. Só esses fatores já teriam sido suficientes para forçar uma difícil transformação social sobre os EUA. Quando se adicionou a dificuldade do Vietnã a essa mistura, ficou pesado demais para o corpo político americano suportar. O destino da década e o da guerra estão tão interligados que, para entender o resultado da guerra, devemos compreender a natureza da década e da vida no *front* doméstico durante ela.

Nos anos 1950, os Estados Unidos haviam sido uma superpotência segura. Com o confiável presidente Eisenhower no comando, os Estados Unidos pareciam estar imunes aos desafios externos e livres de conflitos internos. Embora a União Soviética tivesse "a bomba", os Estados Unidos mantinham uma vantagem significativa no poder mundial. Em casa, ninguém questionava a autoridade, e a família americana lembrava a família perfeita retratada no programa de TV *Leave it to Beaver*. A nova década de 1960 despontou com a eleição do jovem carismático John F. Kennedy para a presidência. Kennedy

DIREITA: UMA INVERSÃO DESAFIADORA DA FILOSOFIA HIPPIE ESTÁ ESCRITA NO CAPACETE DESTE SOLDADO AMERICANO NO VIETNÃ. O ABISMO PSICOLÓGICO ENTRE OS VETERANOS DO VIETNÃ E OS CIVIS AMERICANOS PODIA SER PROFUNDO.

ABAIXO: MARTIN LUTHER KING JR. LIDERA UMA MULTIDÃO DE CERCA DE 10 MIL PESSOAS DURANTE UMA MARCHA DE PROTESTO DE 80 KM NO ALABAMA, EM 25 DE MARÇO DE 1965.

exortou o povo americano a se questionar: Não pergunte o que seu país pode fazer por você. Pergunte o que você pode fazer por seu país". Tudo isso representava uma nova e promissora década para a América.

OS TURBULENTOS ANOS 1960

Debaixo da calma superfície, entretanto, estavam correntes que ameaçariam a unidade de propósito do país durante a década vindoura. Acima de tudo, a decisão marcante da Suprema Corte americana no caso Brown *versus* Conselho de Educação descartava as escolas segregadas, lançando luz sobre os relacionamentos raciais americanos e alimentando o Movimento pelos Direitos Civis. Os defensores dos direitos civis encontraram o seu líder em Martin Luther King Jr. A nação e o mundo observaram maravilhados enquanto Luther King liderava marchas pacíficas de protesto contra as iniquidades do Sul segregado. Entretanto, os sulistas brancos não queriam mudar – pacificamente ou de qualquer outra maneira. Luther King foi preso várias vezes, os

seus manifestantes foram espancados, líderes foram assassinados e o movimento racista Ku Klux Klan aterrorizava à noite. Os defensores dos direitos civis perseveraram, e aperfeiçoaram as táticas de desobediência civil, tais como os protestos passivos, que mais tarde seriam adotadas pelos manifestantes antiguerra. Kennedy, que estava iniciando o envolvimento americano no Vietnã, teve de intervir no que se tornava uma situação cada vez pior. Contudo, antes que pudesse fazer qualquer diferença substancial, ele foi assassinado, deixando a guerra e os problemas do *front* doméstico para o seu sucessor, Lyndon B. Johnson.

ESQUERDA: À MEDIDA QUE CRESCIA O ENVOLVIMENTO AMERICANO NO VIETNÃ, AUMENTAVAM OS PROTESTOS EM CASA. AQUI, MANIFESTANTES ATRAVESSAVAM A AVENIDA PENSILVÂNIA EM FRENTE À CASA BRANCA, DIVULGANDO A SUA MENSAGEM EM FAIXAS E POR MEIO DE MÚSICAS.

O INÍCIO DOS PROTESTOS

Quando o envolvimento americano na Guerra do Vietnã se iniciou em 1965, a política social e externa de Johnson desfrutava de amplo apoio. A maioria dos americanos acreditava na teoria de contenção da Guerra Fria e concordava que a defesa do Vietnã do Sul era crítica para a segurança do seu próprio país. Entretanto, a maneira como os Estados Unidos se envolveram no conflito despertou suspeitas entre muitas pessoas, somando-se aos problemas. Várias inconsistências, desde as promessas de campanha de que os "meninos" americanos não seriam enviados ao Vietnã para lutar uma guerra, até as aparentes mentiras acerca do incidente do Golfo de Tonquim e da natureza ditatorial do regime no Vietnã do Sul, causaram dúvidas em relação ao papel americano no Sudeste Asiático. Muitos americanos criticavam Johnson e esperavam que ele lançasse ataques mais devastadores sobre o Vietnã do Norte e terminasse a guerra rapida-

Embora o poder político dos manifestantes fosse limitado em vários sentidos, o espírito antiguerra foi assimilado por um eleitorado mais amplo e deixou os líderes governamentais parecendo politicamente indecisos.

mente. Mais notáveis, contudo, eram os manifestantes que acreditavam que o país deveria deixar o conflito. Os sentimentos antiguerra estavam concentrados nas universidades, onde se formavam grupos de protesto, o mais importante deles ficou conhecido como o grupo *Estudantes por uma Sociedade Democrática*.

Abaixo: O eminente pediatra Dr. Benjamin Spock encara uma coletiva de imprensa antiguerra. Ele foi um dos vários manifestantes de alto nível.

Os elementos antiguerra eram um grupo amorfo. Em virtude de sua desorganização, os manifestantes nunca exerceram nenhum poder político verdadeiro, embora fossem adeptos de causar problemas e dominar as manchetes. A maioria dos manifestantes era estudante ou membro da contracultura que acreditava vagamente que o envolvimento americano no Vietnã era errado e que participava dos protestos como parte da "coisa certa" a se fazer. Havia, contudo, alguns grupos menores de pessoas que eram verdadeiros radicais e procuravam derrubar o sistema existente. O grupo mais infame era o *Weathermen* (Homens do Tempo), anarquistas que bombardearam prédios do Corpo de Treinamento de Oficiais da Reserva (CTOR). Os protestos mais populares, então, tinham como objetivo terminar um conflito que estava desperdiçando vidas americanas – não uma reestruturação do poder dentro dos Estados Unidos. Assim, por mais dolorosos que fossem os protestos, eles nunca prenunciaram a revolução.

DESERÇÕES E DECISÕES

Para aumentar as preocupações de Johnson, eventos no *front* doméstico apenas alimentaram o fogo dos protestos. Em fevereiro de 1966,

Direita: Cartões de recrutamento são depositados em uma caixa em uma manifestação em frente a um Edifício Federal em São Francisco.

O RECRUTAMENTO

O sistema de recrutamento nos Estados Unidos durante a Guerra do Vietnã causou um clamor público. Talvez o aspecto mais controverso do recrutamento fosse o número de adiamentos disponíveis para aqueles com o dinheiro ou inteligência suficiente. Antes de tudo, os estudantes universitários eram dispensados do serviço militar durante seus anos de estudo. As matrículas nas universidades e faculdades dispararam quando toda a geração "baby boom" aproveitou totalmente essa brecha. As universidades, que já eram bastiões do liberalismo, se encheram de estudantes em idade de recrutamento que queriam evitar desesperadamente o serviço militar na guerra. Por essa razão todas as universidades, desde Berkley até Harvard, se tornaram centros do sentimento antiguerra. Existiam outras formas de dispensa para aqueles que não frequentavam a universidade: era sabido que a Guarda Nacional não seria enviada para o Vietnã, então a lista de espera para essa forma "segura" de serviço militar cresceu para números impressionantes; o laudo de um médico compreensivo afirmando para a junta de recrutamento que o recrutado era fraco já era o suficiente; os homossexuais e os homens casados com filhos não precisavam servir; e profissionais liberais recebiam a dispensa – em resumo, homens com conexões e dinheiro poderiam evitar o serviço militar se assim desejassem.

DIRIGINDO-SE AO RECRUTAMENTO.

O resultado das injustiças do recrutamento foi um exército que dependia de recrutas tirados das camadas mais baixas da sociedade. Muitos homens com certeza se disponibilizaram para o recrutamento ou se alistaram devido a um sentimento de honra e dever para com o país. Entretanto, a maioria dos homens que serviram era muito pobre ou não tinha a escolaridade mínima para evitar o serviço militar. Como resultado, cidadãos do interior rural, pobres das cidades e minorias tinham representação superior na guerra. Levaria tempo até os efeitos do recrutamento serem sentidos nas Forças Armadas, mas a mistura potente de pressão de raça e classe social – quando misturados com um esforço fracassado e a indiferença da sociedade – levou à queda da efetividade militar americana depois de 1968. A seu favor, o exército alterou o sistema de recrutamento em 1970 e começou a depender de um sistema de loteria baseado nas datas de nascimento que acabou com muitas dispensas. O dano, entretanto, já estava feito e pode ser visto nos seguintes números: durante a guerra, cerca de três milhões de homens e mulheres serviram no Vietnã, mas espantosos 16 milhões conseguiram encontrar uma maneira de evitar isso. Esse era o verdadeiro veredito americano sobre a Guerra do Vietnã.

o senador William Fulbright, ao repensar o seu papel na aprovação da "Resolução do Golfo de Tonquim", realizou audiências públicas questionando o envolvimento americano no Vietnã. As audiências foram vistas na televisão por milhões, e ajudaram a legitimar a visão antiguerra. Na primavera de 1967 (março-maio), o Movimento pelos Direitos Civis se interligou ao movimento antiguerra quando Martin Luther King Jr. tornou público o seu sentimento contrário à guerra. Ele defendeu que os Estados Unidos haviam se prendido tanto na luta contra o comunismo que perderam o seu rumo e se envolveram em opressões. Além disso, Martin Luther King afirmou que os bilhões gastos em matanças no Vietnã poderiam ser melhor

O recrutamento pegava cidadãos americanos comuns e os forçava a participar diretamente da guerra no Vietnã, embora os pobres e com baixa escolaridade fossem com muito mais frequência transportados por milhares de quilômetros para a linha de frente.

gastos em um esforço para acabar com a pobreza e a necessidade nos EUA. Outras pessoas influentes, incluindo Muhammed Ali e Jane Fonda, somaram as suas vozes ao coro crescente dos protestos. Embora a deserção de líderes nacionais da causa da guerra angustiasse Johnson, foram as suas próprias atitudes que causaram a maior parte das turbulências no país.

Quando começou o envolvimento no Vietnã, a economia americana era robusta, e Johnson estava totalmente ciente de que uma economia forte contribui para cidadãos felizes e para o consenso político. Por esse motivo Johnson estava cauteloso em deslocar a economia em tempos de guerra. O fantasma da recessão e da dificuldade desempenhou, então, um papel importante na sua decisão de não chamar a Guarda Nacional e os Reservistas para fornecer soldados para o Vietnã. Contudo, os esforços do presidente para evitar os atritos fracassaram, pois ele e os seus conselheiros militares escolheram confiar em um sistema de recrutamento para fornecer o material humano necessário, e nada polarizaria mais o *front* doméstico do que as injustiças do recrutamento.

PROTESTOS CONTRA O RECRUTAMENTO

Nos Estados Unidos, grande parte dos protestos antiguerra tiveram as suas raízes no recrutamento. Em 1967, as passeatas antirrecrutamento e antiguerra haviam se tornado comuns. Com ou sem razão, muitos jovens sentiam que a sua geração estava sendo perseguida pelos mais velhos. Eles sentiam que não tinham voz na tomada de decisões nacional, mas tinham de pagar o preço por elas. Ironicamente, a maioria dos manifestantes jovens que se pronunciavam contra a guerra ou o recrutamento o faziam em relativa segurança, já tendo conseguido a sua dispensa de alguma forma. Muitos dos protestos neste estágio inicial da guerra eram pacíficos, sendo mais acontecimentos sociais do que qualquer outra coisa. Por toda a nação, homens queimavam os seus cartões de recrutamento, encenavam protestos passivos e faziam piquetes nos *campi* universitários. Em outubro de 1967, aconteceu o maior protesto até então, atraindo mais de 100 mil pessoas a Washington, D.C. Prenunciando o futuro, um segmento mais radical da multidão tentou invadir o Pentágono, iniciando uma luta com a polícia. A violência explodiu quando as autoridades recorreram à força para remover os ativistas. O número de pessoas que comparecia a essas passeatas conta apenas a menor parte da história. A sua presença, entretanto, forçou o governo a responder aumentando a pressão, que por sua vez levou a mais protestos.

A OFENSIVA DO TET

Acima: Manifestantes se reúnem no Memorial Lincoln durante o outono de 1967.

Johnson estava revoltado com o nível crescente dos protestos internos. Ele decidiu que era tempo de retaliação. Em uma manobra que lembrava o senador McCarthy durante a "caça às bruxas" anterior dos anos 1950, Johnson procurou desacreditar os líderes do movimento antiguerra os chamando de "comunistas". Além disso, elementos da CIA e do FBI estavam se infiltrando, secreta e ilegalmente, no movimento antiguerra. Quando essas ações se tornaram conhecidas, o fosso de credibilidade que importunava o governo aumentou ainda mais. Johnson também procurou contra-atacar por meio de uma campanha de relações públicas sobre a guerra. Como resultado, várias figuras políticas e militares, incluindo o próprio general Westmoreland, prometeram à nação no final de 1967 que a vitória estava próxima.

A Guerra do Vietnã fez surgirem alguns dos episódios mais vergonhosos da história política americana, durante os quais alguns departamentos do governo violaram as liberdades civis através da vigilância e da desinformação.

Os norte-vietnamitas e o Vietcong frustraram a campanha de Johnson ao lançar a grande Ofensiva do Tet em 30 de janeiro de 1968. As tropas americanas eram vitoriosas em todos os lugares, mas o público se recusava a ver Tet como uma vitória. O ataque indicava a muitos que Johnson os estava enganando em relação ao estado da guerra. Parecia que a guerra de fato se intensificara, e duraria mais do que se esperava. O pedido do general Westmoreland por mais 206 mil soldados deu uma prova deste ponto de vista para muitas pessoas. O público se perguntava: por que ele precisaria de mais soldados se o inimigo tinha acabado de sofrer uma derrota debilitante? O resultado foi uma tempestade de protestos, e pela primeira vez as pesquisas indicaram que os elementos antiguerra estavam ganhando terreno significativo entre a classe média, que até então era pró-guerra. Os levantes e protestos agora engoliam as universidades por todo o país. Os resultados da Ofensiva do Tet e o descontentamento doméstico crescente forçaram um presidente cansado e derrotado a anunciar à nação, em 31 de março, que ele não concorreria à reeleição. Os manifestantes pensaram que haviam vencido, porque o arquiteto da guerra

Abaixo: O Dr. Timothy Leary (centro) faz uma coletiva de imprensa antiguerra. Observe a representação de Johnson como Hitler ao fundo

estava saindo. Entretanto, a luta política com relação à guerra estava apenas começando.

ASSASSINATOS E VIOLÊNCIA

Quando se iniciou o processo eleitoral, uma onda incrível de violência chocou a nação. O Movimento pelos Direitos Civis havia entrado em um estágio novo e mais difícil. As leis foram modificadas, mas agora Luther King estabelecia a tarefa mais difícil: transformar a mentalidade das pessoas. Ele não conseguiu completar a tarefa, porque a bala de um assassino o atingiu em 4 de abril de 1968 em Memphis, Tennessee. Naquela noite, os tumultos devastaram as empobrecidas cidades do interior do país – um total espantoso de 130 cidades foram assoladas pela violência. O governo chamou cerca de de 75 mil soldados para manter a ordem, e chegou a colocar metralhadoras nos prédios do governo em Washington, D.C. Os tiros brilhavam na noite, devastando vários guetos. Milhares foram feridos, e os soldados do governo mataram pelo menos 46 pessoas por causa dos protestos diante da morte de um líder nacional amado. Contudo, chega a ser irônico que a morte de um homem tão dócil tenha sido marcada por tamanha violência.

ABAIXO: O OUTRO LADO DO PROTESTO. PESSOAS QUE PROTESTAVAM CONTRA A FACÇÃO ANTIGUERRA MOSTRAM UMA BANDEIRA AMERICANA EM UMA RUA DE NOVA YORK.

O Partido Republicano se uniu pelo seu candidato da "lei e ordem", Richard Nixon, em 1968. O experiente lutador da "Guerra Fria" esperava ter uma chance de vingar a sua derrota de 1960. O Partido Democrata estava dividido, e rumava ao desastre. Dois candidatos antiguerra, Robert Kennedy e Eugene McCarthy, duelaram nas

MUHAMMAD ALI

Ao longo de toda a história americana, as celebridades e os atletas tinham sido chamados para o exército pelo recrutamento, tanto em tempos de guerra quanto em tempos de paz. Glen Miller, Joe Dimaggio e até mesmo Elvis Presley tinham sacrificado anos de suas carreiras ou até mesmo suas vidas quando sua nação os chamou ao dever. O Vietnã foi diferente, como se vê no caso de Muhammad Ali. O inconstante campeão dos pesos-pesados, anteriormente chamado de Cassius Clay, tinha se tornado um membro da Nação do Islã. Conhecidos como "Muçulmanos Negros", a seita propunha o separatismo e o orgulho negro. Liderados por Elijah Muhammad, os Muçulmanos Negros denunciaram a guerra em termos raciais absolutos. Quando chamado a servir no exército em 1967, Muhammad Ali recusou a indução e reclamou o *status* de objetos de consciência por razões religiosas. A junta de recrutamento recusou esse requerimento, afirmando que a Nação do Islã, diferentemente dos Quakers, não era contra todas as guerras. Ali ficou com uma escolha difícil – prisão ou serviço militar naquela que era considerada uma "guerra do homem branco" contra outra raça oprimida. Escolhendo o lado de suas convicções religiosas, Ali se recusou a servir e teve seu título dos pesos-pesados retirado, sendo sentenciado a cinco anos de prisão. Para muitos americanos, as atitudes de Ali pareciam estar à beira da traição; outros o viam como um bravo mártir pela causa da paz e da igualdade racial. Ali respondeu ao processo em liberdade, e seu caso acabou chegando à Suprema Corte americana, onde sua condenação foi anulada. Embora ele tenha sido, de alguma maneira, justificado, Ali tinha sacrificado cinco anos do que muitos acreditam ser a melhor carreira de pesos-pesados já existente por um ato de oposição à Guerra do Vietnã. Ele reconquistaria o título dos pesos-pesados, mas muitos americanos nunca o perdoariam por suas atitudes na época da guerra. Outros o reverenciam até hoje por sua posição de bravura e sacrifício. A história de Muhammad Ali e seu legado representam verdadeiramente as várias fraturas dentro da sociedade americana causadas pela Guerra do Vietnã.

MUHAMMAD ALI DO LADO DE FORA DO TRIBUNAL DE HOUSTON.

primárias com o vice-presidente Hubert Humphrey, amplamente visto como o candidato da "continuidade". O carismático Kennedy parecia bem no seu caminho rumo à vitória e unia o partido contra a guerra, quando outra bala assassina varou a noite. Em 6 de junho de 1968, Sirhan Sirhan atirou em Kennedy quando ele estava comemorando a sua vitória na Califórnia. Mais uma vez, a nação lamentou. Assassinatos, protestos e tumultos pareciam estar rasgando os Estados Unidos ao meio. A morte de Robert Kennedy lançou as eleições na desordem, e arrumou a cena para um confronto entre as facções pró e antiguerra durante a convenção do Partido Democrata que aconteceria em Chicago.

Os sentimentos antiguerra se infiltraram por todos os setores da sociedade. Até mesmo o antes radical Robert McNamara disse ao presidente Johnson, em 1967, que a guerra estava se tornando inaceitável.

A CONVENÇÃO NACIONAL DEMOCRATA

Humphrey mantinha a liderança enquanto a convenção se aproximava. Os grupos de protesto, entretanto, decidiram fazer uma última aparição e convocaram uma grande manifestação em Chicago para tentar influenciar o posicionamento do partido. Milhares de manifestantes, alguns realmente radicais e outros apenas apreciando o show, reuniram-se em Chicago. Até o início da convenção, cerca de 12 mil ativistas já haviam se reunido, principalmente na área do Grant Park. O prefeito de Chicago era Richard Daley, um dos últimos herdeiros da "política de chefão" nos Estados Unidos. Chicago era a sua cidade, e ele estava determinado a fazer com que

DIREITA: CONFRONTO. MANIFESTANTES INSULTAM POLICIAIS MILITARES DO LADO DE FORA DO PENTÁGONO, EM OUTUBRO DE 1967. ESSAS SITUAÇÕES ERAM EXPLOSIVAS E PODERIAM LEVAR À VIOLÊNCIA EM GRANDE ESCALA.

ABAIXO: A CANTORA FOLK JOAN BAEZ CONVERSA COM TRÊS PRISIONEIROS DE GUERRA AMERICANOS DURANTE UMA VISITA A HANÓI. BAEZ FOI UMA DAS VÁRIAS PERSONALIDADES AMERICANAS ANTIGUERRA A VIAJAR PARA O VIETNÃ DO NORTE.

os manifestantes não denegrissem a sua imagem. Então ele reuniu uma força de mais de 20 mil policiais e a Guarda Nacional para manter a ordem. A convenção começou em 24 de agosto. No princípio, os confrontos eram poucos, já que os dois lados estavam esperando pelas notícias da convenção. Em 28 de agosto, entretanto, Humphrey emergiu vitorioso e adotou uma política pró-guerra. Chicago então explodiu em violência.

A multidão tentou invadir o prédio. A força policial retaliou e atacou utilizando cassetetes e gás lacrimogênio. As equipes de televisão estavam lá para gravar a violência e o que elas mostraram foi chocante, muitas vezes sendo chamado de "revolta da polícia". Dentro do prédio, os delegados assistiam à TV horrorizados, acusando Daley de utilizar "táticas da Gestapo" contra os manifestantes. Por um curto período, a violência chegou a eclodir dentro da própria convenção. Até o final da noite, mais de mil pessoas foram feridas e o Partido Democrata havia sido dilacerado.

A "Batalha de Chicago" foi talvez o mais importante protesto antiguerra da história. Ela dividiu o Partido Democrata, fazendo dele uma presa fácil para Nixon na eleição presidencial. E, mais importante, ela caracterizou uma nação dividida. O ponto intermediário já não existia mais, e o país havia se polarizado. Telespectadores em todo o país julgaram os eventos de Chicago. Muitos consideraram a polícia como representação de um estado quase fascista, que havia cometido injustiças no Vietnã; outros viram os manifestantes como traidores cabeludos que estavam fazendo uma grande injustiça com o esforço justo de guerra dos Estados Unidos. O que ninguém fez

ABAIXO: NÃO NO VIETNÃ, MAS EM WASHINGTON, D.C. TRÊS SOLDADOS FICAM DE VIGIA DEPOIS DOS TUMULTOS EM RESPOSTA À MORTE DE MARTIN LUTHER KING JR. SEU ASSASSINATO NÃO ESTAVA LIGADO DIRETAMENTE AO VIETNÃ, MAS O PÚBLICO O VIU COMO PARTE DE UM ATAQUE GERAL À PAZ.

É uma deturpação grosseira da história afirmar que toda a sociedade civil americana era contrária à Guerra do Vietnã. Grandes seções da nação apoiaram os esforços anticomunistas durante toda a guerra.

ESQUERDA: A POLÍCIA DE CHICAGO AVANÇA PARA DISPERSAR UMA MANIFESTAÇÃO ANTIGUERRA DO LADO DE FORA DO CONRAD HILTON HOTEL, QUARTEL-GENERAL DA CONVENÇÃO DEMOCRATA; MIL PESSOAS FORAM FERIDAS.

foi ignorar os eventos de Chicago: todos tomaram uma posição. A nação parecia estar se desintegrando, e somente uma solução para a própria guerra colocaria as coisas de volta no lugar.

A VITÓRIA DE NIXON

Um Partido Democrata maltratado foi mancando rumo à eleição contra Richard Nixon. Embora o Vietnã fosse apenas um de muitos assuntos nessa campanha complicada, a guerra e a política interagiram de maneira muito perturbadora. Quando viram a alternativa, a ala pacífica do Partido Democrata endossou Humphrey, embora tardiamente. Contudo, ainda parecia que ele tinha pouquíssimas chances reais de vitória. Como resultado, ambos os lados na eleição fariam política com a guerra e com a vida de cidadãos americanos e vietnamitas. Johnson queria desesperadamente que os Democratas mantivessem o poder e, em 31 de outubro, em uma aposta de última hora para influenciar as eleições, ele anunciou uma interrupção em todos os bombardeios contra o Vietnã do Norte e indicou que já havia sido feito um progresso substancial em relação ao acordo de paz. A revelação deu à candidatura de Humphrey o impulso necessário e a sua popularidade subiu. Nixon tinha de responder. Ele fez isso prometendo ter um plano secreto para acabar com o conflito, mas dizendo não poder revelar a sua natureza. As táticas evasivas de Nixon funcionaram, e ele venceu a memorável eleição de 1968 por uma margem mínima.

ABAIXO: RICHARD NIXON E SPIRO AGNEW DURANTE A CAMPANHA PRESIDENCIAL DE 1968.

Na verdade, Nixon não tinha nenhum plano real para acabar com a Guerra do Vietnã. Ele, assim como Johnson anteriormente, mentiria e até mesmo executaria atividades ilegítimas contra cidadãos americanos em nome do conflito existente no Vietnã. A principal expectativa de Nixon com relação à guerra era o processo gradual no qual os sul-vietnamitas tomavam a guerra para si e as tropas americanas se retiravam – um processo chamado de vietnamização. Para a maioria dos manifestantes antiguerra, essa retirada era lenta demais, e os protestos continuaram. Em meados de 1969, a situação piorou quando o *The New York Times* expôs o bombardeamento secreto do Camboja e começou a publicar os Relatórios do Pentágono que continham documentos secretos do Departamento de Defesa sobre o Vietnã. Para muitas pessoas, parecia que Nixon estava secretamente expandindo a guerra, mesmo tendo prometido encerrá-la. Mais uma vez, os protestos varreram a nação. E para frustrar ainda mais a situação para o presidente, conselheiros de segurança nacional confiáveis estavam implicados no vazamento de informações confidenciais para a mídia. Nixon estava furioso, e acreditava estar sendo assolado por "inimigos comunistas" tanto dentro quanto fora da sua administração. Para desacreditar os seus caluniadores, ele estabeleceu um grupo especial chamado de "encanadores". A tarefa deles, por meio de escutas telefônicas e várias outras atividades ilegais, era encontrar as evidências necessárias para destruir os adversários de Nixon. O fantasma da Guerra do Vietnã levou, então, Nixon a iniciar um padrão de atividades ilegais tão sério que por fim destruiu a sua presidência.

UMA BREVE TRÉGUA

Ironicamente, Nixon foi bem-sucedido em converter o Vietnã em uma questão não presente na vida americana. Ele afirmava com convicção que os Estados Unidos estavam no processo de deixar o conflito, e confirmava as suas palavras com ações. Em junho de 1969, 25 mil soldados americanos deixaram o Vietnã, na primeira evidência real da vietnamização. A retirada de tropas, continuaria, às vezes programadas cinicamente para os dias anteriores à eleição para obter um efeito maior. Ainda assim, os protestos continuavam e, em outubro de 1969, um milhão de pessoas se reuniram por todo o país para um dia de paz. Ao retirar as tropas, Nixon tinha, de certa forma, antecipado-se aos protestos. Além disso, os americanos estavam cansados das turbulências dos anos 1960 e ansiavam pelo retorno da normalidade. Essas pessoas, a quem Nixon chamou da sua "maioria silenciosa", estavam satisfeitas com a vietnamização e cansadas dos protestos. O presidente também se utilizou do medo para garantir

Direita: Um grupo pró-Guerra do Vietnã confronta os manifestantes antiguerra.

o ritmo lento da retirada americana da guerra. Ele fez um discurso em novembro de 1969 que relembrava as cenas assustadoras do massacre em Hue durante a Ofensiva do Tet. Nixon pediu paciência aos seus ouvintes, pois uma retirada muito rápida das tropas americanas levaria ao massacre de milhões de civis inocentes. Um fator final para a diminuição dos protestos era a implantação do sistema lotérico de recrutamento. Quando os números eram escolhidos a cada ano, os felizes "perdedores" da loteria não precisavam mais se preocupar com o recrutamento, e em sua maioria eles deixavam o grupo de manifestantes.

Abaixo: O gás lacrimogênio dispersa os estudantes em protesto na Universidade Estadual em Kent, Ohio, onde quatro pessoas foram mortas a tiros pela Guarda Nacional.

CAMBOJA

Embora os americanos ansiassem pelo retorno à normalidade e estivessem começando a se tornar indiferentes em relação à guerra, os problemas ainda não haviam terminado. Em maio de 1970, as forças americanas e o ERV invadiram o Camboja. Nixon limitou o âmbito da incursão em parte para desviar as críticas em casa, mas os seus esforços fracassaram. Hou-

WOODSTOCK E ALTAMONT

O rock'n'roll era a voz da juventude americana na década de 1960, e muitas vezes era também a voz dos protestos antiguerra. Vários artistas, de Marvin Gaye a Crosby, Stills, Nash e Young falavam contra o Vietnã em suas letras. Talvez as linhas de uma canção resumam a angústia que muitos sentiam, quando Country Joe McDonald cantava em sua música "*I Feel Like I'm Fixin' to Die Rag*" [Parece que Estou Fadado a Morrer em Farrapos]:

And its 1 -2-3 what are we fightin' for?
[E é 1, 2, 3, pelo que estamos lutando?]
Don't ask me I don't give a damn.
[Não me pergunte, eu não tô nem aí.]
Next stop is Vietnam.
[A próxima parada é o Vietnã.]
And its 5-6-7 open up the pearly gates.
[E é 5, 6, 7, abram os portões de pérolas.]
Ain't no time to wonder why.
[Não há tempo para perguntar o por quê.]
Whoopee we're all gonna' die.
[Oba! Todos nós vamos morrer.]

A GERAÇÃO DAS FLORES, COM UMA OPOSIÇÃO PARTICULARMENTE VOCAL À GUERRA NO VIETNÃ.

Nunca antes na história da guerra a juventude tinha se expressado pela paz com tanta veemência. Embora nunca fossem a maioria, a juventude antiguerra e os membros da contracultura tiveram um impacto tremendo no *front* doméstico americano durante o conflito no Vietnã. Em Woodstock, a contracultura e sua música fariam uma declaração. Os organizadores do concerto alugaram a fazenda de Max Yasgur, próxima de Bethel, Nova York, e contrataram as maiores bandas da época, de Jimi Hendrix a Creedence Clearwater Revival, para se apresentarem. Em um número muito maior do que o esperado, os *hippies* e fãs de rock'n'roll de todo o país afluíram em bando para Woodstock, causando o maior engarrafamento da história de Nova York. No início do evento, em 15 de agosto de 1969, mais de 400 mil fãs já tinham chegado. A superlotação poderia ter sido um desastre, mas os jovens se uniram e transformaram o evento em um acontecimento maravilhoso. As drogas psicodélicas, o amor livre e o rock'n'roll estavam por todos os lugares. A geração de 1960 sentiu que tinha amadurecido e encontrado um caminho melhor.

Alguns organizadores na Califórnia estavam ansiosos por recriar Woodstock, e contrataram várias das mesmas bandas para se apresentarem em um concerto aberto na pista de Altamont, apenas quatro meses depois. Eles pretendiam que fosse outro exemplo do melhor lado da contracultura. Desta vez apareceram 300 mil fãs, mas os resultados foram muito diferentes. O clube de motociclistas Hell's Angels tinha recebido 500 dólares em cerveja para vigiar o palco durante os concertos. Periodicamente, conforme as bandas se apresentavam, aconteciam lutas perto do palco. A violência culminou quando vários Hell's Angels bateram em um homem negro e o mataram a facadas, enquanto Mick Jagger chocado observava tudo quando cantava "*Street Fighting Man*" [Lutador de Rua]. No episódio violento, a contracultura perdeu sua inocência. Para muitos, os anos 1960 e a promessa que tinha sido demonstrada em Woodstock acabaram em Altamont. A geração mais velha começou a perder a paciência com a contracultura e a geração mais jovem começou a questionar se eles poderiam mesmo mudar o mundo ou não.

ACIMA: OS RESULTADOS DE UMA MANIFESTAÇÃO DOS VETERANOS DE GUERRA EM WASHINGTON, D.C., DURANTE A QUAL MUITOS DESCARTARAM SUAS MEDALHAS DE GUERRA EM ATOS PESSOAIS DE PROTESTO.

DIREITA: CRIANÇAS HORRORIZADAS, UMA DELAS NUA E QUEIMADA DEPOIS DE RASGAR SUAS ROUPAS DERRETIDAS, CORREM DE SUA VILA DEPOIS DE UM ATAQUE AMERICANO COM NAPALM.

ve protestos violentos nos *campi* universitários, onde os estudantes viam essa incursão como outra tentativa de Nixon de expandir a guerra em vez de terminá-la. Na Universidade de Kent, em Ohio, surgiu um confronto que terminou com quatro estudantes baleados pelos homens da Guarda Nacional. As mortes incitaram mais perturbações nos *campi* por todo o país, e a maioria das universidades foi paralisada pelos protestos e teve de fechar. Prédios do Corpo de Treinamento de Oficiais da Reserva (ROTC) foram atacados por bombas em mais de vinte universidades. Por fim, um protesto violento na Universidade Estadual de Jackson, no Mississippi, acabou com dois estudantes mortos pela polícia. Em reação a esse caos, ativistas pró-guerra tomaram as ruas de Nova York e mais de 100 mil operários, ou "capacetes", marcharam a favor das políticas de guerra de Nixon, denunciando a violência radical que se levantava nos *campi*.

O caos e as mortes durante os protestos de 1970 sinalizaram um país gravemente dividido, mas que ansiava pela paz. Nixon, por sua vez, tinha aprendido a lição. O ritmo da vietnamização aumentou, e não houve mais incidentes como a incursão ao Camboja. Haveria ainda controvérsias sobre os ataques ao Laos e os bombardeios no Natal de 1972, mas eles aconteceram depois que a ampla maioria das tropas americanas já havia deixado o Vietnã, e tiveram pouca repercussão para os protestos. Nessa época, os americanos já estavam cansados da guerra e dos embates no *front* doméstico. Na época das eleições de 1972, a guerra já não era mais um assunto, e Nixon estava preparado para derrotar o seu desafiante Democrata, George McGovern, de maneira esmagadora. Entretanto, para Nixon, os velhos hábitos eram difíceis de eliminar. Para garantir a sua vitória ele enviou os "encanadores" para o quartel-general Democrata no Watergate Hotel. Embora ele tenha alcançado a reeleição, a sua presidência terminaria em desgraça.

CONSEQUÊNCIAS

Os eventos no *front* doméstico e no *front* de batalha estavam inexoravelmente ligados durante a Guerra do Vietnã. A maneira como os Estados Unidos entraram e perseguiram a guerra causou uma tempestade de oposição. Os protestos, por sua vez, afetaram o desempenho da guerra e destituíram um presidente. Muitos se lembrarão dos anos 1960 como uma era de violência, assassinatos e quase-revolução. Outros se lembrarão da década como aquela de promessas quase ilimitadas, arruinada por uma guerra sem sentido.

As turbulências em casa também tiveram efeito naqueles que os EUA enviaram para lutar a guerra. Em 1968, muitos soldados americanos haviam percebido que grande parte da sua nação tinha se voltado contra eles. Depois do advento da vietnamização, muitos soldados perceberam que estavam recebendo ordens para lutar e possivelmente morrer em uma guerra que os Estados Unidos não tinham a real intenção de vencer, acrescentando ainda mais à imensa tragédia da sua situação. O moral das Forças Armadas americanas desabava à medida que a guerra chegava à sua conclusão. Conforme os veteranos do conflito voltavam para casa, eles precisavam entrar em uma sociedade americana fragmentada. Os soldados que retornavam não eram recebidos de braços abertos; alguns eram recebidos com insultos, mas a maioria era apenas vista com indiferença enquanto os americanos tinham pressa em deixar para trás o horror desse período. Não houve paradas ou acolhida nacional para eles. A memória da guerra e dos homens que lutaram nela foi ignorada coletivamente. O legado da guerra já tinha começado.

ESQUERDA: RICHARD NIXON FAZ SEU DISCURSO DE RENÚNCIA EM 1974. SUA DESGRAÇA NÃO ERA CULPA APENAS DO VIETNÃ, MAS A MANEIRA COMO ELE LIDOU COM O CONFLITO O SEPAROU DO APOIO DE MUITOS DE SEUS ELEITORES.

Capítulo 12

O Sul Luta Sozinho

Uma equipe mista de americanos e tailandeses em um veículo blindado de transporte de pessoal em uma base aérea na Tailândia, em 1972. Os Estados Unidos já não eram mais o principal ator na Guerra do Vietnã no início da década de 1970, e o Vietnã do Sul encontrou confiança para atacar sozinho.

DIREITA: FUZILEIROS AMERICANOS LAMENTAM SEUS MORTOS. A OPINIÃO PÚBLICA AMERICANA NÃO TOLERAVA OS NÍVEIS DE MORTALIDADE COM RELAÇÃO AOS GANHOS RELATIVAMENTE LIMITADOS OBTIDOS NA GUERRA.

Em 1971, o Vietnã do Sul encarava um futuro vulnerável. Por quase uma década, os Estados Unidos estiveram ou construindo ou mantendo uma força de proteção incrível dentro das suas fronteiras. A tutela dos EUA e dos seus aliados, entretanto, estava entrando no seu capítulo final. O início dos anos 1970 trouxe uma retirada cada vez mais rápida das tropas americanas, e os Estados Unidos enfatizaram que o Vietnã do Sul deveria agora reaver o seu próprio destino social e militar.

A responsabilidade recaiu sobre os ombros do Exército da República do Vietnã (ERV). Em 1971, três políticas ou medidas americanas começaram a fazer efeito sobre o ERV: a vietnamização, a retirada das tropas, e as negociações de paz entre EUA e Vietnã do Norte. A vietnamização, e o seu corolário da retirada, era a mais significativa delas. A vietnamização era a tentativa do presidente Nixon de devolver a responsabilidade sobre a Guerra do Vietnã para o Vietnã do Sul, retirando as tropas americanas enquanto investia na expansão das forças sul-vietnamitas. Não era uma política nova: ela havia sido concebida durante a administração de Johnson em 1967, e como princípio geral antes disso, com Kennedy em 1963. No entanto, foi apenas a partir da presidência de Nixon, em 1968, que ela começou a acontecer.

Em 1969, havia cerca de 540 mil militares americanos no Vietnã do Sul, mas em dezembro de 1971 esse número já havia caído para 156 mil, e diminuiu mais 20 mil nos dois meses seguintes. A maioria do pessoal americano remanescente estava agora operando em posições de apoio, logística e aconselhamento, e não mais em posições de combate,

ABAIXO: UM SOLDADO AMERICANO EXAUSTO CAI NA LAMA VIETNAMITA. EMBORA A RETIRADA TIVESSE SE INICIADO NO COMEÇO DA DÉCADA DE 1970, ALGUNS SOLDADOS AMERICANOS AINDA PERMANECERAM NO TERRITÓRIO ATÉ 1973.

embora os combates ainda fossem vitais para a credibilidade política de Nixon. Ele caminhava sobre uma linha tênue entre parecer ter abandonado o Vietnã do Sul à sua própria sorte e continuar prosseguindo com uma guerra impopular. A Austrália e a Nova Zelândia também estavam prosseguindo com a retirada, e em 18 de agosto os respectivos governos finalmente anunciaram o seu objetivo de uma saída completa do Vietnã. Dos 47 mil australianos que serviram lá, os últimos seriam retirados em dezembro de 1972.

À medida que aumentava a retirada americana, mais ênfase era colocada em estratégias de pacificação, tais como o Programa Phoenix. Essas ações foram na verdade muito bem-sucedidas, e ameaçaram o Vietcong de extinção total.

Esse foi, portanto, um ano-chave no processo de retirada. Nixon estava enfrentando uma eleição presidencial iminente, então os números foram aumentados para cerca de 14.300 soldados americanos por mês, para satisfazer o desejo inabalável do público pela conclusão do conflito e tentar apagar os grandes protestos antiguerra que varriam o país. O poder aéreo, entretanto, foi mantido, tanto em porta-aviões, quanto em bases terrestres, embora muitas unidades de aviação estivessem agora concentradas na Tailândia, e não no próprio Vietnã do Sul, para manter a imagem da retirada. O poder aéreo americano continuaria a ter um papel importante no Vietnã nos dois anos seguintes.

Além disso, as tropas terrestres americanas ainda estavam em combate em 1971, embora sob o pretexto de deveres de pacificação. A Campanha de Pacificação Acelerada de Nixon colocou a sua ênfase na segurança das vilas como maneira de isolar os insurgentes comunistas, e foi razoavelmente bem-sucedida. Entretanto, a pacificação incluía o Programa Phoenix, altamente controverso: uma operação conjunta de inteligência entre EUA e Vietnã do Sul que tinha como objetivo expor os militantes Vietcong e colocá-los sob jurisdição da lei sul-vietnamita. O Programa Phoenix abraçou ações civis e militares, e a tortura e os assassinatos se tornaram técnicas difundidas de investigação: 26.369 suspeitos Vietcong foram mortos, e mais de 33 mil aprisionados entre 1968 e 1972.

ABAIXO: INDO PARA CASA. A MAIORIA DOS VETERANOS DO VIETNÃ ESTAVA FELIZ EM RETORNAR PARA OS ESTADOS UNIDOS, MAS ALGUNS ACHAVAM QUE AS ATITUDES HOSTIS EM RELAÇÃO À GUERRA OS TORNAVAM SOCIALMENTE INDESEJÁVEIS.

Apesar de anos de investimento americano, o ERV ainda não conseguia se equiparar em motivação e disciplina a seu oponente do Norte. Pelo contrário, eles tentavam confiar apenas no armamento superior que os EUA tinham deixado para trás.

DIREITA: UMA PATRULHA RODOVIÁRIA AMERICANA ATIRA COM UMA METRALHADORA CALIBRE 0,50" INSTALADA EM UM JIPE PARA LIBERAR UMA ZONA DE ATERRISSAGEM DE HELICÓPTEROS.

Apesar do poder aéreo e dos programas agressivos de pacificação americanos, o fato era que o Vietnã do Sul teria cada vez mais de lutar a sua própria guerra. No entanto, teriam eles o exército para isso?

O ERV

Um grande programa de mobilização no início dos anos 1970, e especialmente a presidência de Nguyen Van Thieu, eleito em 1971, aumentou significativamente o número de soldados no ERV. No final de 1971, o Vietnã do Sul tinha mais de 1 milhão de soldados à sua disposição (quase igualmente divididos entre regulares e territoriais), um aumento de mais de 200 mil homens desde 1968. Esses soldados agora participavam de quase todas as grandes operações de combate no Vietnã (e perdiam cerca de 21 mil homens por ano com isso). Os equipamentos básicos americanos eram amplamente distribuídos – todos os soldados tinham rifles de assalto M16, a Marinha havia recebido centenas de embarcações e foram criadas mais unidades de helicóptero do ERV.

ABAIXO: SOLDADOS TAILANDESES DISTRIBUEM GRÃOS CAPTURADOS DO VIETCONG PARA CIVIS VIETNAMITAS NA REGIÃO DE SAIGON.

A mobilização trouxe com ela muitos problemas. O ERV tinha alguns homens excelentes, como as unidades de Fuzileiros, Aéreas e de Rangers, e a 1ª Divisão de Infantaria, mas a expansão diluiu a experiência militar dentro das unidades e dos oficiais, estes últimos muitas vezes recrutados com base na classe social maior e com pouca empatia pelos soldados comuns. Isso resultou em alienação e corrupção, e embora o número de deserções na verdade caísse em 1971, o problema continuava significativo. Além disso, as tentativas americanas de treinar os soldados do ERV em tecnologias armamentícias mais sofisticadas sofria da simples falta de tempo e da dificuldade de transferir informações em inglês a milhares de soldados de fala vietnamita. Os problemas de corrupção, preferencialismo, treinamento inadequado e deserção persistiram dentro do ERV pelo restante da guerra. Apesar disso, em 1971 o governo sul-vietnamita se sentiu pronto para assumir mais responsabilidade militar sobre si – o que encontrou expressão na Operação Lam Son 719, um ataque preventivo contra o inimigo.

NO LAOS

O ano de 1971 pode ter visto um declínio nas batalhas dentro do Vietnã do Sul, mas a atividade militar do EVN no outro lado da fronteira, dentro do Laos, contava uma história totalmente diferente. A infiltração e o abastecimento do EVN tinham aumentado dramaticamente lá como resultado dos eventos no Camboja durante 1970, quando o príncipe Sihanouk foi deposto e substituído por um governo anticomunista, afetando severamente a capacidade do EVN de utilizar a seção cambojana da Trilha Ho Chi Minh.

ACIMA: TREINANDO O ERV. UM SOLDADO AMERICANO ENSINA SOBRE COMO USAR UMA BÚSSOLA PARA AJUDAR NA ATERRISSAGEM DE UM HELICÓPTERO.

No final de 1970, o desenvolvimento das forças do EVN na faixa do Laos a oeste da ZDM estava aumentando de maneira preocupante, sugerindo uma ofensiva iminente. As tropas do EVN na área contavam com cerca de 18 mil homens, todos armados com tanques e artilharia pesada e apoiados pelos esforços incríveis do Grupo de Transporte 9, uma forte unidade de 150 mil homens responsável pela manutenção da Trilha Ho Chi Minh. No entanto, tal construção também apresentava uma oportunidade de atingir o inimigo em cheio, e este era o objetivo da Operação Lam Son 719.

O nome derivava do lugar (Lam Son) de um levante vietnamita bem-sucedido contra os chineses em 1427, do ano da operação (1971) e da rota principal de invasão, a Rota 9. O plano tinha quatro fases: Fase Um – liberar a Rota 9 desde a província de Quang Tri até a fronteira com o Laos, reabrindo a base de suprimentos de Khe Sanh e reunido as forças para a entrada no Laos; Fase Dois – 16 mil soldados atravessam para o Laos e atacam ao longo da Rota 9, finalizando com a captura da cidade de Tchepone, um grande ponto de consolidação do EVN junto à Trilha Ho Chi Minh; Fase Três – liberar a área de Tchepone da resistência e defendê-la dos contra-ataques; e Fase Quatro – retirar as tropas de volta para o Vietnã do Sul tendo atingido todos os objetivos.

A operação não seria apenas um assunto do ERV; os Estados Unidos estavam profundamente envolvidos também, e a sua parte da operação se chamava Dewey Canyon II. Estava sob a jurisdição do tenente-general James W. Sutherland, comandante da XXIV Corporação da zona de Corpo 1. As prioridades americanas estavam na Fase Um da operação, particularmente na instalação da artilharia nas BAFs e no apoio de helicópteros para aumentar a mobilidade do ERV. Além de utilizar 600 helicópteros e 10 mil soldados, os Estados Unidos também bombardeariam com 2 mil aeronaves de asa fixa, incluindo os *Boeings* B-52 Stratofortresses. Por causa da Emenda Cooper-Church, de 29 de dezembro de 1970, que proibia o financiamento de operações americanas fora do Vietnã do Sul, nenhum

BOEING B-52 STRATOFORTRESS

Operacional como parte do Comando Aéreo Estratégico (CAE) a partir de 1954, o Boeing B-52 Stratofortress podia lançar uma grande carga de 31.750 kg de bombas convencionais em um único sobrevoo. Essa incrível força destrutiva era resultado do programa de modificação "Big Belly" de 1965, durante o qual 85 B-52s tiveram sua capacidade de carga aumentada em mais de 50%, com o restante dos B-52DS recebendo a melhoria em setembro de 1967. Um aumento significativo na efetividade dos bombardeios veio com o desenvolvimento do Combat Skyspot em 1966, um sistema de bombardeio com direcionamento em terra que permitia às tropas terrestres direcionar os B-52s para seu alvo com precisão e iniciar o lançamento das bombas. Trabalhando em "células" múltiplas de três aeronaves, os B-52s direcionados por Skyspot conseguiam saturar uma área alvo de 7,8 km² com bombas de alto poder explosivo, uma capacidade que fez um número enorme de vítimas entre as tropas comunistas e causou grande destruição em alvos no Vietnã, Camboja e Laos. As principais versões utilizadas na Guerra do Vietnã foram os B-52D, F e G. Os primeiros anos no Vietnã foram gastos nas operações Arc Light, mas mais tarde eles atingiram o próprio Vietnã do Norte nos ataques Linebacker de 1972. Em todos esses papéis, seu impacto destrutivo teve influência significativa no curso da guerra.

UM B-52 LANÇA BOMBAS DE ALTO PODER EXPLOSIVO SOBRE O VIETNÃ DO NORTE.

helicóptero ou soldado americano deveria entrar no Laos, embora os bombardeiros americanos estivessem livres para cruzar a fronteira e a artilharia americana dentro do Vietnã do Sul pudesse manter o fogo ao longo da fronteira. Entretanto, até o final da operação, os helicópteros de transporte e de ataque americanos haviam feito cerca de 90 mil incursões ao Laos.

ABAIXO: AUTÔNOMOS. SOLDADOS DO ERV COMPARECEM À INSTRUÇÃO PRÉ-BATALHA.

A Operação Lam Son 719/Dewey Canyon II foi iniciada em 30 de janeiro. Khe Sanh foi rapidamente ocupada por meio do desembarque de helicópteros da 1ª Brigada da 5ª Divisão de Infantaria americana, e até 1º de fevereiro as unidades de artilharia chegariam e formariam uma base de apoio de fogo. Outra BAF foi então estabelecida em 3 de fevereiro na área de Phuoc Loc, seguida por uma enorme construção de blindados, artilharia e helicópteros na fronteira com o Laos.

Em 8 de fevereiro, depois de 11 ataques de B-52 sobre as posições do EVN no Laos logo pela manhã, 12 mil soldados do ERV, sob o comando do tenente-general Hoang Xuan, atravessaram para o Laos liderados pela 1° Brigada Armada e pela Divisão Aérea. Obuseiros americanos de 105 mm e 175 mm explodiam as posições do EVN no caminho do avanço. Conforme se progredia ao longo da Rota 9, a 1ª Divisão de Infantaria e a Divisão Aérea eram aportadas de helicóptero em pontos significativos dos dois lados do avanço principal, e ajudavam a estabelecer outras BAFs.

A Operação Lam Son 719 envolveu o maior assalto de helicópteros de toda a guerra quando, em 6 de março, durante a Fase Dois, dois batalhões do ERV lançaram um ataque em 120 helicópteros UH-1H Iroquois.

O avanço inicial foi bem-sucedido, mas o mau tempo se estabeleceu em 9 de fevereiro e começou a prejudicar as operações aéreas americanas e os deslocamentos via helicóptero. Além disso, apenas uma semana depois da operação o ímpeto foi perdido, levando à indecisão por parte dos oficiais do ERV e do governo de Saigon. A partir deste ponto, a resistência de três divisões do EVN, apoiadas por tanques T-54/55 e PT-76 além de morteiros pesados e artilharia 103 mm e 122 mm, tornou-se mais pronunciada – particularmente quando perceberam que o assalto à Rota 9 era a invasão principal, e não mera tática de evasão. A partir de 17 de fevereiro, regimentos das divisões 308 e 320 do EVN começaram a esmagar as BAFs do

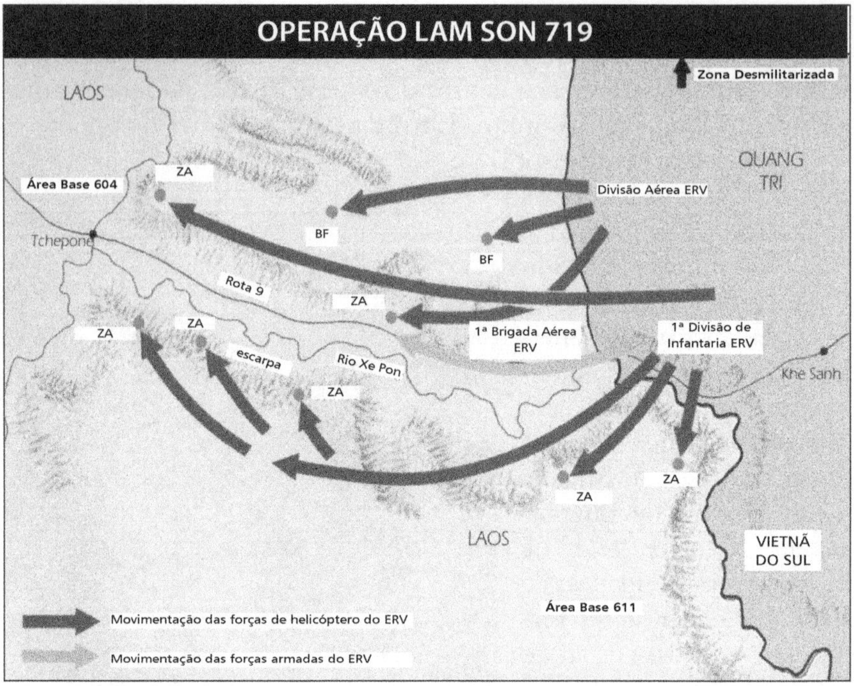

ERV ao norte, enquanto baterias antiaéreas do EVN impediam o reabastecimento ou a evacuação. Os Batalhões de Rangers do ERV, em particular, começaram a perder centenas de homens; o Ranger Sul sofreu 330 mortes e foi forçado a se retirar. Em 25 de fevereiro, os soldados da 3ª Brigada, Divisão Aérea, tiveram de abandonar a BAF 31 ao norte de A Luoi depois de dois dias de ataques de artilharia comunista, seguidos por um assalto de 2 mil soldados do EVN e cerca de 20 tanques PT-76.

ABAIXO: UM OFICIAL DE ARTILHARIA ORDENA APOIO DE FOGO PARA UMA OPERAÇÃO DO **ERV** CONTRA CONCENTRAÇÕES DE SOLDADOS DO **EVN.**

Alarmados pelo iminente colapso estratégico, as táticas de Lam foram alteradas para girarem mais em torno de assaltos aéreos dirigidos à própria cidade de Tchepone. Em 6 de março, 120 helicópteros Bell UH-1H Iroquois levaram dois batalhões do ERV de Khe Sanh para Tchepone, o maior e mais longo assalto de helicópteros da Guerra do Vietnã.

Essa força, somada aos bombardeios anteriores dos B-52 ao redor da cidade, permitiram que

LINEBACKER I E II

A Operação Linebacker I foi a resposta poderosa de Nixon à Invasão de Páscoa do EVN em 1972. Entre 8 de maio e 23 de outubro, bombardeiros americanos B-52 lançaram 155 mil toneladas de bombas em cerca de 41 mil incursões. O alvo inicial era o porto de Haiphong, cuja entrada foi minada por Grumman A-6 Intruders e Vought A-7 Corsairs lançando 900 kg de minas marítimas. Outros portos norte-vietnamitas, como o de Dong Hoi, receberam tratamento similar. Pontes e pátios ferroviários se seguiram, com a devastação aumentando ainda mais com o uso frequente da tecnologia de "bombas inteligentes". O leque de alvos foi estendido por todo o Vietnã do Norte, e as 25 mil toneladas de suprimentos que entravam pelos portos do país a cada mês foram quase totalmente interrompidas, enquanto as importações por terra – tais como da China comunista – foram reduzidas em 140 mil toneladas por mês.

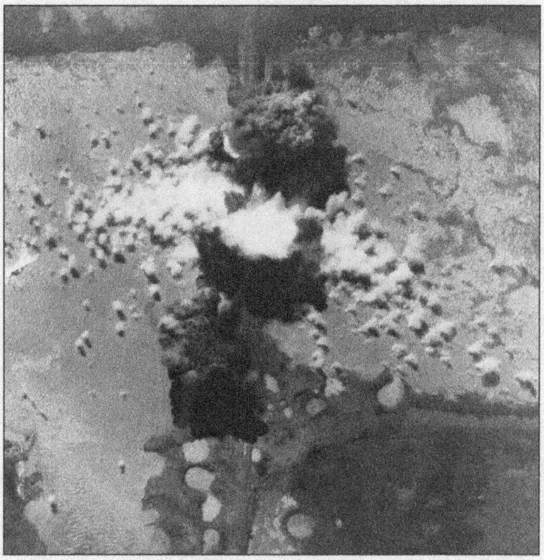

DESTRUINDO UMA PONTE FERROVIÁRIA.

Linebacker I forçou o Vietnã do Norte a se voltar às negociações de paz de Paris, mas quando elas fracassaram a Operação Linebacker II foi colocada em ação, em 18 de dezembro. Os alvos, eram quase todos, grandes instalações de infraestrutura ao redor de Hanói e Haiphong. Foi estabelecido um sistema alternado, onde os B-52s atacavam à noite (limitando a intervenção dos MiG e de mísseis terra-ar), enquanto as aeronaves de ataque General Dynamics F-111 e A-6 bombardeavam durante o dia. O fogo antiaéreo durante a Operação Linebacker II era extraordinário – mais de mil mísseis terra-ar foram disparados (praticamente todo o estoque norte-vietnamita), e 15 B-52s (das 729 incursões no total) e outras 11 aeronaves norte-americanas foram abatidas até o final da operação, em 30 de dezembro. Em 11 dias, os aviões americanos lançaram 49 mil toneladas de bombas, e a escala de devastação indicava que o Vietnã do Norte não seria capaz de executar sua invasão final ao Vietnã do Sul até 1975.

ESQUERDA: DOIS GUERRILHEIROS VIETCONG SÃO RETIRADOS DE SEU ESCONDERIJO POR UMA PATRULHA DO ERV. ESTE ERA TRATADO PELO EVN E PELO VIETCONG COM IGUAL CRUELDADE, E NÃO SERIA INCOMUM ESSES SUSPEITOS NEM CHEGAREM A UM CENTRO DE DETENÇÃO.

Acima: Um C-47 Skytrain lança folhetos de propaganda sobre uma área inimiga ao redor de Nha Trang, uma das muitas táticas de pacificação americanas.

o ERV alcançasse o objetivo final da Fase Dois da Operação Lam Son 719 e proclamasse o sucesso operacional.

Apesar da captura de Tchepone, Lam reconheceu que as suas forças estavam vulneráveis a contra-ataques conjuntos do EVN e, em 10 de março, ordenou o recuo de volta ao Vietnã do Sul. Isso se tornou um suplício para os esgotados soldados do ERV. Mais de 35 mil soldados do EVN atacaram as colunas em retirada com tudo o que tinham: desde metralhadoras e morteiros até tanques e foguetes. Os esforços de evacuação da 101ª Divisão Aérea americana manti- veram a taxa de fatalidades no mínimo, mas a força de invasão do ERV tinha perdido 1.529 homens mortos e 5.483 feridos até a volta para casa (alguns analistas americanos colocam o número de vítimas acima de 9 mil). As perdas do EVN foram substancialmente maiores, com 19 mil mortos e mais de 170 mil toneladas de munição, 1.250 toneladas de arroz e milhares de armas, desde AK-47 até tanques, destruídos ou tomados. Além disso, o fluxo de suprimentos do EVN pela Trilha Ho Chi Minh foi severamente interrompido e levaria meses para retomar os seus níveis normais.

Ainda assim, não havia dúvida de que uma operação inicialmente promissora havia se transformado em uma derrota sangrenta, e o moral do ERV decaiu para o seu nível mais baixo. A Operação

Direita: Helicópteros UH-1 são guiados para um acampamento das Forças Especiais.

A liderança sul-vietnamita precisava desesperadamente que a Operação Lam Son fosse um sucesso. Do ponto de vista político, eles declararam que foi, embora do ponto de vista militar ela fosse um suplício sangrento que demonstrou algumas fraquezas fundamentais.

Esquerda: Pleiku, 1972. Os canhões sem recuo instalados em jipes, tais como os vistos aqui, provaram ser armas valiosas no arsenal do ERV para derrotar a armada inimiga na invasão de 1972 do EVN.

Lam Son 719 tinha sido estrategicamente fraca, isolando unidades individuais em flancos expostos na tentativa de assegurar as BAFs. Ironicamente, tanto Thieu, quanto Nixon, proclamaram a operação como um indicativo do novo nível de confiança de independência do Vietnã do Sul. Assim, Nixon se sentiu completamente justificado para acelerar a retirada das tropas americanas, e o número de soldados americanos no Vietnã cairia para 47 mil em 1972.

Os ataques aéreos continuaram sobre o Laos por alguns meses após Lam Son, em um esforço para impedir a reconstrução das partes danificadas da trilha e também para apoiar as forças do Exército Real do Laos no norte do seu país, que estavam lutando a sua própria guerra contra o EVN e as guerrilhas comunistas do Pathet Lao. Contudo, as negociações com o Vietnã do Norte também estavam em marcha, como revelou Nixon em 25 de janeiro de 1952. Nixon informou ao mundo que, desde 1969, o Dr. Henry Kissinger, Conselheiro Nacional de Segurança, estava em negociações com Hanói. Nixon também anunciou que, se fosse alcançado um acordo para retirar todas as tropas americanas e do EVN do Vietnã do Sul, então o supervisionado Vietnã do Sul

INVASÃO DA PRIMAVERA DE 1972

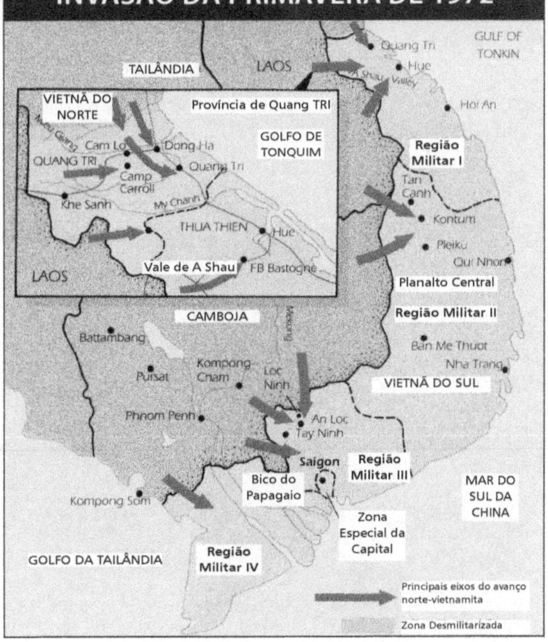

O Norte esperava que a invasão de Páscoa concluísse sua dominação sobre o Vietnã do Sul. E, apesar de todas as suas imperfeições, o ERV estava pronto para recebê-los com uma resistência surpreendente.

DIREITA: UM PRISIONEIRO VIETCONG É FORÇADO A ATRAVESSAR UM CÓRREGO NO DELTA DO MEKONG, AGINDO COMO UM DETECTOR DE MINAS VIVO. O PRISIONEIRO MORREU MAIS TARDE DEVIDO AOS FERIMENTOS INFLIGIDOS PELOS SOLDADOS DO ERV.

ABAIXO: UM TESTEMUNHO DO PODER DE FOGO DO ERV. TANQUES SOVIÉTICOS T-54 DESTRUÍDOS POR FOGUETES E AERONAVES PERTO DE CAM LO, A 56 KM AO SUL DA ZONA DESMILITARIZADA.

poderia realizar eleições para determinar o seu futuro. Com essas cartas na mesa, Nixon esperou pela resposta norte-vietnamita. A sua resposta completa veio em 30 de março de 1972.

A OFENSIVA DE PÁSCOA

Os motivos pelos quais o Vietnã do Norte lançou a campanha Nguyen Hue, mais conhecida como a Ofensiva de Páscoa, em março de 1972, são variados, mas em essência giram em torno de três objetivos. Primeiro, Giap esperava destruir o ERV de uma vez por todas. Isso, por sua vez, levaria ao segundo objetivo – a saber, desacreditar o programa de vietnamização (que estava, na

verdade, tendo um efeito profundo sobre as operações Vietcong) e o presidente Thieu (e, potencialmente, Nixon). E o terceiro objetivo era simplesmente o de ganho territorial – adquirir o máximo de território possível do Vietnã antes de qualquer negociação subsequente. A preparação para a invasão já havia sido sentida alguns meses antes, quando o reconhecimento aéreo americano alertou sobre um grande aumento na atividade logística do EVN ao norte da ZDM. As lutas também aumentaram na província de Quang Ngai, especialmente duas semanas antes da invasão principal.

ACIMA: REUNIDOS AO REDOR DE UM TANQUE ABATIDO DO NORTE, SOLDADOS DO ERV LEVANTAM SUAS ARMAS EM UM GESTO DE VITÓRIA DEPOIS DA DERROTA DAS FORÇAS DO EVN EM AN LOC, EM JUNHO DE 1972.

ESQUERDA: DESESPERADOS, SOLDADOS FERIDOS DO ERV SE AGARRAM AOS ESQUIS DE UM HELICÓPTERO DECOLANDO NA TENTATIVA DE FUGIR DA ZONA DE BATALHA, MAS SÃO EMPURRADOS PARA FORA ASSIM QUE TENTAM ENTRAR A BORDO.

Mas tudo isso não era nada comparado à própria Invasão de Páscoa, quando 12 divisões do EVN, em um total de 150 mil homens, todos apoiados por novos tanques, artilharia e mísseis terra-ar adquiridos da União

Quando a invasão de Páscoa foi lançada, o EVN foi exposto à tremenda força do poder aéreo americano. Os B-52s, em particular, dizimaram as fileiras do EVN com bombardeios precisos e incríveis, que permitiram ao ERV ganhar apoio militar.

DIREITA: UM SOLDADO SUL-VIETNAMITA FERIDO É AJUDADO POR SEU COMPANHEIRO.

Soviética e da China durante 1971, lançaram-se sobre o Vietnã do Sul, operando em três *fronts*.

O primeiro assalto foi um golpe de quatro divisões diretamente através da ZDM para a província de Quang Tri, enquanto outras unidades vinham do Vale de A Shau para o oeste para atacar Hue – ambos os ataques tinham como alvo capturar as duas províncias mais ao norte do Vietnã do Sul. O segundo – e simultâneo – elemento da invasão era a tentativa de tomar Kontum, no Planalto Central, e Qui Nhon, na província costeira de Binh Dinh, dividindo assim o Vietnã do Sul em dois. Finalmente, três divisões do EVN atacariam na direção de Saigon, no sul, sendo que o objetivo principal era a ocupação de An Loc, a capital da província de Binh Long, a apenas 96 km ao norte de Saigon. Se todos esses ataques fossem bem-sucedidos, então o Vietnã do Sul estaria efetivamente nas mãos do EVN.

ABAIXO: PARAQUEDISTAS DE ELITE DO **ERV** SE AGARRAM A UM CAMINHÃO PARA SEREM LEVADOS DEPRESSA A AN LOC, COMO PARTE DE UMA COLUNA DE ASSISTÊNCIA ARMADA.

O golpe inicial à província de Quang Tri foi irresistível. O EVN disparou milhares de tiros de artilharia contra as posições da 3ª Divisão do ERV na ZDM antes de atacar com uma gama completa de armamentos modernos, incluindo tanques e lançadores de mísseis SAM-7 para neutralizar o poder aéreo sul-vietnamita. As BAFs ao norte e a cidade de Dong Ha caíram em rápida sucessão, e os soldados do ERV começaram a tomar posições de defesa na cidade de Quang Tri. Eles então se seguraram contra os ataques de duas divisões do EVN e dois regimentos de

FOGUETE ANTIBLINDADO LEVE M72 66 MM HEAT

A vitória na Invasão de Páscoa em 1972 pode ser atribuída, em grande parte, à nova tecnologia de armamentos disponível para as tropas do ERV. Uma arma valiosa era o foguete antiblindado leve M72 HEAT (LAW – *Light Anti-Armour Weapon*), que deu aos soldados do ERV a capacidade individual de destruir muitos dos tanques T-54/55 e PT-76 do EVN. O M72 era um lança-foguetes descartável de tiro único antitanque. Feito de dois tubos de fibra de vidro intertravados (um carregando o míssil, o outro carregando o gatilho e a mira) que eram estendidos e travados para o disparo, ele pesava apenas 2,3 kg, mas sua cápsula HEAT (*High Explosive, Anti-Tank* – Alto poder Explosivo, Antitanque) poderia perfurar 30 cm de blindagem a uma distância de 300 m. A utilização inicial do M72 (1968) foi prejudicada por causa do baixo treinamento antitanque entre seus usuários, mas em 1972 ele já era aplicado com competência e causou baixas elevadas sobre os tanques do EVN operando ao redor das áreas urbanas.

QUANG TRI QUEIMA ENQUANTO OS SOLDADOS DO ERV, UM CARREGANDO UMA LAW, CELEBRAM A EXPULSÃO DO EVN.

A invasão de Páscoa viu Giap cometer enganos estratégicos fundamentais. O Vietcong e o EVN eram mestres na guerrilha, mas nas campanhas tradicionais contra as tropas do ERV e o poder aéreo americano eles muitas vezes ultrapassavam seus limites.

tanques, sendo apoiados por reforços qualificados de Fuzileiros e Rangers e por grandes ataques aéreos americanos. O poder de artilharia persistente do EVN, entretanto, era muito impressionante, e em 1º de maio os soldados do ERV começaram a retirada da cidade de Quang Tri. Tudo acabou em uma fuga desesperada e em pânico cruzando o Rio Thach Han, onde a linha de defesa do ERV estava estabelecida.

Hue havia se tornado, agora, o objetivo principal das forças de invasão do EVN ao norte. Contudo, até a metade de maio, Hue foi defendida pela elite da 1ª Divisão de Infantaria, soldados dos Fuzileiros, Rangers e Força Aérea, agora sob a liderança mais efetiva do Corpo 1, do general Ngo Quang Truong. Os ataques do EVN sobre

DIREITA: SOLDADOS SUL--VIETNAMITAS SE REÚNEM AO REDOR DOS CORPOS DE DOIS SOLDADOS DO EVN MORTOS PERTO DE DONG HA DURANTE A INVASÃO DE PÁSCOA.

Hue constantemente perdiam energia, e as forças do ERV começaram até mesmo a fazer contra-ataques de sucesso, apesar de estarem em menor número (seis divisões do EVN contra três do ERV). A maré estava virando no norte, e em 28 de junho iniciaram as tentativas do ERV de retomar a cidade de Quang Tri, apoiados todo o tempo pelos B-52s americanos e pela artilharia sul-vietnamita terrestre e naval.

Enquanto isso, o EVN estava prosseguindo intensamente com a sua invasão nos outros setores. O deslocamento do ERV para Kontum e Qui Nhon foi rápido, destruindo com rapidez as BAFs do ERV, capturando a cidade de Tan Canh nas redondezas de Kontum e destruindo os quartéis-generais divisionais da 22ª Divisão do ERV em Dak To, enquanto as forças comunistas na costa asseguravam grande parte do território lá.

Os ataques sobre Kontum começaram na metade de maio e os defensores deveriam perder a cidade em algumas horas. Porém, não foi bem assim. Assim como a resistência incrível dos defensores, o poder aéreo americano devastou as fileiras da infantaria e da armada do EVN. Os B-52s americanos e helicópteros de ataque equipados com mísseis TOW (lançados por um tubo, com rastreamento óptico e guiados por cabos) trabalharam em conjunto com as tropas de terra (equipadas com foguetes antimísseis LAW) para criar um ambiente letal para a tropa do EVN. As perdas do EVN foram tão profundas que, no final de maio, eles estavam se retirando de Kontum.

Um retrato similar do avanço e recuo do EVN foi evidente na parte mais ao sul da invasão. Na primeira semana de invasão, o EVN realizou dois golpes: um contra a cidade de Tay Ninh, que na verdade era uma dissimulação do ataque principal contra An Loc, a capital da província de Binh Long. Após a queda da principal pista de pouso de An Loc, em 7 de abril, os 6 mil habitantes e 3 mil defensores militares remanescentes sofreram um cerco. Mais uma vez, o EVN executou pesados assaltos blindados que novamente caíram frente às armas antitanque da infantaria e aos ataques aéreos. No entanto, a sua persistência possibilitou que eles tomassem a metade norte da cidade em uma batalha de rua feroz. De 10 a 14 de maio, sete regimentos do EVN lançaram os seus assaltos finais para tomar An Loc. Mais uma vez os B-52 alcançaram tal poder destrutivo que todos os ataques foram abalados. A situação se tornou insustentável para o EVN. Em 17 de maio, Kontum estava inteira nas mãos do ERV, e o EVN em retirada geral ou defesa, não apenas em Kontum como em todo o país.

A Invasão de Páscoa custou ao EVN a vida de 120 mil soldados, um número que não podia ser tolerado nem pelo Vietnã do Norte. Vários elementos contribuíram para a sua derrota: tropas foram desperdiçadas em assaltos frontais abertos; os esforços do EVN foram estrategicamente dispersos pelos vários *fronts* da invasão; e, talvez o mais significativo, eles não consideraram o efeito dos bombardeiros americanos.

A aeronave símbolo da Ofensiva de Páscoa foi o B-52. Três B--52s, em colaboração com o sistema Combat Skyspot de radar terrestre, poderiam destruir completamente qualquer coisa dentro de uma área de 8 km^2 de terreno, varrendo batalhões inteiros do EVN em um único sobrevoo. Os B-52s desempenharam um papel especialmente decisivo nos ataques da Operação Linebacker, em 1972. A Linebacker I foi lançada por Nixon em 8 de maio, em resposta à Invasão de Páscoa. Essa campanha de seis meses de duração retomou o bombardeio do Vietnã do Norte, começando com a destruição do porto de Haiphong em 8 de maio antes de destruir sistematicamente quase todas as bases de infraestrutura ao redor de Hanói. Assim como os ataques de bombardeio poderosos dos B-52s, os F-4 Phantoms e outras aeronaves de ataque americanas ago-

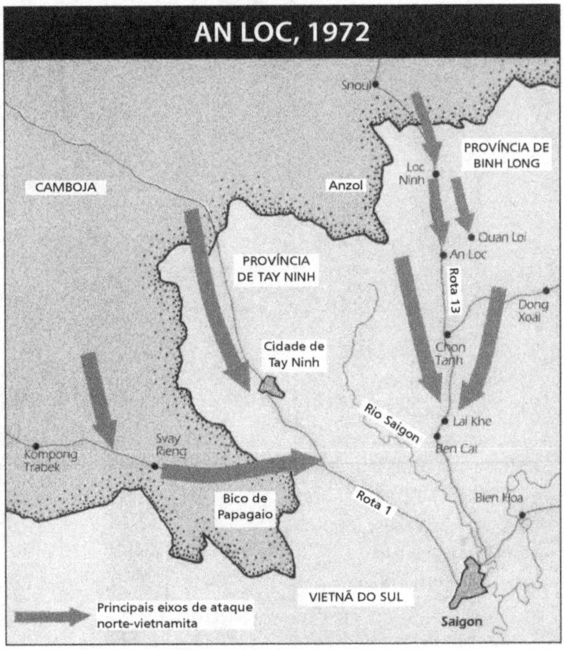

A repressão da invasão de Páscoa esmagou os militares do EVN, mas em alguns sentidos foi uma vitória. O Norte tinha adquirido áreas-chave do Sul, e o acordo de paz deixava o caminho aberto para uma nova invasão no futuro sem a presença americana.

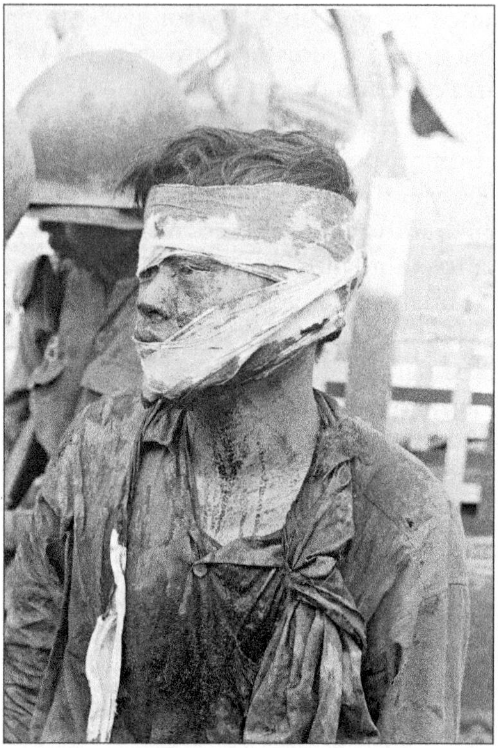

DIREITA: COM SUA CAMISA ENSANGUENTADA DOS FERIMENTOS NA CABEÇA E NO PEITO, UM SOLDADO VIETNAMITA ESPERA POR TRATAMENTO.

ra utilizavam uma ampla gama de armas com direcionamento a laser ou eletro-óptico para um efeito devastador sobre alvos como pontes e instalações de armazenagem de petróleo. A Linebacker I cortou a entrada de suprimentos do Norte em mais de 155 mil toneladas por mês, e os levou efetivamente à mesa de negociação.

O ACORDO DE PAZ DE PARIS

Em julho de 1972, os Estados Unidos e o Vietnã do Norte discutiram possíveis termos para a paz, sendo

DIREITA: DEZEMBRO DE 1972. UM MOMENTO DE DESCONTRAÇÃO DURANTE UMA OPERAÇÃO DE LIMPEZA A 45 KM DE SAIGON. AS AÇÕES MILITARES CONTINUARAM ATÉ AS ASSINATURAS FINAIS DO ACORDO DE PAZ DE PARIS.

que as figuras principais foram Kissinger e o negociador norte-vietnamita Le Due Tho. Foram feitas concessões de ambos os lados. Os Estados Unidos pararam de pressionar a questão da retirada norte-vietnamita do Sul, enquanto Le Due Tho aceitou que Thieu continuasse no poder, embora apenas na coalizão com o Governo Revolucionário Provisório do Vietnã do Sul (GRP). O GRP era a antiga Frente Nacional para a Libertação do Vietnã e, pelo acordo de paz de Paris, seria a estrutura comunista dominante no Sul, operando com o apoio do Norte. Em 8 de outubro, Kissinger aceitou a proposta que pedia o cessar-fogo, a troca de prisioneiros e a retirada das tropas americanas em até 60 dias após o acordo. Mas, fundamentalmente, o acordo era um assunto somente entre Estados Unidos e Vietnã do Norte, e permitia que os norte-vietnamitas mantivessem qualquer ganho territorial no Sul. Thieu se recusou a assinar. Nixon tentou forçar a assinatura de Thieu com a Operação Mais Melhorias – a contribuição de grandes quantidades de material militar (incluindo 300 aeronaves e 2 mil caminhões) para as forças sul-vietnamitas.

ACIMA: UM GRUPO DE SOLDADOS DO ERV SE REAGRUPA DEPOIS DE UMA LUTA PESADA NA REGIÃO DE DUC CO, PERTO DA FRONTEIRA COM O CAMBOJA.

Para o EVN, era vital que se assegurasse a retirada da Força Aérea americana do Vietnã. Enquanto permanecesse, qualquer possibilidade de invasão futura estava fadada ao fracasso.

DIREITA: UM AC-130 DE COMBATE, DA FORÇA AÉREA AMERICANA, SOBREVOA O VIETNÃ DO SUL, COM SEUS CANHÕES MARAVILHOSOS CLARAMENTE VISÍVEIS JUNTO À FUSELAGEM.

As conversas não chegaram a lugar algum, e em dezembro o Norte se retirou das negociações. Em um movimento extraordinário, Nixon deu ao Vietnã do Norte 72 horas para retornar. Diante da ausência de resposta, ele lançou a Operação Linebacker II em 18 de dezembro. Operada em grande parte pelos B-52s, Linebacker II destruiu depósitos, ferrovias, pontes e uma ampla variedade de outros alvos no Norte. Entretanto, as perdas americanas foram altas, com 15 B-52s abatidos entre as 26 aeronaves americanas perdidas. As aeronaves de ataque F-4 e F-105 tiveram de trabalhar muito para acabar com as zonas de mísseis terra-ar por todo o Norte.

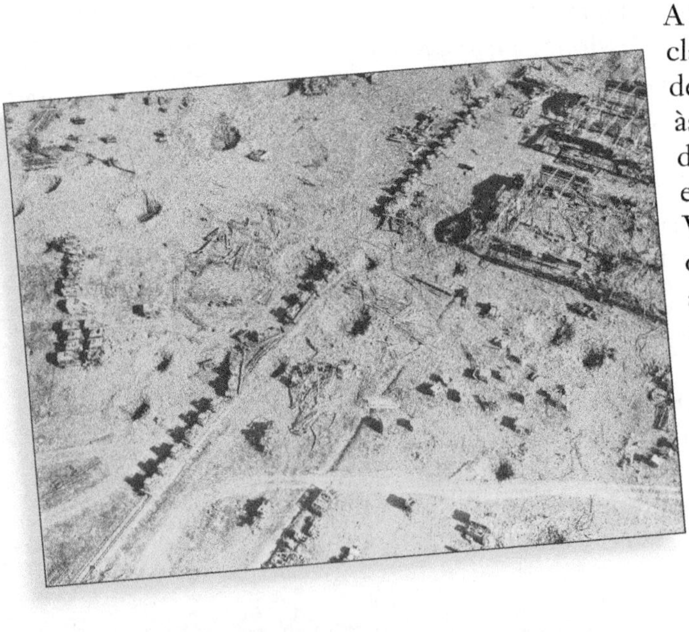

ABAIXO: UM PÁTIO FERROVIÁRIO NORTE-VIETNAMITA DESTRUÍDO PELOS ATAQUES DE B-52.

A Operação Linebacker II provocou clamor internacional, mas, em 28 de dezembro, Hanói havia retornado às negociações. Em 8 de janeiro de 1973, o Acordo de Paz de Paris era assinado por Estados Unidos, Vietnã do Sul, Vietnã do Norte e o GRP Vietcong. Os detalhes do acordo eram um pouco diferentes daquele de outubro de 1972. Ele retornava à aceitação da unidade do Vietnã – assim como o Acordo de Genebra, de 1954 – e dava 60 dias para as trocas de prisioneiros e a retirada final e irrevogável de todas as tropas americanas e aliadas do Vietnã, e de todas as tropas estrangeiras do Laos e do Camboja. A retirada das tropas seria supervisionada pela Comissão Militar Conjunta dos Quatro Partidos (CMCQP). Finalmente, as diferenças entre o Norte e o Sul seriam submetidas ao novo Conselho de Reconciliação e Concordância Nacional.

O Acordo de Paz de Paris se manteve e a guerra americana no Vietnã havia chegado ao fim. Cerca de 58 mil militares americanos haviam morrido, e mais de 153 mil ficaram feridos no Sudeste Asiático desde o início da década de 1960, e muitos analistas sentiam que o que estava sendo retratado como um acordo negociado era, na verdade, uma tentativa desesperada de se livrar do sufoco do Vietnã. Certamente, o governo do Vietnã do Sul permaneceu terrivelmente vulnerável ao expansionismo norte-vietnamita, especialmente agora que quase todas as zonas de fronteiras ocidentais estavam sob controle comunista. Kissinger e Le Due Tho acabariam recebendo o Prêmio Nobel da Paz pelos seus esforços, embora os dois anos seguintes demonstrassem que a paz ainda estava muito distante do Vietnã do Sul.

ABAIXO: UM SOLDADO DA 101ª DIVISÃO AÉREA RECEBE A CRUZ DE BRAVURA VIETNAMITA DE UM GENERAL SUL-VIETNAMITA DA 1ª DIVISÃO DO ERV DURANTE UMA CERIMÔNIA DE CESSAR-FOGO EM JANEIRO DE 1972.

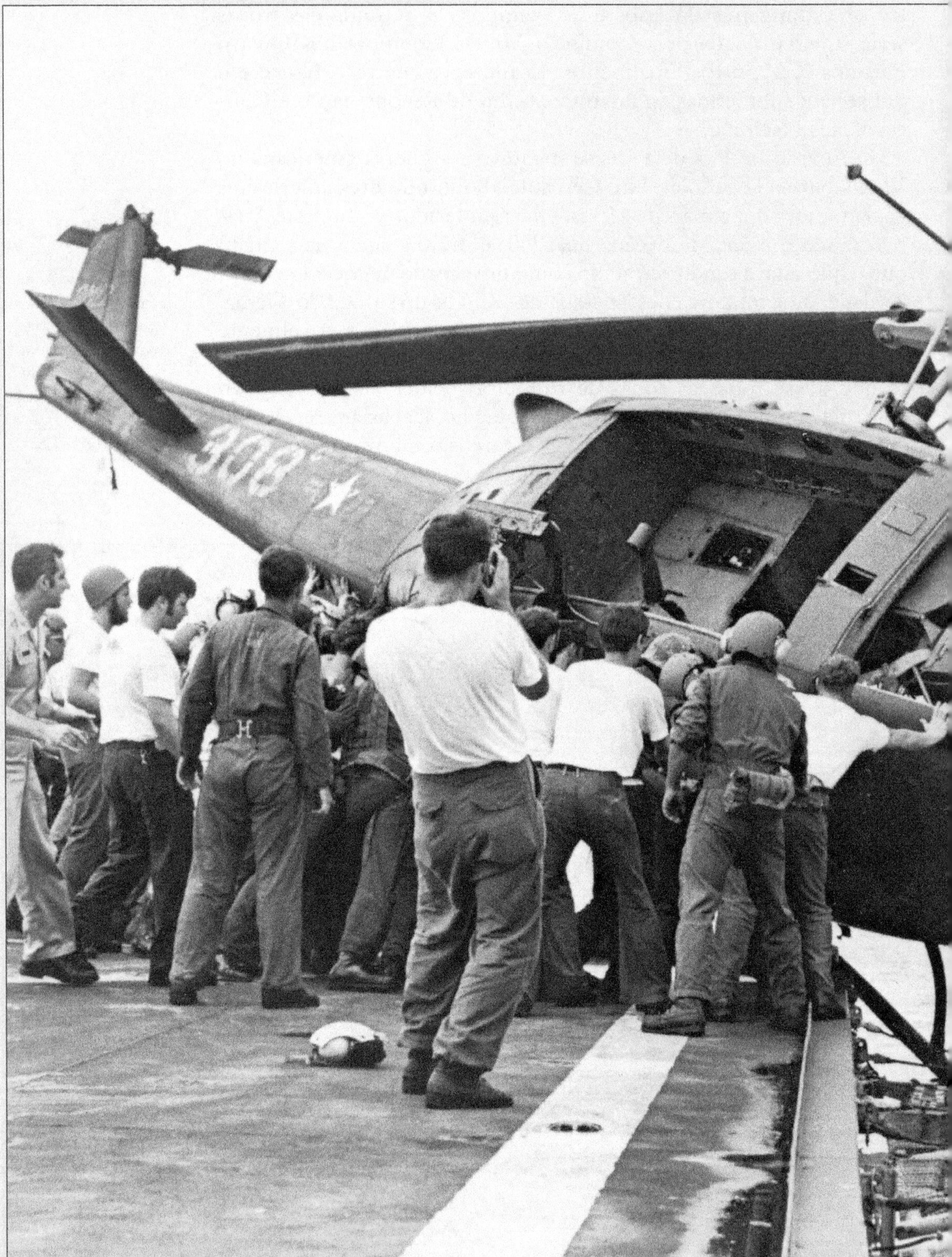

Capítulo 13

A Queda do Sul

Um helicóptero UH-1 é empurrado para o lado do USS Blue Ridge para abrir espaço para os outros helicópteros que estavam chegando após a evacuação de Saigon. O projeto americano de conter o comunismo falhou quando o Norte lançou a sua invasão final e dramática contra o Sul.

A crença do presidente Thieu em 1973 que o poder aéreo americano viria em seu auxílio sempre que necessário infelizmente se provou incorreta. O Vietnã do Sul estava agora realmente sozinho, e o Norte sabia que tinha liberdade para agir.

O final da fase americana da Guerra do Vietnã teve repercussões instantâneas por todo o Sudeste Asiático. A perda da determinação americana deu um impulso às forças comunistas em toda a região e colocou uma pressão nova e intensa sobre os governos do Laos e do Camboja – e os seus países já severamente enfraquecidos pela guerra que tinha respingado através da fronteira com o seu vizinho maior – para que firmassem os seus próprios acordos com os insurgentes. Contudo, no próprio Vietnã do Sul, agora sozinho, as capacidades militares deveriam atrasar consideravelmente a derrota, e talvez até mesmo evitá-la completamente.

No Laos, que estivera ocupado lutando a sua própria guerra civil por anos, o governo reconheceu o significado da retirada americana e assinou um acordo de paz e um regime de compartilhamento de poder em 1971 com as forças comunistas do Pathet Lao. O acordo logo ruiu e os insurgentes renovaram a sua campanha pelo controle total. Sem a cobertura dos Estados Unidos, o Exército Real do Laos não conseguiu suportar a pressão e o Laos caiu frente ao comunismo. O Pathet Lao e os seus aliados norte-vietnamitas prosseguiram então na caçada e assassinato daqueles que haviam apoiado o regime pró-americano.

No Camboja, a situação foi ainda pior. O general Lon Nol e as suas forças pró-americanas conduziram uma luta contínua e desesperada contra o Khmer Vermelho comunista e as forças invasoras

PRESIDENTE THIEU

THIEU FAZ O JURAMENTO DO CARGO.

Nascido em 1923, Nguyen Van Thieu se tornaria presidente do Vietnã do Sul e também um símbolo duradouro dos problemas que assolaram seu governo. Thieu tinha servido no Vietminh por um breve período, mas mais tarde se uniu ao Exército Vietnamita que servia à França. Ele se formou na Academia Militar de Dalat e recebeu treinamento nos Estados Unidos. Em 1963, Thieu tinha se tornado um general poderoso, forte apoiador dos Estados Unidos e de ação vigorosa contra os comunistas. Ele participou do golpe contra Diem e, como consequência, foi promovido. O apoio americano assegurou a ele um lugar no gabinete em 1965, e ele continuou utilizando o apoio americano para subir ao poder como presidente em 1967. Uma vez no poder, Thieu, embora confiando no auxílio americano, mostrou-se intratável. Seu regime dependia de táticas ditatoriais para permanecer em vigor, e fez muito pouco para ganhar o apoio dos sul-vietnamitas, o que seria vital para uma guerra vitoriosa. A corrupção corria solta em seu governo, dividindo a nação e enfraquecendo as Forças Armadas. Thieu se posicionou contra a retirada americana da guerra e contra qualquer negociação com o Vietnã do Norte. Quando a guerra se aproximou de um desfecho, ele criticou o abandono americano ao seu povo, mas ele mesmo fez pouco para ajudá-los. Quando as forças comunistas se aproximaram de Saigon em 1975, Thieu renunciou ao poder e fugiu do país. Embora derrotado e em desgraça, Thieu foi para o exílio em posse de milhões de dólares. O dinheiro tinha sido enviado como ajuda para o povo sul-vietnamita, mas tinha parado nas contas de Thieu em bancos estrangeiros. Sua própria corrupção ajudou a destruir o Vietnã do Sul.

ESQUERDA: A INFRAESTRUTURA DO VIETNÃ DO NORTE TINHA SIDO SEVERAMENTE DANIFICADA PELOS ANOS DE BOMBARDEIOS AMERICANOS, COMO MOSTRA ESSA PONTE FERROVIÁRIA INTERROMPIDA.

ABAIXO: A PONTE FERROVIÁRIA RECONSTRUÍDA EM LONG BIENH É REINAUGURADA COM UMA CERIMÔNIA EM MARÇO DE 1973.

do EVN. No início de 1973, os comunistas no Camboja tinham a vitória nas mãos e estavam se reunindo para um ataque sobre a capital, Phnom Penh. Em um esforço para salvar a situação, o presidente Nixon aprovou um sobrevoo sobre a cidade e o bombardeio do Khmer Vermelho pelos Boeings americanos B-52. Os bombardeios gigantescos fizeram enormes baixas entre os comunistas cambojanos, cerca de 20 mil vidas, e afastaram o enfraquecido Khmer Vermelho para longe da capital. Além disso, a ação acabou destruindo a frágil economia cambojana e criando quase 2 milhões de refugiados. De fato, a vitória foi transitória, pois o descontente Congresso americano interrompeu os bombardeios ao cortar todo o seu financiamento. Os comunistas se reuniram mais uma vez e no início de 1974 lançaram uma ofensiva renovada contra a conturbada capital.

Em abril, o Khmer Vermelho se posicionou mais uma vez para obter o poder no Camboja. Embora os Estados Unidos tentassem conseguir um acordo de paz, e o presidente tentasse arranjar mais de 200 milhões de dólares em auxílio emergencial, não havia como impedir o colapso inevitável do regime de Lon Nol, e em 17 de abril a capital estava nas mãos dos comunistas. Os resultados da conquista foram horríveis. O Khmer Vermelho expôs uma forma brutal e agrária de marxismo. O seu objetivo era converter o país em um paraíso rural e camponês. Para isso, o Khmer Vermelho transferiu à força os cidadãos urbanos para o interior, para "reeducá-los" e então convertê-los em trabalhadores camponeses. A realidade por trás desta doutrina era extremamente brutal. Intelectuais burgueses eram assassinados sem qualquer critério, considerados agentes da

DIREITA: UM SOLDADO SUL-VIETNAMITA, ARMADO COM UM LANÇA-GRANADAS M79 BLOOPER, PARA POR UM MOMENTO PARA ANALISAR COM CAUTELA O PERIGO À FRENTE.

"opressão capitalista". Usar óculos ou falar corretamente já era motivo o bastante para ser assassinado. O resultado foi um holocausto cambojano no qual milhões de pessoas perderam as suas vidas nos "campos de extermínio".

ABAIXO: UM DOS PRIMEIROS SOLDADOS A DEIXAR O VIETNÃ DEPOIS DO CESSAR-FOGO DE 1973 LEVANTA SUA BAGAGEM EUFÓRICO DEPOIS DO DESEMBARQUE NA BASE TRAVIS DA FORÇA AÉREA NA CALIFÓRNIA.

UMA NOVA GUERRA NO SUL

No Vietnã do Sul, o acordo de paz não interrompeu a guerra, apenas a alterou. Em 1973, os sul-vietnamitas se encontravam em uma posição muito forte. O ERV tinha mais de um milhão de homens em sua armada e os armamentos americanos mais modernos. A força da FANV deu aos sul-vietnamitas um poder de fogo tremendo, o que era uma grande vantagem sobre os seus inimigos, assim como os americanos queriam. Finalmente, o Vietnã do Sul estava inundado no auxílio financeiro fornecido pelos Estados Unidos. O EVN, pelo contrário, ainda tinha de se recuperar dos sérios golpes que tinha recebido no ano anterior. Havia apenas cerca de 150 mil homens e mulheres nas forças comunistas no Vietnã do Sul, e eles controlavam apenas 25% do interior do país. Além disso, a rede logística do EVN fora despedaçada. O presidente Thieu, do Vietnã do Sul, percebeu a sua vantagem e escolheu utilizá-la antes que o Vietnã do Norte conseguisse se reagrupar.

Depois da cara Ofensiva de Páscoa, o Vietnã do Norte começou a trabalhar na reconstrução de suas forças para uma nova invasão. No final de 1974 já tinha aumentado seu número de soldados em 50%, para 300 mil.

Thieu, entretanto, superestimou a sua força. Mesmo que os números e os armamentos do ERV fossem impressionantes, a sua liderança ainda era fraca e seu moral, às vezes, nem existia. Politicamente, nem Thieu nem os seus antecessores tinham feito o necessário para ganhar a lealdade do seu próprio povo. O regime era corrupto e despótico. A situação piorou ainda mais quando a economia do Vietnã do Sul, muito dependente do auxílio americano, entrou em colapso no início de 1974 e milhões de pessoas se tornaram ainda mais empobrecidas. Quando a situação militar piorou e Thieu teve que clamar à lealdade da sua população, descobriu que havia muito poucas pessoas apoiando a ele e ao seu governo. Se tudo o mais falhasse, Thieu acreditava que poderia chamar o apoio militar americano para salvar a situação. Ele não poderia acreditar que os Estados Unidos, depois de terem investido tanto, permitiriam que o seu país caísse. Nisso, ele também estava errado. O Congresso americano, controlado ago-

ABAIXO: PRISIONEIROS VIETCONG SÃO REUNIDOS NA BASE AÉREA DE LOC NINH ANTES DE SUA LIBERTAÇÃO.

Quando deixaram a guerra, os Estados Unidos se sentiram menos obrigados a manter suas grandes contribuições financeiras ao Vietnã do Sul. Com esse apoio crucial em declínio, a instabilidade da economia do Vietnã do Sul – e de seu exército – se tornou bem aparente.

ra pelos "Pombos da Paz", aprovou a Lei dos Poderes de Guerra em novembro de 1973, ignorando o veto do presidente Nixon. Se o Congresso americano tinha abdicado de muito poder na "Resolução do Golfo de Tonquim", agora estava tomando de volta parte do poder do presidente. A Lei dos Poderes de Guerra exigia que o presidente notificasse o Congresso americano da decisão de enviar tropas para o exterior com 48 horas de antecedência. A menos que houvesse uma aprovação do congresso para esse deslocamento de tropas, elas deveriam ser removidas em até 60 dias. E mesmo Nixon, que certamente desejava defender o Vietnã do Sul, encontrou-se em meio a uma batalha por sua sobrevivência política na sequência do escândalo de Watergate. Em agosto de 1974, o presidente, cercado por todos os lados, preferiu renunciar a enfrentar o impeachment. O seu sucessor foi Gerald Ford, que já tinha sido apontado anteriormente para o cargo de vice-presidente no lugar do desacreditado Spiro Agnew. Ford não foi eleito, e o seu mandato não tinha força para tomar uma ação firme. Assim, a facção a favor da paz governou Washington, D.C. e, com isso, nem os homens nem os bombardeiros americanos voltaram ao Vietnã. Thieu não teria nenhuma ajuda militar.

A FRAQUEZA DO SUL

Enquanto as forças sul-vietnamitas ganhavam terreno na nova guerra, os norte-vietnamitas se contentavam em recuar. Essa era a intenção dos comunistas: reconstruir o seu sistema de logística para permitir que ele apoiasse um grande assalto terrestre convencional. Portanto, enquanto Thieu pensava estar vencendo, o EVN estava apenas ganhando tempo. O período de prosperidade e vitória do Vietnã do Sul

ABAIXO: UMA CENA DA VIDA NORMAL NO CENTRO DE HANÓI, EM 1973. OS CIVIS E MILITARES ERAM SEMPRE MAIS INTEGRADOS NO NORTE, COMO SUGERE ESTA FOTOGRAFIA.

foi bem curto, em parte por causa da corrupção crescente no regime de Thieu. Dos bilhões de dólares de auxílio americano que o Vietnã do Sul recebeu, a maior parte acabou nos bolsos de Thieu e de seus assessores. Compravam-se e vendiam-se promoções, as unidades tinham de pagar mais para receber os seus suprimentos, e os pilotos exigiam um alto pagamento adicional para colocar as suas aeronaves em combate. Os oficiais do ERV, na verdade, vendiam suprimentos militares americanos para os seus adversários comunistas em sua busca incessante por lucro. A indignação pública com a corrupção crescia conforme piorava a situação no Vietnã do Sul.

A construção de uma economia funcional no Vietnã do Sul nunca havia sido uma prioridade americana, e o país acabou virando um parasita, alimentando-se dos Estados Unidos. Quando deixada à sua própria sorte, a frágil economia encalhou na falência total em 1974, com os seus problemas inerentes exacerbados pela ausência do dinheiro uma vez gasto pelos militares americanos, agora não mais existente. A inflação explodiu para quase 200%, destruindo a vida e as esperanças de muitos e aumentando a insatisfação com o governo. Levantaram-se protestos em Saigon contra Thieu e o seu regime político. Milhões estavam desempregados e desabrigados. Enquanto o Norte observava com intenso interesse, o Vietnã do Sul começou a entrar em colapso sob o peso dos seus próprios problemas.

ABAIXO: FEVEREIRO DE 1973. SOLDADOS CELEBRAM O ANÚNCIO DO CESSAR-FOGO.

ACIMA: CORRUPÇÃO NAS RUAS: MERCADO NEGRO DE SAIGON, ONDE QUASE QUALQUER COISA PODIA SER VENDIDA OU COMPRADA.

O Exército e a Força Aérea ainda mantinham a sua vantagem importante em matéria de poder de fogo, e estavam prontos para esmagar qualquer tentativa do EVN de uma invasão. Entretanto, os problemas econômicos que assolavam o Vietnã do Sul também deixaram as suas forças armadas quase inúteis. O exército sul-vietnamita era poderoso, mas também era muito caro. Dependendo de tecnologia, transporte motorizado e operações móveis, ele demandava um orçamento de 3 bilhões de dólares por ano para funcionar. A corrupção, é claro, também desempenhou o seu papel no custo operacional do ERV. A economia sul-vietnamita, mesmo em suas melhores épocas, podia produzir apenas uma pequena fração da quantidade de dinheiro necessária para abastecer as Forças Armadas, isso sem contar as outras necessidades do país. O colapso econômico indicava que o Vietnã do Sul se tornaria ainda mais dependente da ajuda militar americana.

O *boom* econômico nos Estados Unidos havia terminado no início da década de 1970, situação piorada pelo início do embargo ao petróleo da OPEP. A recessão ameaçava os Estados Unidos, e o Congresso americano não estava muito caridoso em relação ao auxílio financeiro ao Vietnã do Sul. Em 1973, os EUA enviaram 2,3 bilhões de dólares em auxílio militar para o Vietnã do Sul. O total caiu abruptamente para 1,1 bilhão em 1974. Thieu criticou os cortes, mas o Congresso americano não lhe deu a menor atenção. Como resultado, a efetividade do ERV e da FANV caíram dramaticamente. O Vietnã do Sul não conseguia pagar combustível, peças de reposição ou mesmo a manutenção da maior parte do vasto arsenal de armamentos americanos. Tanques, jatos, artilharia e caminhões, ficaram todos inativos porque o Vietnã do Sul não tinha dinheiro para utilizá-los. Quando o EVN atacou, descobriu que o ERV e a FANV haviam perdido a sua vantagem crítica no poder de fogo. De fato, a maioria das divisões do ERV ficaria imóvel, paralisada pela falta de combustível. Assim, o EVN conseguiria atacá-los um a um. No final, então, a política de Nixon de vietnamização tinha sido uma política falida, como Thieu percebeu quando protestou contra o acordo de paz. A vietnamização havia sido um plano para a retirada americana da guerra, sem prestar atenção real nas necessidades do Vietnã do Sul. Sem a imensa ajuda americana, o Vietnã do Sul não conseguiria se defender como uma nação viável.

O NORTE ATACA

Desde a sua derrota nas mãos dos bombardeiros americanos em 1972, os norte-vietnamitas haviam se contentado em reconstruir as suas linhas de logística e a força das suas tropas. Esses esforços também envolveram treinamento adicional e prática na condução de ofensivas terrestres convencionais. Além disso, o Norte colocou ênfase na aquisição dos armamentos soviéticos mais modernos. Os erros do passado não seriam repetidos. Os comunistas observavam com um interesse crescente enquanto o escândalo de Watergate engolia os Estados Unidos e tanto o governo quanto a economia sul-vietnamita lentamente implodiam. Parecia que o tempo de um ataque para reunificar o país havia chegado. Várias pessoas dentro da estrutura de poder comunista pressionavam por uma ofensiva imediata, mas outros temiam que tal ação pudesse trazer de volta os B-52. Por fim, Le Duan, membro do Politburo, desenvolveu um consenso. Como resultado, o general Van Tien Dung, que tinha substituído Giap como chefe de gabinete, ordenou às forças norte-vietnamitas que atacassem a província de Phuoc Long, no Vietnã do Sul. As duas divisões envolvidas na operação estavam sob o comando o general Tran Van Tra.

O Vietnã do Norte ordenou esse ataque limitado sobre uma província pouco importante do Vietnã do Sul por vários motivos. Primeiro, o Norte queria ver como o formidável ERV, maior e tecnologicamente superior, lutaria em uma batalha convencional. O Norte também usaria a ofensiva como um teste das suas próprias capacidades para conduzir uma ofensiva convencional. Finalmente, os comunistas queriam ver como Gerald Ford, o novo presidente americano, reagiria. Nixon havia prometido continuar apoiando o governo do Vietnã do Sul, e poucos no Norte acreditavam que os Estados Unidos, depois de terem investido tanto dinheiro e tanto sangue, ficariam de fora e assistiriam à queda do Sul.

VIETNÃ DO SUL, 1973-1974

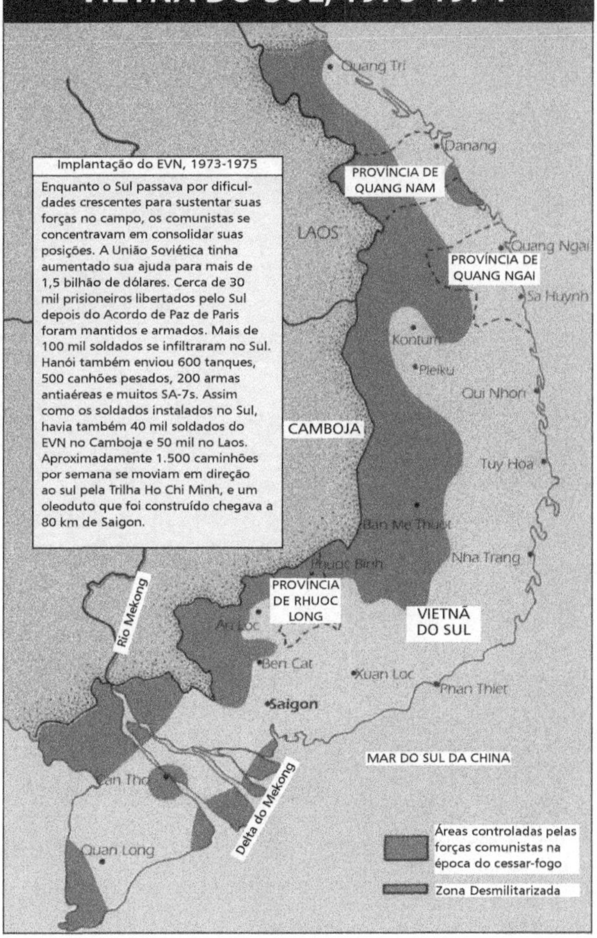

O ataque aconteceu na metade de dezembro de 1974. Inicialmente, os soldados do ERV na área lutaram com bravura, mas não conseguiram conter a maré. Faltou ao ERV, nesta e nas batalhas vindouras, a vantagem de poder de fogo que eles e as forças americanas desfrutaram por toda a guerra até aqui. A FANV e a artilharia do ERV simplesmente não tinham mais o poder de destruir o EVN, ao mesmo tempo que o poder de fogo do EVN havia aumentado dramaticamente. Assim, o EVN tomou toda a província em três semanas, vencendo a sua primeira batalha convencional de verdade em toda a guerra. Embora o Norte tivesse violado o acordo de paz e o presidente Thieu tivesse clamado por ajuda, os Estados Unidos não fizeram nada. Estava claro para os comunistas que agora eles tinham a liberdade para lançar a ofensiva projetada para acabar com

ESQUERDA: DURANTE O ATAQUE NORTE-VIETNAMITA NO PLANALTO CENTRAL, OS ARTILHEIROS DO ERV PERTO DE KONTUM RESPONDEM COM BOMBAS DE 105 MM.

a guerra, livres do medo de retaliações americanas. Um líder comunista chegou a brincar que os americanos não retornariam ao Vietnã "nem se oferecêssemos doces a eles".

ASSALTO NO PLANALTO CENTRAL

O próprio general Dung comandou a próxima fase da ofensiva. O seu plano era exatamente o que Westmoreland havia esperado a guerra inteira: um golpe no Planalto Central projetado para dividir o Vietnã do Sul ao meio. Cinco divisões do EVN, incluindo tanques, artilharia e engenheiros, seguiram em frente em 1º de março. O comandante do ERV na área, general Phu, tinha o mesmo número de homens sob o seu comando, e esperava interceptar o assalto comunista em Pleiku. Entretanto, Dung não prosseguiu como o seu adversário esperava, mas manobrou para o sul, na direção do entroncamento rodoviário em Ban Me Thuot, área crítica, mas pouco defendida. Os mil defensores da área lutaram bravamente, mas sucumbiram ao massacre em uma semana. A posição de Phu em Pleiku havia sido flanqueada, e as suas forças estavam prestes a sofrer um cerco. O esforço do EVN para seccionar o Vietnã do Sul estava quase conseguido.

ABAIXO: UM SOLDADO DE UMA COMPANHIA ANTIAÉREA DO EVN MANTÉM SEU POSTO PERTO DE UMA PONTE SOBRE O RIO MA. ELES ALEGAM TER DERRUBADO 100 AERONAVES AMERICANAS, MAS NESSE ESTÁGIO DA GUERRA NÃO PRECISAVAM MAIS ENTRAR EM AÇÃO.

Conforme o EVN avançava, o presidente Thieu tomou a decisão mais mal orientada da guerra. Ele ordenou que as suas tropas no Norte recuassem para uma linha que ia de

Tuy Hoa, na costa, até a fronteira com o Camboja. Em essência, ele escolheu render a metade norte do seu país ao inimigo, enquanto tentava ao mesmo tempo formar uma linha defensiva para o sul. A sua decisão exigia que o ERV executasse a operação mais difícil em tempo de guerra, um recuo em luta. Entretanto, sua liderança e seu moral não estavam à altura do desafio. As ordens de Thieu eram que o general Phu recuasse para o Planalto Central. Ele obedeceu entrando no avião mais próximo, abandonando os seus homens e um número crescente de refugiados à sua própria sorte. As estradas da região logo foram tomadas por uma forte multidão de 200 mil soldados e civis, todos fugindo para a distante segurança de Tuy Hoa. O EVN desencadeou uma retirada frustrada de artilharia sobre a massa confiante de homens, transformando assim a retirada em uma estrada da morte. Mais de 100 mil morreram ou foram capturados durante a fuga desesperada. A retirada estratégica havia se tornado uma rota fatal.

ACIMA: O ÊXODO. CONSELHEIROS AMERICANOS E SOLDADOS DO ERV CORREM PARA A EVACUAÇÃO VIA HELICÓPTERO DE QUANG TRI, EM JANEIRO DE 1972.

ESQUERDA: OS JORNAIS DIZEM TUDO. EM FRENTE À CASA BRANCA, DOIS TURISTAS LEEM SOBRE A RENÚNCIA DO PRESIDENTE RICHARD NIXON. A SITUAÇÃO DE THIEU FICAVA ASSIM AINDA MAIS DESANIMADORA.

DESASTRE NO NORTE

Durante o desastre no Planalto Central, outras cinco divisões do EVN atacaram as províncias ao norte do Vietnã do Sul. Mais uma vez, depois de uma defensiva inicial forte, os soldados do ERV rapidamente se retiraram. Estes homens e mulheres estavam na posição mais perigosa de todas. Quando Thieu ordenou a evacuação do Planalto Central, os soldados e civis das províncias ao norte perceberam que estavam encurralados. A sua única esperança de evitar um destino de morte ou reeducação parecia ser uma fuga em massa para a costa, onde esperavam que o governo sul-vietnamita ou os americanos os evacuassem pelo mar. Milhões de pessoas afluíram na direção das cidades costeiras de Hue e Danang, em uma última aposta pela liberdade. Alguns soldados do ERV baixaram as suas armas e fugiram junto com os civis, tentando se misturar entre a população refugiada sem serem percebidos. O governo sul-vietnamita tentou fazer uma retirada aérea dos civis de Danang. Entretanto, o esforço chegou tarde demais, e os aviões que conse-

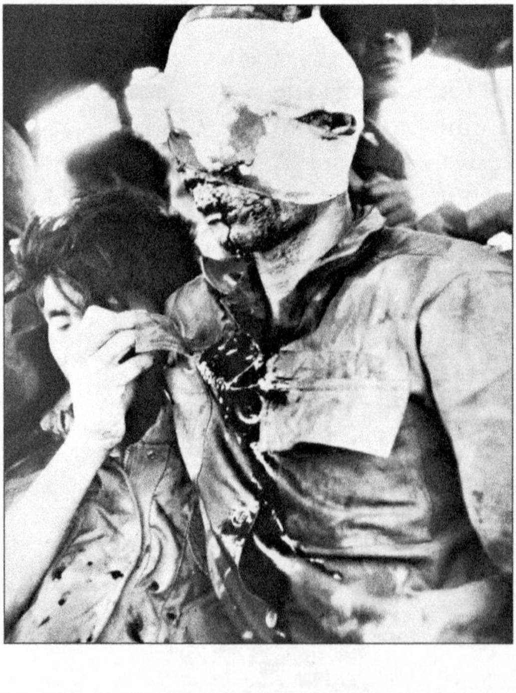

ABAIXO: O PROBLEMA CONTINUA. UM SUL-VIETNAMITA É LEVADO DEPOIS DE SER FERIDO DURANTE UMA BATALHA EM SAIGON.

guiram partir estavam muitas vezes em poder dos soldados, que às vezes atiravam nos civis que eles deveriam proteger em um esforço brutal para se salvarem da carnificina iminente.

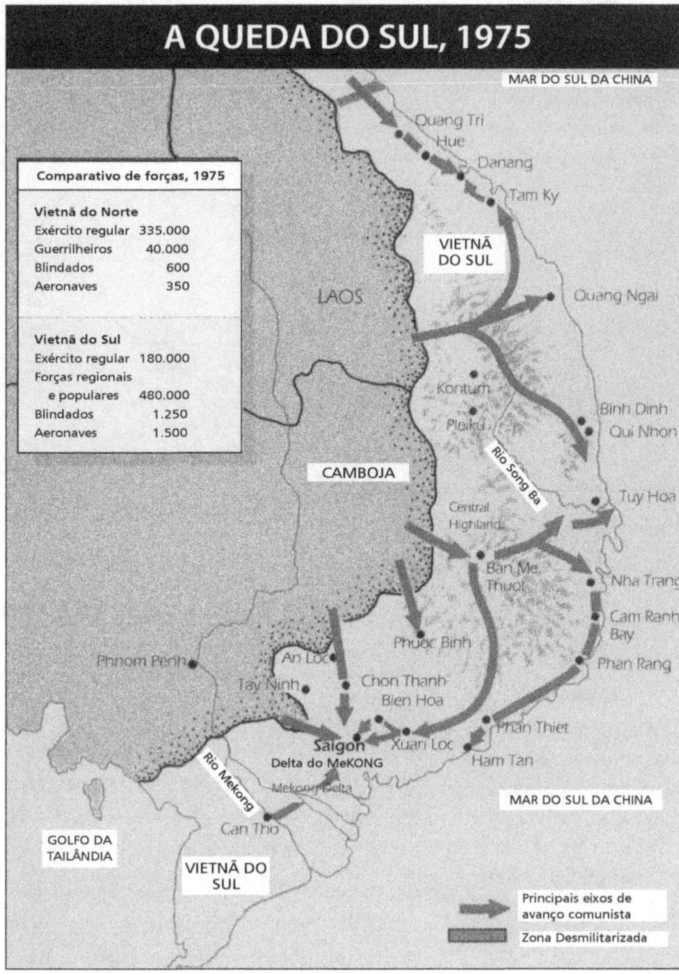

Em 26 de março a cidade de Hue caiu sem lutar, e as forças do EVN se aproximaram e cercaram o último bastião do norte, Danang. Os comunistas adiaram um pouco o seu ataque sobre Danang em um esforço para permitir que qualquer americano pego em meio à batalha conseguisse partir da cidade assolada. Dung não queria que houvesse nenhuma morte americana para servir de possível desculpa para uma entrada dos Estados Unidos na briga. Em 30 de março, as forças comunistas capturaram Danang sem luta. Dos dois milhões que tinham procurado refúgio lá, apenas 50 mil tinham escapado para o sul antes da queda da cidade. Durante o mês de abril, o EVN continuou a avançar rumo ao sul pela costa sul-vietnamita. O ERV estava em tão completa fuga que o EVN às vezes tinha dificuldade de acompanhar o ritmo. O colapso continuava.

Nem os norte-vietnamitas nem os oficiais americanos tinham esperado as vitórias rápidas de março de 1975. Por sua vez, os comunistas haviam esperado que o ERV lutasse bravamente e mantivesse a guerra por um ano, com apoio americano contínuo. A inteligência americana não havia nem mesmo esperado um ataque do EVN em 1975, muito menos o colapso completo do ERV que se seguiu. As duas nações lutavam agora para lidar com algo completamente inesperado.

DIREITA: CONFORME EMERGIA O DESASTRE, O PÂNICO TOMAVA CONTA DAS MULTIDÕES EM SAIGON. AQUI, UMA TURBA AGITADA CERCA O PALÁCIO PRESIDENCIAL.

DECISÃO NOS ESTADOS UNIDOS

Oficiais comunistas notificaram ao general Dung, em 23 de março, que concentrasse todas as suas forças no esforço para capturar Saigon. O EVN tinha que pressionar a sua vantagem, não permitindo que o ERV tivesse tempo para se recuperar. Dung foi instruído a capturar Saigon antes do início da estação das monções, em maio. Se as chuvas chegassem antes da queda de Saigon, a ofensiva do EVN se atrasaria, dando assim a Thieu e às suas forças ainda poderosas tempo para se reagruparem e organizarem uma defesa para o terço sul mais populoso do país. Qualquer atraso daria também a Thieu uma oportunidade adicional de apelar pela volta do envolvimento americano no conflito. Nos Estados Unidos, o presidente Ford e o Secretário de Estado Kissinger procuravam maneiras de apoiar o seu aliado cambaleante. Ambos perceberam que a utilização das forças americanas estava fora de cogitação, dada a realidade política da época. Ford bem que tentou fazer o melhor possível, e em 10 de abril foi a público na TV fazer um pedido emocionado por 722 milhões de dólares em auxílio militar de emergência para o Vietnã do

ABAIXO: ALGUNS DOS 5 MIL CIDADÃOS AMERICANOS EVACUADOS DE SAIGON POR HELICÓPTERO CHEGAM NO NAVIO DE COMANDO ANFÍBIO USS BLUE RIDGE DURANTE AS OPERAÇÕES FRENÉTICAS DE RETIRADA AÉREA NO FINAL DE ABRIL DE 1975.

Sul. Entretanto, o povo e o Congresso americano estavam cansados do conflito. O interesse americano na guerra havia acabado, e a população dos Estados Unidos estava agora preocupada com outros assuntos, tais como a economia moribunda do país. Não haveria mais financiamento para Thieu e o seu regime. Em um discurso em 23 de abril, Ford tornou isso oficial e informou a nação que a guerra no Vietnã estava sendo perdida, e que o envolvimento americano nela havia acabado.

ACIMA: REFUGIADOS VIETNAMITAS AGORA SÃO MANTIDOS EM UM NAVIO MERCANTE AMERICANO NO MAR DO SUL DA CHINA, FORA DA COSTA DO VIETNÃ.

O ATAQUE A SAIGON

Quando todas as esperanças de um envolvimento americano de última hora terminaram, as forças de Dung convergiram para a condenada cidade de Saigon. O último obstáculo no seu caminho era a 18ª Divisão do ERV, que mantinha o entroncamento rodoviário em Xuan Loc, a 56 km a nordeste de Saigon. Aqui, na metade de abril, 40 mil soldados do EVN, artilharia e tanques, atacaram a solitária divisão do ERV. Seguiu-se uma batalha épica, na qual a 18ª Divisão segurou o avanço do EVN por toda uma semana. Embora tenha sido heroico, o sacrifício da 18ª Divisão não poderia fazer nada mais do que deter por um momento o avanço vitorioso das forças comunistas. Em 21 de abril, a batalha de Xuan Loc havia terminado, e o EVN quebrara as defesas de Saigon. Nada poderia pará-los agora.

No mesmo dia em que Xuan Loc caiu, e com a nação se despedaçando ao seu redor, o presidente Thieu renunciou. Em seu discurso de despedida, ele atacou os Estados Unidos por terem abandonado o Vietnã do Sul. Poucos dias depois, fugiu do país. Thieu passou o poder para seu vice-presidente, Tran Van Huong, que, por sua vez, também renunciou, deixando o poder para o general Minh. O novo líder, que também havia governado o Vietnã do Sul por um breve período depois da derrubada de Diem, procurou negociar um acordo com o Vietnã do Norte enquanto ainda tinha algum poder. Contudo, o Norte, com a vitória total à vista, recusou seu pedido.

ACIMA: HELICÓPTEROS UH-1D JAZEM DESTRUÍDOS EM UM AERÓDROMO ENQUANTO SOLDADOS DO EVN TOMAM O LOCAL.

Acima: Soldados do EVN correm pela base aérea de Tan Son Nhut, em Saigon. A queda da cidade está próxima.

Apenas neste último minuto, os Estados Unidos começaram um esforço para evacuar os seus cidadãos e os milhares de sul-vietnamitas que tinham sido leais ao esforço de guerra americano. As operações de resgate estavam planejadas já há algum tempo, mas não haviam sido implementadas por medo de que a evacuação causasse pânico em Saigon. Os estrategistas americanos, incluindo o embaixador Martin, também acreditavam que Saigon conseguiria se manter por algum tempo, mas estavam errados. O primeiro plano para evacuação pedia o uso de aviões de transporte militares na base aérea de Tan Son Nhut. Cerca de 50 mil pessoas foram evacuadas desta maneira. Contudo, em 29 de abril, os comunistas começaram um ataque sobre a base aérea que forçou os americanos a depender das evacuações via helicóptero dentro de Saigon mesmo.

FUGA DE DANANG PARA A LIBERDADE

Enquanto os norte-vietnamitas se aproximavam de Danang, quase dois milhões de civis sul-vietnamitas e forças do ERV lutavam para escapar da cidade condenada. O massacre em Hue durante a Ofensiva do Tet indicava à turba em pânico que apenas tortura e morte esperavam por aqueles que não conseguissem chegar ao sul. Os esforços do governo sul-vietnamita para salvar seus cidadãos foram lamentavelmente inadequados. Parecia não haver maneira de escapar. Entretanto, em parte por seu valor na mídia, o presidente da World Airways levou um Boeing 727 para Danang e resgatou o máximo de mulheres e crianças possível, enquanto equipes de TV cobriam a tocante história. Quando o avião começou a carregar sua carga humana, uma multidão de soldados do ERV, percebendo que aquele seria o último avião a deixar Danang, correu para bordo da aeronave. Mulheres e crianças, inclusive os filhos dos próprios soldados, foram pisoteadas na confusão. Os soldados fortemente armados lotaram o avião e tomaram o controle. Enquanto o assustado piloto se preparava para decolar, vários soldados do ERV que não tinham conseguido subir a bordo o atacaram com rifles e granadas. Se eles não pudessem sair, ninguém poderia. O avião superlotado teve pequenos danos e conseguiu decolar. O piloto se assustou ao perceber que não conseguia recolher o trem de pouso depois da decolagem. O problema não era

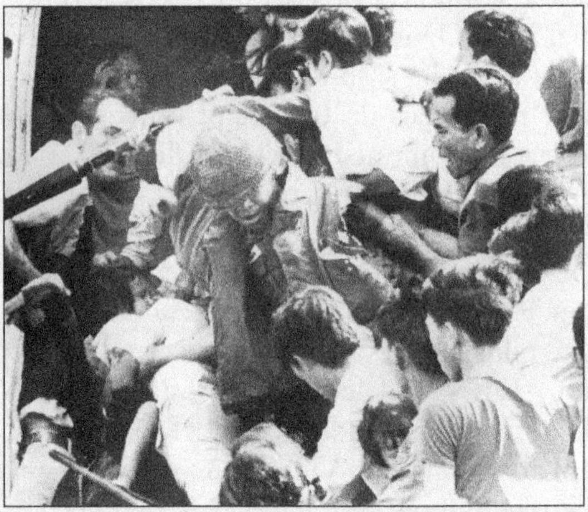

A luta para entrar a bordo.

mecânico – vários soldados desesperados tinham buscado refúgio no compartimento das rodas em uma aposta final pela liberdade. Alguns foram esmagados pela tentativa de recolher as rodas, e alguns despencaram para a morte, mas outros se agarraram à vida por todo o voo de 90 minutos até Saigon e sobreviveram. Quando o avião pousou em segurança em Saigon, descobriu-se que apenas cinco mulheres e crianças tinham conseguido subir a bordo.

DIREITA: A RENDIÇÃO SUL--VIETNAMITA É ANUNCIADA, E OS SOLDADOS JOGAM FORA SEUS UNIFORMES EM FRENTE AO PALÁCIO. QUALQUER IDENTIFICAÇÃO COM AS AUTORIDADES POLICIAIS OU MILITARES PODERIA SER PERIGOSA.

Mesmo durante o ataque de foguetes sobre Saigon, os Estados Unidos lançavam a Operação Frequent Wind, a sua última operação na Guerra do Vietnã. Ônibus deveriam pegar os vietnamitas e estrangeiros qualificados para a evacuação e levá-los aos heliportos por toda a cidade. O transporte logo foi sobrecarregado pela multidão de civis desesperados para fugir da cidade, a maioria deles carregando a documentação correta. Sul-vietnamitas histéricos cercavam a Embaixada americana clamando por suas próprias vidas. Os Fuzileiros dentro da embaixada tinham de usar a coronha dos rifles para afastar as pessoas que tentavam escalar o muro. Na manhã de 30 de abril, decolou o último helicóptero, deixando para trás, dentro do terreno da embaixada, cerca de cinquenta sul-vietnamitas qualificados para o resgate. Os voos haviam removido 7 mil pessoas de Saigon, enquanto uma operação naval resgatou outros 70 mil. Entretanto, a evacuação chegou tarde demais para muitos. Dezenas de milhares de sul-vietnamitas que haviam apoiado os americanos foram deixados para trás, para enfrentar a ira da iminente tomada comunista. Muitos seriam mortos ou "reeducados". Outros ainda conseguiriam, por fim, escapar como refugiados. Em suma, foi uma triste conclusão para o envolvimento americano em uma guerra trágica.

Enquanto o último helicóptero americano deixava Saigon, a cidade caía em um estranho silêncio. Ninguém sabia o que esperar quando os novos mestres chegassem. Ao meio-dia de 30 de abril, tanques T-52 do EVN derrubavam os portões do Palácio Presidencial.

DIREITA: UM TANQUE NORTE-VIETNAMITA ENTRA NO TERRENO DO PALÁCIO PRESIDENCIAL EM SAIGON, ESMAGANDO OS PORTÕES SOB SUAS ESTEIRAS.

ABAIXO: O VOO PARA A LIBERDADE. UM HELICÓPTERO PARA NO TOPO DE UM EDIFÍCIO, ENQUANTO CIDADÃOS AMERICANOS FORMAM UMA FILA PARA SEREM LEVADOS PARA OS NAVIOS AMERICANOS DA MARINHA, LONGE DA COSTA.

A GUERRA TERMINA

As forças comunistas agora estavam prontas para executar o último ato da captura de Saigon, no que eles chamaram de "Campanha Ho Chi Minh". As defesas da cidade tinham se evaporado, e na maioria dos locais as ruas estavam desertas quando o EVN irrompeu em Saigon. Os blindados do EVN passavam pelas ruas sem oposição, com uma infantaria exultante muitas vezes pendurada nas laterais dos tanques. Ao meio-dia de 10 de abril, um grupo de tanques se aproximou do Palácio Presidencial, o centro do poder do Vietnã do Sul. Os tanques esmagaram os portões. Esperando, dentro do palácio, estavam o general Minh e a sua equipe. O maior oficial do EVN presente era o coronel Bui Tin, presente na verdade para fazer a cobertura dos procedimentos como repórter para o jornal do EVN. Ele ficou ligeiramente surpreso ao se ver aceitando a rendição do governo sul-vietnamita. Enquanto ele caminhava na direção do escritório, no piso superior, Minh anunciava: "Estava esperando desde cedo esta manhã para transferir o poder para

você". Tin respondeu: "Não é questão de transferência de poder. O seu poder já ruiu. Você não pode dar o que não tem".

Os norte-vietnamitas eram vitoriosos e haviam reunificado a sua nação. Durante essa batalha épica, os vietnamitas haviam enfrentado os japoneses, os franceses, os americanos e os sul-vietnamitas. A guerra havia durado mais de trinta anos e custado milhões de vidas. Os efeitos da guerra tinham se espalhado por todo o Sudeste Asiático e também matado milhões de pessoas em outras nações. Mesmo depois dos vietnamitas estabelecerem a sua reunificação e revolução, ficou claro, desde o Camboja até os Estados Unidos, que os efeitos da Guerra do Vietnã durariam por muitas décadas ainda.

ACIMA: DEPOIS DA RENDIÇÃO DO PRESIDENTE MINH, OS MEMBROS DO GRP SE POSICIONAM NO BALCÃO DO ANTIGO PALÁCIO PRESIDENCIAL E ASSIMILAM SUA VITÓRIA.

POW★MIA
YOU ARE NOT FORGOTTEN
PARATUS

CAPÍTULO 14

O Legado do Vietnã

A bandeira dos prisioneiros de guerra e desaparecidos em ação é hasteada durante cerimônia no Pentágono, em 1993. A Guerra do Vietnã foi um dos eventos do século XX mais traumáticos física, política e psicologicamente. E não será esquecido facilmente.

Embora a Guerra do Vietnã tenha efetivamente acabado em 1975, os povos do Vietnã, Laos, Camboja e Tailândia passaram por mais anos de violência, deslocamentos e tragédia humana.

A Guerra do Vietnã deixou em seu rastro um legado de morte e discórdia. No Sudeste Asiático, os vitoriosos conseguiram a sua vingança, massacrando milhões e então lutando entre si. A luta contínua causou o caos econômico e forçou um número incalculável de pessoas a fugirem da região como refugiados. Nos Estados Unidos o povo, acostumado a ganhar, teve de aceitar a ideia de perder. Por isso, o Vietnã e os homens que lutaram lá foram de alguma maneira esquecidos, ao mesmo tempo que, por outro lado, os Estados Unidos não conseguiriam esquecer a sua derrota, e o seu legado permaneceu para esmagar a inocência da nação.

Acima: Soldados franceses em patrulha na Primeira Guerra da Indochina. Cerca de 30 mil deles perderam suas vidas na guerra.

Nas décadas que se passaram desde o início do envolvimento americano no Vietnã, tornou-se claro que o conflito foi um divisor de águas na história americana. Até hoje, o assunto acende discussões ferrenhas, e o Vietnã ainda é importante tanto para a política doméstica quanto para a externa. O presidente George Bush teve de assegurar à nação que a sua guerra no Iraque não seria "outro Vietnã". O presidente Bill Clinton teve de justificar a sua postura antiguerra para assegurar o seu destino político. O ex-vice-presidente Dan Quayle enfrentou um grave questionamento sobre ter se alistado na Guarda Nacional para não servir no Vietnã. A guerra mudou os Estados Unidos de maneira crucial – antes do conflito, os americanos viam o seu país como um exemplo reluzente para o resto do mundo, mas o Vietnã os forçou a olhar profundamente para a realidade. Foi o fim da inocência americana. Foi também o começo de uma nova era de problemas para o próprio povo vietnamita.

Direita: O drama dos refugiados vietnamitas, o "povo do barco", comoveu o mundo em 1975 e agravou a derrota americana.

O legado mais óbvio do Vietnã se expressa em simples números. Embora as estimativas variem, cerca de 1,5 milhão de cidadãos vietnamitas pereceram, e mais de 3 milhões foram feridos durante a batalha, entre 1945 e 1975. Mais de 300 mil vietnamitas ainda estão listados como desaparecidos. As mortes nas nações adjacentes do Laos e do Camboja, por causa da guerra e do massacre revolucionário posterior, totalizaram mais de 2 milhões. Desde que o conflito terminou, mais de 1,5 milhão de refugiados fugiram do Vietnã para outros países. Durante a sua própria guerra na Indochina, cerca de 30 mil soldados franceses morreram (além do número maior de mortes entre os seus aliados), e 140 mil foram feridos, enquanto os Estados Unidos contabilizaram 58 mil vítimas fatais e aproximadamente 300 mil feridos.

ABAIXO: HELICÓPTEROS DA CAVALARIA AÉREA POUSAM DURANTE A OPERAÇÃO EAGLE CLAW, EM 1966. O UH-1 TINHA SE TORNADO UM SÍMBOLO PODEROSO DA GUERRA, TRANSFORMADO EM MITO EM FILMES COMO *APOCALYPSE NOW*.

Os números acima não levam em conta aqueles que sofreram graves traumas mentais durante ou após a guerra, ou os incontáveis milhões que lamentaram a perda de uma pessoa amada. Comparado ao cenário da perda e sofrimento humano, o custo monetário da guerra parece quase trivial. Apenas os Estados Unidos gastaram, sozinhos, mais de 160 bilhões de dólares no esforço de guerra. Quando se acrescenta o gasto de todas as nações combatentes, a Guerra do Vietnã custou o impressionante valor de meio trilhão de dólares.

O PREÇO DA INDEPENDÊNCIA

Com a queda de Saigon em abril de 1975, o Vietnã do Norte havia alcançado os objetivos estimados de Ho Chi Minh: a independência e reunificação do Vietnã. A guerra, contudo, havia deixado outras cicatrizes duradouras além das humanas. A paisagem estava devastada, assim como a economia. Cerca de 10 milhões de hectares de terras de cultivo e 4,8 milhões de hectares de florestas haviam sido destruídos ou inutilizados, assim como eram potencialmente mortais – pelos esforços americanos de desfolhamento. A economia estava desorganizada e a infraestrutura nacional, devastada. O número de destituídos enfatiza a escala da tragédia do pós-guerra no Vietnã: em 1975 havia cerca de 200 mil prostitutas, 879 mil órfãos, 181 mil pessoas com deficiência e mais de um milhão de viúvas. À medida que as superpotências se moveram para novos confrontos em outros lugares, a corrente de ajuda financeira começou a secar, deixando a economia ainda mais fraca. Milhões de pessoas sem teto, os destroços e entulhos humanos da guerra, lotaram as áreas urbanas, formando assim as favelas. O Vietnã teria de se reconstruir.

O genocídio no Camboja se compara às mortes em massa executadas por Hitler e Stalin. A menor conexão com um passado colonial ou intelectual já seria motivo para a execução – comunidades inteiras eram mortas com base nas suspeitas mais infundadas.

Com a guerra terminada, chegava também o tempo da contagem interna. Embora não tão abrangente quando o massacre em Hue em

1968 indicava que pudesse ocorrer, os norte-vietnamitas vitoriosos começaram a limpar a sociedade sulista dos seus elementos indesejáveis. Oficiais do governo sul-vietnamita e do ERV que ainda não tinham fugido do país pagaram com as suas vidas. Na década que se seguiu, mais de 60 mil desses "indesejáveis" foram executados. Além disso, centenas de milhares de sul-vietnamitas tiveram de passar pela chamada "reeducação" em acampamentos.

Talvez o melhor indicador da luta interna seja o fato de que cerca de 1,5 milhão de vietnamitas fugiram do novo regime. Muitas dessas pessoas desesperadas buscaram refúgio no Camboja, apenas para descobrir que estavam em uma situação ainda pior. O método mais popular de fuga, entretanto, era se lançar ao mar – ganhando o nome de "povo do barco". Muitos dos barcos e passageiros se perderam no mar, enquanto outros foram abordados por piratas que venderam os seus cativos como escravos. É claro que vários conseguiram escapar para outros países da região, apenas para serem mantidos em acampamentos esquálidos, onde tinham de ficar esperando o seu destino. Por fim, cerca de um milhão de refugiados conseguiram chegar à França ou aos Estados Unidos, onde a maioria teve de recomeçar a vida do zero, sem dinheiro e sem conseguir ler ou falar a língua, ao mesmo tempo que eram também lembretes incômodos de uma tragédia de guerra do país.

Mesmo quando o Vietnã começou o seu período de recriminação e reconstrução, a guerra regional no Sudeste Asiático continuou sob diferentes pretextos. No Laos, o vitorioso Pathet Lao se vingou do povo Hmong, que havia lutado ao lado dos Estados Unidos. Em uma campanha de genocídio, os Hmong ou foram expulsos do Laos ou sistematicamente exterminados. No Camboja, o Khmer Vermelho alcançou a sua vitória em 1975 e, em um esforço para formar a sua "utopia agrária marxista", os comunistas esvaziaram a população da maioria das cidades e forçaram as pessoas, independentemente de idade ou saúde, a irem para campos de concentração agrícolas no interior do país. Sob a liderança do brutal Pol Pot, o Khmer Vermelho começou a massacrar aqueles que eram considerados intelectuais ou burgueses demais para a nova sociedade. Uma orgia brutal de assassinatos aconteceu de maneira descontrolada até o advento de uma nova guerra, em 1979. As estimativas da escala do massacre variam,

ABAIXO: A GUERRA CONTINUA. FRONTEIRA TAILÂNDIA-CAMBOJA: CADETES DA FRENTE DE LIBERTAÇÃO POPULAR DO KHMER.

DESAPARECIDOS EM AÇÃO

Relembrando os desaparecidos.

Depois do encerramento da Guerra no Vietnã, os Estados Unidos listaram 2.387 militares americanos como "desaparecidos em ação" (DEA). A maioria dos DEA era de pilotos americanos atingidos durante a guerra, cujos corpos nunca foram recuperados. O acordo de paz estipulava que a questão dos DEA deveria ser resolvida por uma equipe militar conjunta Estados Unidos-Vietnã, mas a cooperação durou pouco. A questão dos DEA permanece controversa até hoje. Muitos nos Estados Unidos acreditam que os americanos permanecem prisioneiros dos vietnamitas, mantidos em localidades remotas de selva. Essas afirmações são apoiadas por várias supostas visões de DEAs, e muitos grupos americanos trabalham diligentemente para encontrar esses homens e libertá-los. Parentes dos desaparecidos muitas vezes afirmam que seu governo está escondendo informações sobre seus entes queridos. Na década de 1980, o presidente Ronald Reagan deu esperança a muitos quando disse que faria qualquer coisa em seu poder para resolver a questão dos DEA. Contudo, mesmo em seu mandato, não foi descoberta nenhuma evidência clara demonstrando que os vietnamitas ainda mantivessem americanos sob seu poder. No início dos anos 1990, o assunto surgiu mais uma vez quando o senador John Kerry, um veterano, fez audiências sobre os DEA. Como resultado da publicidade, e de sua necessidade de normalizar as relações econômicas com os Estados Unidos, os vietnamitas começaram a cooperar com os esforços americanos de responder pelos soldados desaparecidos. Por causa dessa informação, e do trabalho contínuo das equipes de desaparecidos americanos no Vietnã, todos os DEA foram declarados legalmente mortos, menos um. Este permanece como símbolo da intenção americana contínua de responder completamente pelos desaparecidos. Todas as evidências apontam agora para a conclusão de que nenhum americano ficou para trás no Vietnã contra sua vontade depois da libertação dos prisioneiros de guerra americanos.

mas acredita-se que cerca de 1,8 milhão de pessoas, ou 30% de toda a população, perderam as suas vidas nos "campos de extermínio".

A luta se prolongou ao longo da fronteira entre o Camboja e o Vietnã depois de 1975. A situação explodiu então em 25 de dezembro daquele ano, quando o Vietnã invadiu o Camboja. O Khmer Vermelho apresentou pouca resistência, e Phnom Penh caiu em 7 de janeiro. Os vietnamitas vitoriosos colocaram então um governo marionete no poder. Entretanto, a China via as ações do Vietnã como uma ameaça e, depois de vários anos de tensão, invadiu o Vietnã em fevereiro de 1979. Por 16 dias, os chineses assolaram as regiões do norte do Vietnã, deixando para trás o que eles achavam ser uma "lição" suficiente para os vietnamitas. Enquanto isso, o Khmer Vermelho havia se voltado para a insurgência, dessa vez tendo como alvo o governo dominado pelo Vietnã. A insurgência constante assolaria a região por quase vinte anos.

> O Vietnã demonstrou claramente os limites da tecnologia militar. O inimigo recebeu grande destruição, mas a guerra cultural e política foi subestimada e não tratada com a devida importância.

Todo esse conflito contínuo e levantes sociais prejudicaram os esforços vietnamitas de reconstruir o seu país despedaçado. Limpezas e tentativas mal ponderadas de uma reforma econômica stalinista asseguraram a pobreza contínua e a fraqueza econômica. Com o embargo comercial americano, e por fim também o chinês, o Vietnã se tornou cada vez mais dependente da ajuda da União Soviética. Somando a isso estava o fato de que o Vietnã insistia em manter um exército enorme, que drenava cerca de 20% do PIB anual do país. Quase toda a ajuda estrangeira, contudo, foi suspensa com o colapso da União Soviética. O Vietnã ficou entre os países mais pobres do mundo, então foram feitos esforços durante a década de 1980 para atrair comércio e investimentos externos. A economia nacional lentamente começou a crescer. Finalmente, em 1994, os Estados Unidos revogaram o seu embargo comercial. A vitória vietnamita na guerra havia sido impressionante, mas a agitação social e o fracasso econômico fizeram aquela vitória parecer bem irrelevante para muitos.

ABAIXO: UMA EQUIPE DE EXIBIÇÃO DE PARAQUEDISMO DO EXÉRCITO AMERICANO VOA ORGULHOSAMENTE COM A BANDEIRA DOS PRISIONEIROS DE GUERRA E DESAPARECIDOS EM AÇÃO.

O LEGADO DA DERROTA

A Guerra do Vietnã deixou os Estados Unidos preocupados e derrotados. Certamente, a guerra não foi uma derrota militar em seu sentido mais exato. De fato, muitas vezes é dito que as forças americanas venceram todas as batalhas da guerra. Tal raciocínio, entretanto, parece não suavizar o impacto da derrota, e possivelmente faz a perda ainda mais difícil de suportar. Os Estados Unidos, aparentemente invulneráveis, tiveram que enfrentar o fato de que a guerra havia sido um erro colossal. Aqueles que apoiaram a guerra acreditavam que o erro foi o domínio da política sobre o exército, amarrando as mãos da máquina de guerra; aqueles que eram contra a guerra viram o erro como um fracasso mais fundamental da política e dos valores americanos. Todos concordariam, entretanto, que os Estados Unidos haviam finalmente perdido uma guerra. Pela primeira vez, o sangue americano derramado em uma guerra pareceu ter sido em vão.

É muito difícil entender hoje o sentimento de excepcionalidade que existia nos americanos antes de 1965. O país havia sido fundado sobre o princípio de que consertaria os erros cometidos pelo Velho Mundo. A América, terra de liberdade e justiça,

DIREITA: O CUSTO DE MILHARES DE MORTES AMERICANAS LEVOU O PÚBLICO A QUESTIONAR O SIGNIFICADO DO QUE ESTAVA SENDO FEITO NO VIETNÃ.

permaneceria como um exemplo iluminado do que uma nação deveria ser. A América era a brilhante "Cidade sobre o Monte", e a sua ideia de grandeza permaneceu fundamentalmente intacta até ser assolada pelas tempestades dos anos 1960 e do Vietnã. A condução da guerra forçou muitos a alterarem a sua visão do seu país: parecia que os Estados Unidos, enfim, não tinham todas as respostas. Muitos simplesmente perderam a fé na infalibilidade do seu país. A inocência se perdera e, de algum modo, os Estados Unidos, entristecidos e mais sábios, tinham enfim amadurecido.

O grande consenso que havia sido construído nos Estados Unidos depois da Segunda Guerra Mundial foi despedaçado, deixando o país em um estado de agitação política. A guerra erodiu profundamente o respeito incondicional do povo pelos seus líderes políticos e governamentais, assim como levou a uma perda de confiança nas Forças Armadas. Então, de algum modo, a própria política externa americana foi incapacitada depois da guerra. A chamada "síndrome do Vietnã" fez os Estados Unidos questionarem a sua habilidade e poder em virtude da derrota. Os sintomas eram tão graves que, em 1983, Ronald Reagan, em uma tentativa velada de fazer os americanos se sentirem "bem" novamente, lançou uma invasão sobre a pequena ilha de Granada. Cerca de 6 mil soldados de elite americanos lutaram uma batalha minúscula contra um pequeno grupo de conselheiros cubanos, pela qual eles foram louvados e receberam um número surpreendente de 8.700 medalhas. A vitória subsequente na Guerra do Golfo, uma guerra mais séria, finalmente reabilitou a imagem do Exército americano. Entretanto, o fantasma do Vietnã ainda espreita a ação militar americana, desde a Bósnia até Kosovo. O público e a mídia americanos sempre questionam se as operações resultarão em um "novo Vietnã".

ABAIXO: O ABUSO DE DROGAS FOI UMA DAS MUITAS PRÁTICAS DOS MILITARES NO VIETNÃ QUE CHOCARAM OS CIDADÃOS AMERICANOS.

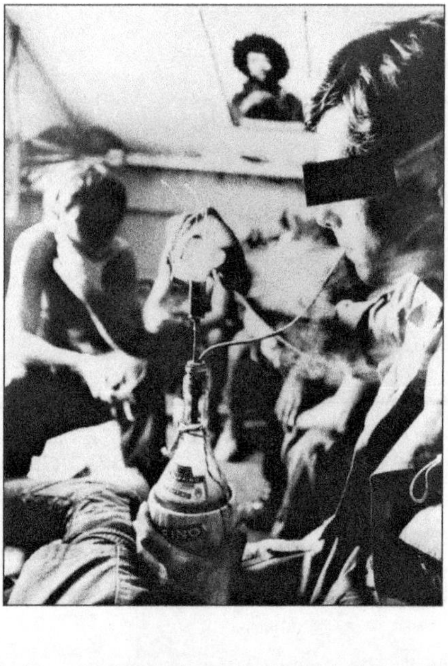

A guerra também foi um desastre econômico para os Estados Unidos. Os gastos totalizaram mais de 160 bilhões de dólares. Quando somados com as despesas

O MEMORIAL DE GUERRA DO VIETNÃ

Talvez o símbolo mais bem conhecido do esforço contínuo dos Estados Unidos para ajustar as contas com o legado do Vietnã seja o Memorial de Guerra dos Veteranos do Vietnã, em Washington, D.C. Projetado por Maya Ling Lin, o memorial foi inaugurado em 1982. O severo granito preto se eleva vagarosamente da terra e então desaparece de volta dentro ela. Em seus painéis de pedra polida estão gravados os nomes dos 58.201 homens e mulheres americanos que morreram no Vietnã. Ele recebe milhares de visitantes a cada dia, que viajam para lá para acertar as contas com a tragédia americana. Alguns apenas o visitam por curiosidade, mas outros aparecem com um sentimento profundo de necessidade. Companheiros estendem as mãos para tocar os nomes dos amigos a quem seguraram durante seus últimos suspiros de vida. Mães e pais se lembram dos filhos que enviaram para a guerra e nunca viram retornar. É um lugar comovente, onde a nação acerta as contas consigo mesma. É o lugar onde o legado da Guerra do Vietnã é mais evidente. Cada nome representa uma pessoa que queria desesperadamente viver, mas morreu em um distante campo de batalha. Esse é o legado da guerra.

PROCURANDO E REFLETINDO SILENCIOSAMENTE SOBRE OS NOMES.

ABAIXO: A LISTA APARENTEMENTE INTERMINÁVEL DE NOMES NO MEMORIAL DE GUERRA DOS VETERANOS DO VIETNÃ CAUSA IMPACTO NA MAIORIA DOS VISITANTES.

exigidas pelos programas sociais de Johnson, a economia foi enviada para um espiral crescente de inflação. O padrão de declínio da economia durou por uma década, forçando os americanos a viverem um dos piores períodos de dificuldades econômicas desde a Grande Depressão. Johson era partidário do "Novo Acordo" de Franklin D. Roosevelt, e buscou repartir o grande bem feito pelo Novo Acordo para um número maior de pessoas, através do estado social. A Guerra do Vietnã, e os seus custos, foi fundamental para deixar o trabalho feito apenas pela metade, e pensado apenas pela metade. O estado social, assim como criado durante aquele período, permanece um dos tópicos mais turbulentos na vida política americana.

Embora controversa e catártica, a Guerra do Vietnã se tornou, tragicamente, a guerra esquecida. Poucos americanos chegaram a entender realmente a guerra ou a agitação social que ela causou. Contudo, todos conseguiam se lembrar da dor do conflito, e queriam deixar isso para trás o quanto antes. Perdidos no processo, estavam os veteranos do Vietnã, que sofreram diretamente e viram amigos morrerem. Tragicamente, eles haviam retornado para casa, para um país que virou as costas para eles, como lembretes de uma guerra que seria melhor se fosse esquecida.

A idade média do soldado combatente no Vietnã era 19, uma época na vida em que a maioria das pessoas está descobrindo a sua própria identidade. Os soldados tiveram de passar esse período crucial do seu desenvolvimento psicológico testemunhando tragédias múltiplas e constantes. Diferente das guerras anteriores, quando os soldados treinavam e então lutavam juntos, o sistema de recrutamento durante o Vietnã colocou a maioria dos soldados americanos na batalha como simples substitutos. Eles entravam então no conflito como estrangeiros, sem o tradicional grupo de apoio de companheiros queridos que suavizavam os horrores da guerra. Alguns conseguiram formar amizades, mas elas muitas vezes eram tragicamente curtas e dolorosas. Depois de um ano de combate, observando e causando mortes, os soldados subitamente saíam, entravam em um avião, e estavam em casa para o jantar de família, muitas vezes em apenas 24 horas. Mesmo nos melhores momentos, uma situação assim daria muito pouco tempo ao veterano para se reajustar e trabalhar as memórias torturantes da guerra.

Além desse trauma, os veteranos com frequência retornavam para um ambiente de ignorância e apatia, na melhor das hipóteses, e de hostilidade, na pior das hipóteses, por parte da maioria do público. Os veteranos não venceram essa guerra, e voltaram para casa sem encontrar paradas militares nacionais. Muitos americanos haviam se voltado contra a guerra, e outros haviam até se voltado contra os soldados. Um homem relembra a sua chegada em casa: "Ao retornar do Vietnã, sem o meu braço direito, fui abordado por indivíduos que perguntavam: 'Onde você perdeu o seu braço? Vietnã?'. Eu dizia: 'Sim.' A resposta era: 'Bom. Bem feito'".

Para muitos veteranos do Vietnã, isso era ainda mais difícil de aceitar porque eles se lembravam de participar da "acolhida" nacional para os seus próprios pais, veteranos da Segunda Guerra Mundial. Não haveria memorial ou paradas para eles por décadas, enquanto os Estados Unidos se apressavam para esquecer a tragédia que foi o Vietnã. Os veteranos estavam dolorosamente cientes desse processo. Eles sabiam que eram perdedores indesejáveis em uma sociedade cheia de vence-

ABAIXO: UMA LEMBRANÇA PESSOAL DEIXADA NO MEMORIAL DE GUERRA DOS VETERANOS DO VIETNÃ DÁ VIDA A ALGUNS NOMES.

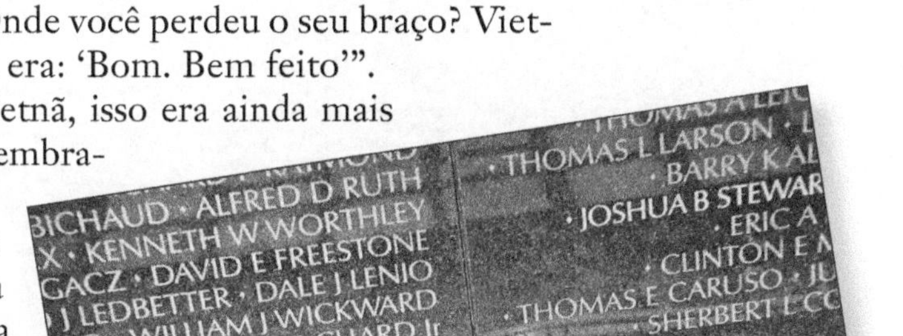

dores. Muitos não conseguiram lidar com a dor dessa rejeição, e se afundaram em si mesmos.

Devido em parte às circunstâncias do Vietnã e à sua conclusão, muitos veteranos carregam o trauma da guerra até hoje. Ela ainda os assombra em pesadelos e até mesmo em *flashbacks*. Muitos nunca falam da sua dor, mas ela está lá. Esses veteranos, que cumpriram o seu dever com bravura, mas, ao retornar, foram rejeitados, sofrem sozinhos há anos. A comunidade psiquiátrica não reconheceu a sua dor e sofrimento de maneira organizada até 1980, e o governo americano não começou a ajudar esses veteranos até quase 15 anos depois da queda de Saigon. Esses veteranos têm transtorno de estresse pós-traumático, e recentes estudos psicológicos estimam que 850 mil veteranos, ou cerca 25% do total, sofram com isso.

Outro legado controverso da Guerra do Vietnã gira em torno do uso do desfolhante químico Agente Laranja, utilizado durante a Operação Ranch Hand. Depois da guerra, veteranos que foram expostos a ele relataram alta incidência de câncer e outros problemas de saúde. O governo se recusou a admitir a responsabilidade, mas na década de 1980 os riscos de saúde apresentados pelo agente químico se tornaram claros, e os veteranos abriram um processo judicial. Um acordo foi firmado em Corte em 1985, mas não se avistava a possibilidade de um pedido de desculpas.

O controle militar da mídia durante os períodos de guerra tem sido bem mais estrito nos conflitos recentes. O Vietnã ensinou que

ABAIXO: UMA PARADA DE "ACOLHIDA" EM 1985, EM CHICAGO. EM SEU RETORNO ORIGINAL, MUITOS VETERANOS ENFRENTARAM UMA RECEPÇÃO HOSTIL.

ESQUERDA: OS RESTOS MORTAIS DE UM MILITAR DESCONHECIDO SÃO CARREGADOS PELA PONTE MEMORIAL PARA O CEMITÉRIO NACIONAL DE ARLINGTON, EM 28 DE MAIO DE 1984. MILHARES DE PESSOAS SE ENFILEIRAVAM PELO TRAJETO PARA PRESTAR SEU RESPEITO. A DISTÂNCIA DE TEMPO QUE HAVIA PASSADO DESDE A GUERRA DO VIETNÃ TINHA LEVADO A UMA CULPA COLETIVA SOBRE A MANEIRA COMO OS VETERANOS FORAM TRATADOS EM SEU RETORNO ORIGINAL.

uma única imagem poderosa de morte ou ferimentos pode influenciar as opiniões de todo um país.

Durante os anos 1980 e 1990, os Estados Unidos finalmente começaram a acertar as contas com a sua guerra perdida. Ela foi lentamente se tornando história e, pela primeira vez, eram lançados filmes, desde *The Deerhunter* [O Franco Atirador] até *Apocalypse Now*, que exploravam o conflito de quase todos os ângulos, incluindo os erros americanos cometidos durante a guerra. O filme *Platoon* é instrutivo em relação a uma conclusão americana sobre a natureza do conflito: a guerra foi, de certo modo, um grande jogo de moralidade americana, na qual o bem e o mal lutavam pelo domínio sobre a alma coletiva americana. Embora com menor aclamação da crítica, filmes como *Rambo*, baseado em um veterano maltratado,

Filmes como *Apocalypse Now* e *Platoon* mostraram como o assassinato de civis no Vietnã era parte de uma insanidade geral alimentada por medo, fadiga e exposição prolongada à terrível violência.

O controle militar da mídia durante os períodos de guerra tem sido bem mais estrito nos conflitos recentes. O Vietnã ensinou que uma única imagem poderosa de morte ou ferimentos pode influenciar as opiniões de todo um país.

DIREITA: FUZILEIROS AMERICANOS FAZEM POSE PARA UM FOTÓGRAFO FORA DA EMBAIXADA AMERICANA NO KUWAIT DEPOIS DA LIBERTAÇÃO DA CIDADE DAS FORÇAS IRAQUIANAS.

também lidavam com repercussões sérias. Os Estados Unidos haviam perdido a guerra, mas nos anos 1980 os americanos queriam novamente se sentir bem com o seu país. Durante aquela década, vários heróis gigantes, incluindo estrelas de cinema como Sylvester Stallone e Chuck Norris, retornaram para o Vietnã nas telas dos cinemas e, finalmente, "venceram" a guerra resgatando prisioneiros e enganando os vietnamitas.

Por anos, os cursos de história na maioria das universidades americanas acabavam em 1945 e ignoravam o Vietnã, deixando-o como o grande segredo americano. Hoje, contudo, o nível de interesse no estudo do Vietnã tem disparado. Os estudantes, muitas vezes filhos de veteranos, correm para descobrir os mistérios da guerra esquecida. Os veteranos estão maravilhados e espantados que a juventude americana, a "Geração X", finalmente queira conhecer o seu envolvimento e sacrifício. Os Estados Unidos começam a perceber a sua tolice em negar aos seus soldados o que lhes é devido. O processo de cura das feridas da guerra começou. Precisamos ouvir as palavras eloquentes e angustiadas dos veteranos que testemunharam o horror da guerra, apenas para depois serem esquecidos, para perceber que ainda há muito a ser superado: "Até hoje, sinto que grande parte de mim morreu no Vietnã, e às vezes chego a desejar ter morrido lá. Porque, para aqueles que voltaram, o preço de viver nunca é barato ou fácil. O riso e a felicidade são raros. O normal são os pesadelos, os *flashbacks*, as dores, acordar ensopado de suor. Os sons e cheiros do combate, o cheiro de suor e poeira, da terra e da vegetação úmida, do sol quente e da exaustão, das emboscadas e dos tiroteios até as batalhas completas, e do sangue e da morte, penetram a minha vida diária. Os gemidos dos feridos, alguns xingando, outros chamando as suas mães, alguém chamando o seu superior ou apenas suplicando 'Ó Deus, Ó Deus'. Como muitos outros veteranos do Vietnã, sinto uma grande revolta, e o isolamento é o meu único santuário".

O Vietnã continuará a exercer uma atração sobre a ação política e militar mundial nos anos que virão. Em conflitos recentes, tais como os na antiga Iugoslávia, os líderes da ONU e da OTAN prestaram atenção nos sinais perigosos da "intensificação gradual".

A GUERRA DO GOLFO

De maneira bem direta, o esforço americano na Guerra do Golfo, no Oriente Médio, foi um legado direto do Vietnã. Os Estados Unidos tinham cometido alguns erros políticos e militares fundamentais no prosseguimento da guerra no Vietnã e, com o destino dos anos 1980, tinham reavaliado a maneira americana de fazer guerra. Os líderes do envolvimento americano na Guerra do Golfo, Norman Schwartzkopf e Colin Powell, tinham ambos servido no Vietnã e estavam completamente cientes dos perigos apresentados ao lutar uma guerra limitada. Eles pressionaram o presidente George Bush pela importância de uma força arrasadora e de objetivos atingíveis. Não haveria intensificação gradual ou envolvimento da força militar na resolução de problemas políticos da região. Não foi sem ironia que Schwartzkopf e sua equipe, formada novamente em grande parte de veteranos do Vietnã, apelidaram a campanha aérea planejada contra o Iraque de "Instant Thunder". O poder aéreo, utilizando armas e táticas aperfeiçoadas no Vietnã, foi liberado com poucas restrições. Foi o bombardeamento em massa que tantos tinham pedido durante o Vietnã. Na época da Operação Tempestade no Deserto, as forças da coalizão no Golfo chegavam perto de 500 mil, quase exatamente o número máximo das forças americanas durante a Guerra do Vietnã.

O EX-PRESIDENTE CLINTON CUMPRIMENTA COLIN POWELL.

À medida que os tanques e helicópteros mais uma vez roncavam em frente, os Estados Unidos assistiam ao progresso da guerra no noticiário da noite. Desta vez, entretanto, a cobertura era diferente. O Exército restringiu o acesso da mídia, resultando em um controle estrito sobre a percepção pública do conflito. Enquanto as forças da Coalizão marchavam sobre os derrotados iraquianos, para muitos a Guerra do Vietnã tinha finalmente acabado. O exército americano tinha sido vingado, e a derrota era apenas uma memória distante. Até mesmo o presidente Bush afirmou: "Por Deus, finalmente superamos a síndrome do Vietnã de uma vez por todas". Quando Schwartzkopf retornou para os EUA, ele e suas forças foram recebidos com uma chuva de papel picado na Cidade de Nova York. Era a acolhida em casa jamais recebida quando ele voltou do Vietnã. O general se certificou de não esquecer de seus antigos companheiros, e incluiu um grande grupo de veteranos do Vietnã na parada. Foi a celebração da vitória, mas para muitos ela tinha chegado trinta anos atrasada.

CRONOLOGIA

1945

9-11 de março Os japoneses estabelecem um Vietnã independente sob a liderança do Imperador Bao Dai.

15 de agosto O Japão se rende. Termina a Segunda Guerra Mundial.

2 de setembro O Vietminh, liderado por Ho Chi Minh, toma o poder e declara a República Democrática do Vietnã em Hanói.

13 de setembro As forças britânicas começam a desarmar os japoneses e devolvem o poder à França.

1946

Março A França reconhece a República Democrática do Vietnã como um estado independente dentro da Indochina Francesa. O reconhecimento teve pouco valor.

23 de novembro Haiphong é bombardeada por navios de guerra franceses.

Dezembro O Vietminh lança ataques contra guarnições francesas. Inicia a Primeira Guerra da Indochina.

1949

8 de março O Vietnã se torna um estado associado dentro da União Francesa, e Bao Dai se torna a seguir o seu líder nominal.

1 de outubro É estabelecida a República Popular da China.

1950

Janeiro A China e a União Soviética reconhecem a legitimidade da República Democrática do Vietnã, de Ho Chi Minh.

26 de julho O presidente Truman concede US$15 milhões em ajuda para o esforço de guerra francês na Indochina.

1953

Outubro O Laos ganha a independência da França, embora permaneça na Indochina Francesa.

9 de novembro O Camboja declara a sua independência da França.

1954

25 de janeiro São programadas negociações internacionais de paz para os conflitos na Coreia e na Indochina.

13 de março Começa a batalha de Dien Bien Phu.

7 de maio As forças francesas se rendem em Dien Bien Phu.

16 de junho Ngo Dinh Diem se torna primeiro-ministro do Vietnã do Sul.

20-21 de julho Assinatura do Acordo de Genebra. A Primeira Guerra da Indochina termina com o Vietnã dividido na altura do Paralelo 17.

8 de setembro É estabelecida a Organização do Tratado do Sudeste Asiático (SEATO).

11 de outubro O Vietminh assume a liderança do Vietnã do Norte.

24 de outubro O presidente Eisenhower promete um pacote crescente de auxílio americano para apoiar o regime de Ngo Dinh Diem.

1955

Maio Os EUA começam a fornecer auxílio militar e treinamento militar para as forças sul-vietnamitas.

16 de julho Com o apoio americano, Diem renuncia ao Acordo de Genebra e se recusa a participar das eleições de reunificação.

23 de outubro Diem se torna o chefe de estado do Vietnã do Sul depois que um referendo remove Bao Dai da função. Diem declara a República do Vietnã.

1956

28 de abril O treinamento das forças sul-vietnamitas se torna responsabilidade do Grupo de Assistência e Consultoria Militar americano (MAAG).

1957

Janeiro Uma revisão do Acordo de Genebra realizada pela Comissão de Controle Internacional conclui que os critérios do acordo não foram preenchidos. A União Soviética propõe que o Vietnã do Norte e do Sul sejam reconhecidos como nações individuais.

29 de maio No Laos, o grupo comunista Pathet Lao tenta obter o controle do governo.

Outubro Os comunistas aumentam a escala da guerrilha, com grandes deslocamentos na região do Delta do Mekong.

1959

Maio O Vietnã do Norte começa a infiltração de suprimentos para o Vietnã do Sul pela Trilha Ho Chi Minh.

8 de julho Dois conselheiros americanos são mortos por insurgentes em Bien Hoa.

Setembro O Vietnã do Norte começa a fornecer armamentos para os insurgentes comunistas no Laos.

1960

Abril O Vietnã do Norte introduz o recrutamento universal.

8 de novembro John F. Kennedy assegura a presidência americana.

11 de novembro Diem mantém o poder depois de uma tentativa abortada de golpe de grupos do exército sul-vietnamita.

Dezembro A Frente de Libertação Nacional para o Vietnã do Sul é formada em Hanói; o governo do Vietnã do Sul a chama de Vietcong.

1961

Janeiro O Laos estabelece um governo pró-ocidental sob o poder do Príncipe Boun Oum, enquanto o Vietnã do Norte e a União Soviética apoiam os comunistas laocianos.

11-13 de maio O vice-presidente Lyndon B. Johnson visita o Vietnã do Sul e propõe um aumento na ajuda americana a Diem.

Setembro Os ataques do Vietcong aumentam, incluindo a captura temporária da capital da província de Phuoc Vinh.

8 de outubro Após uma conferência em Genebra, as forças em oposição no Laos concordam com o estabelecimento de um governo de coalizão sob a liderança de Souvanna Phouma.

Outubro-novembro Maxwell Taylor e Walt Rostow conduzem uma visita de avaliação ao Vietnã do Sul. Com aceitação parcial do seu relatório, Kennedy aumenta o auxílio ao Vietnã do Sul.

1962

3 de fevereiro Início do programa "Vilas Estratégicas".

8 de fevereiro O MAAG se torna o Comando de Assistência Militar no Vietnã (MACV), liderado pelo General Paul Harkins.

Maio Unidades Vietcong alcançam a força de um batalhão no centro do Vietnã.

Junho A presença militar americana no Vietnã do Sul chega a 12 mil.

Agosto Conselheiros militares australianos chegam ao Vietnã.

1963

2 de janeiro As tropas sul-vietnamitas sofrem uma grande derrota em Ap Bac.

Maio-agosto Levantes anti-Diem organizados pelas comunidades budistas se espalham pelo Vietnã do Sul, e incluem a autoimolação de vários monges.

12 de novembro Diem é destituído e assassinado em um golpe militar. O General Duong Van Minh assume o poder.

22 de novembro John F. Kennedy é assassinado em Dallas, Texas.

1964

30 de janeiro Duong Van Minh é deposto pelo general Nguyen Khanh.

2 de junho A conferência de Honolulu resolve aumentar os níveis de auxílio americano para o Vietnã do Sul.

20 de junho O general William C. Westmoreland assume o comando do MACV americano.

2-4 de agosto Acontecem ataques, ou comunicados de ataques, contra os USS *Maddox* e USS *C. Turner Joy*, no Golfo de Tonquim.

5 de agosto Aeronaves americanas da 7ª Frota de Porta-aviões bombardeiam alvos navais e militares note-vietnamitas em retaliação pelos incidentes do Golfo de Tonquim.

7 de agosto A resolução do Golfo de Tonquim é aprovada pelo Congresso americano, dando ao presidente Johnson a autonomia para agir contra as forças comunistas no Vietnã.

24 de dezembro Uma bomba Vietcong em Saigon mata dois americanos e fere outros 52.

1965

Fevereiro Johnson autoriza a Operação Flaming Dart, uma série de ataques aéreos contra o Vietnã do Norte em retaliação pelos ataques contra as instalações e bases americanas.

10 de fevereiro Soldados americanos morrem em um bombardeio Vietcong em Qui Nhon.

13 de fevereiro É autorizada a Operação *Rolling Thunder*, uma campanha aérea sustentada contra o Vietnã do Norte; ela se inicia em 2 de março.

8 de março Dois batalhões de Fuzileiros americanos desembarcam em Danang como as primeiras tropas de combate americanas dedicadas, em vez de apenas conselheiros.

Junho Depois de um período de agitação política, Nguyen Cao Ky se torna primeiro-ministro do governo sul-vietnamita.

27 de junho São lançadas operações americanas de grande escala contra unidades Vietcong ao nordeste de Saigon.

Outubro-novembro As forças Vietcong no Vale de Ia Drang são derrotadas pelas unidades americanas, na primeira grande campanha de "Busca e Destruição" da guerra.

25 de dezembro A Operação *Rolling Thunder* é interrompida em uma tentativa de trazer o Vietnã do Norte à mesa de negociações.

31 de dezembro O número de soldados americanos no Vietnã passa dos 180 mil.

1966

24 de janeiro O Secretário de Defesa McNamara pede o aumento do número de soldados americanos para 400 mil até o final de 1966.

31 de janeiro A Operação *Rolling Thunder* reinicia os seus bombardeios sobre o Vietnã do Norte.

7-8 de fevereiro O premier Ky e o presidente Johnson se encontram no Havaí e debatem, entre outros assuntos, as ações de pacificação no Vietnã do Sul.

Abril Começa a Operação Game Warden, na qual a Marinha americana tenta interditar as linhas de abastecimento comunistas na região do Delta do Mekong.

Maio-junho As tropas sul-vietnamitas tomam Hue e Danang para interromper os levantes budistas.

30 de julho A vigilância americana monitora a entrada de soldados do EVN no Vietnã do Sul pela ZDM.

13-16 de dezembro O bombardeio americano em um depósito de caminhões no Vietnã do Norte traz condenação internacional, e o General Westmoreland nega publicamente alvejar locais não militares.

1967

8 de janeiro Começa a Operação Cedar Falls na região do Triângulo de Ferro, perto de Saigon.

22 de fevereiro As tropas americanas lançam a Operação Junction City, uma das maiores operações de "Busca e Destruição" da guerra.

28 de fevereiro Estabelece-se a Força Móvel Ribeirinha (FMR) no Delta do Mekong.

8 de março O Congresso americano sanciona o gasto de US$4,5 bilhões no conflito no Vietnã.

8 de maio O EVN lança ataques contra a base de Fuzileiros americanos em Con Thien, no sul da ZDM.

3 de setembro O general Nguyen Van Thieu é eleito presidente do Vietnã do Sul.

4 de outubro O cerco em Con Thien é levantado por operações americanas.

Outubro-dezembro A base aérea de Khe Sanh é reforçada e enfrenta uma atenção crescente do EVN.

1968

22 de janeiro Começa o cerco de 77 dias a Khe Sanh.
31 de janeiro Inicia a Ofensiva do Tet.
26 de fevereiro A cidade de Hue é recapturada do EVN.
31 de março Depois do Tet, o presidente Johnson limita as operações de bombardeio contra o Vietnã do Norte e anuncia que não vai concorrer à reeleição.
14 de abril Liberação de Khe Sanh.
3 de maio O presidente Johnson anuncia um acordo de negociações de paz entre EUA e Vietnã do Norte.
13 de maio Oficiais americanos e norte-vietnamitas se encontram em Paris para as discussões de paz preliminares.
11 de junho Westmoreland é substituído pelo general Creighton W. Abrams como comandante do MACV.
23 de junho A base de Khe Sanh é abandonada pelas tropas americanas.
5 de novembro Richard Nixon é eleito presidente dos EUA e compromete os Estados Unidos a uma retração firme da Guerra do Vietnã.

1969

25 de janeiro Iniciam-se as negociações de paz em Paris que incluem representantes de Saigon e do Vietcong.
18 de março Começa o bombardeio secreto americano contra o Camboja.
8 de junho O presidente Nixon se encontra com o presidente Thieu e anuncia uma retirada de 25 mil homens americanos. Isso é alcançado no final de agosto.
3 de setembro Morre Ho Chi Minh.
16 de setembro O presidente Nixon anuncia mais uma retirada de 25 mil homens americanos.
Outubro-novembro Acontecem grandes passeatas antiguerra em Washington, D.C.
16 de novembro Os detalhes do massacre de My Lai (em 16 de março de 1968) vêm a público.
Dezembro Enquanto Nixon continua a prometer outras reduções de soldados, a Tailândia também se compromete a retirar todas as suas forças do Vietnã do Sul.

1970

20 de fevereiro Kissinger abre negociações secretas com o negociador norte-vietnamita Le Due Tho em Paris.
18 de março O Príncipe Norodom Sihanouk, do Camboja, é destituído pelo General Lon Nol.
29 de abril O presidente Nixon anuncia que as forças americanas participaram de ações contra as forças comunistas no Camboja.
10 de maio Mais de 80 mil pessoas comparecem a um protesto antiguerra em Washington, D.C., depois da ofensiva no Camboja.
29 de junho A forças americanas no Camboja são retiradas pela fronteira.
7 de outubro Nixon propõe um cessar-fogo, mas os termos são rejeitados pelo Vietnã do Norte.
31 de dezembro A resolução do Golfo de Tonquim é rejeitada pelo Congresso americano. O número de soldados americanos no Vietnã havia caído, agora, para 335 mil, diante dos 474 mil do ano anterior.

1971

8 de fevereiro Começa a Operação Lam Son 719, a incursão sul-vietnamita ao Laos.
25 de março Lam Son 719 termina quatro semanas antes do planejado.
13 de junho O *The New York Times* começa as suas publicações dos relatórios do Pentágono.
Agosto-setembro Austrália, Nova Zelândia e Coreia do Sul anunciam a sua intenção de retirar todas as suas tropas.
Outubro Nguyen Van Thieu é reeleito presidente do Vietnã do Sul.

12 de novembro Nixon se compromete a uma redução de mais 45 mil soldados americanos.
26-30 de novembro Grandes ataques aéreos americanos são direcionados ao Vietnã do Norte em resposta à reunião de forças do EVN contra o Vietnã do Sul.

1972

6 de janeiro Oficiais americanos afirmam que o número de soldados americanos será reduzido para 69 mil até o final de abril.
25 de janeiro O presidente Nixon apresenta um novo plano de paz que segue as negociações de Kissinger com o Vietnã do Norte.
5 de fevereiro O Vietnã do Norte rejeita o plano de paz americano.
30 de março O Vietnã do Norte lança uma grande invasão contra o Sul.
6 de abril A campanha aérea americana é retomada.
8 de maio Nixon anuncia o bombardeio do porto de Haiphong.
12 de junho As forças do ERV finalmente quebram o cerco em An Loc.
12 de agosto As últimas tropas de combate deixam o Vietnã do Sul.
16 de setembro A cidade de Quang Tri, perdida para o EVN em 1º de maio, é recapturada pelo ERV.
18 de dezembro Depois de várias propostas de paz fracassadas, Nixon lança uma campanha de bombardeio (Operação Linebacker II) contra o Vietnã do Norte, acima do paralelo 20.
30 de dezembro Depois de um acordo de trégua, Nixon interrompe o bombardeio da Linebacker.

1973

8 de janeiro As conversas entre Kissinger e Le Due Tho são retomadas.
15 de janeiro Param as operações militares americanas contra o Vietnã do Norte.
27 de janeiro Um acordo de paz é formalmente assinado por Kissinger e Le Due Tho.
21 de fevereiro É alcançado um acordo de cessar-fogo entre Souvanna Fume e os comunistas no Laos.
29 de março Os últimos soldados americanos finalmente deixam o Vietnã do Sul.
15 de agosto O bombardeio americano contra o Camboja é interrompido depois de uma resolução do Congresso americano em julho.
14 de setembro Oficiais do grupo comunista Pathet Lao e membros do governo laociano formam uma administração provisória.

1974

4 de janeiro O presidente Thieu declara que a Guerra do Vietnã recomeçou, mais tarde apontando mais de 57 mil mortes desde o cessar-fogo.
15-28 de janeiro Phnom Penh é bombardeada pelos rebeldes cambojanos.
Março O comunista Khmer Vermelho obtém ganhos significativos na guerra civil no Camboja.
16 de abril Fracassam as conversas entre o presidente Thieu e o GRP (Governo Revolucionário Provisório do Vietnã). As ações entre o ERV e as tropas comunistas se intensificam ao longo do ano.
Maio As forças comunistas lançam uma grande ofensiva contra o Vietnã do Sul.
9 de agosto O presidente Nixon renuncia depois do escândalo de Watergate.
Outubro Os líderes norte-vietnamitas decidem por uma ofensiva conclusiva contra Saigon durante 1975.

1975

Janeiro O EVN continua a sua construção militar. Aumentam os ataques contra as posições do ERV.
1º de janeiro O Khmer Vermelho lança um grande ataque contra Phnom Penh.
4 de março Começa a ofensiva do EVN no Planalto Central.
10-15 de abril O EVN captura An Loc, a 64 km de Saigon.
17 de abril Cai Phnom Penh.
21 de abril O presidente Thieu renuncia e é substituído por Tran Van Huong.
28 de abril Duong Van Minh substitui o presidente Tran Van Huong.
30 de abril Cai Saigon.
24 de agosto O Pathet Lao toma o Laos.
Dezembro As forças comunistas do Khmer Vermelho obtêm o poder no Camboja e o país é renomeado para Kampuchea.

1977

Janeiro O presidente Carter perdoa a maioria dos fugitivos do recrutamento de guerra. Iniciam-se conversas para discutir o reconhecimento americano do Vietnã.

1978

Junho Desde 1975, acredita-se que as vítimas de Pol Pot cheguem a dois milhões.
Outubro Fracassam as conversas sobre a normalização das relações EUA-Vietnã.
25 de dezembro O Vietnã invade o Kampuchea. Pol Pot é derrubado.
1979
Janeiro Os EUA lideram um embargo internacional contra o Vietnã por sua invasão do Kampuchea.
Fevereiro A China invade o Vietnã. As suas forças se retiram um mês depois. Continua uma guerra de pequena escala na fronteira.

1982

Fevereiro O Vietnã concorda em conversar sobre a questão dos desaparecidos americanos.
11 de novembro É inaugurado o memorial aos veteranos da Guerra do Vietnã em Washington, D.C., inscrito com os nomes dos mais de 58 mil mortos de guerra americanos.

1984

As companhias químicas concordam em indenizar 15 mil veteranos de guerra prejudicados pelo Agente Laranja.

1988

O Vietnã começa a retirar as suas tropas do Kampuchea.
Setembro Iniciam-se as investigações de campo conjuntas EUA-Vietnã sobre os desaparecidos em ação.

1989

Setembro Completa-se a retirada vietnamita do Kampuchea.

1991

O embargo americano sobre viagens organizadas ao Vietnã é encerrado. As relações começam a se normalizar.

1992

Abril Os EUA facilitam as restrições de comércio sobre as negociações americanas com o Vietnã.
Dezembro O presidente Bush permite que empresas americanas abram escritórios no Vietnã.

1993

2 de julho O presidente Clinton acaba com a oposição americana aos acordos financeiros do Vietnã com o FMI e libera o caminho para a retomada do capital internacional para o Vietnã.
13 de setembro As sanções econômicas são ainda mais facilitadas pelos EUA.

1994

27 de janeiro O Senado americano pressiona o presidente Clinton para encerrar o embargo econômico sobre o Vietnã em troca de mais investigações sobre os desaparecidos.
3 de fevereiro Termina o embargo comercial americano.

1995

30 de abril O Vietnã celebra o 20º aniversário do final da guerra.
31 de maio O Vietnã fornece relatórios sobre os militares americanos mortos ou capturados durante a guerra.

1997

Maio Os embaixadores assumem as suas posições nas respectivas capitais.

ESTATÍSTICAS

Número de soldados americanos no Vietnã

1960	900	1967	486.000
1961	3.000	1968	536.000
1962	11.000	1969	475.000
1963	16.000	1970	335.000
1964	23.000	1971	157.000
1965	184.000	1972	24.000
1966	385.000		

(fonte: Depto de Defesa americano [nº arredondado para cima/para baixo para o milhar mais próximo])

Entre o total de 486 mil homens em 1967, havia 90 batalhões de combate de infantaria com 700 homens cada, sendo que 150 deles eram equipes de apoio. Portanto, o número de homens na infantaria de combate era menor que 50 mil, ou apenas 10% do total. Os engenheiros e a artilharia contavam com 12%, a aviação com 2%, e 75% eram pessoal de logística e dos QGs.

As citações de Medalha de Honra do Congresso americano foram premiadas a 241 homens pelas suas ações no Vietnã entre 1964 e 1972.

Vítimas de combate americanas no Vietnã

1960-63	759	1968	14.592
1964	137	1969	9.414
1965	1.369	1970	4.221
1966	5.008	1971	1.380
1967	9.378	1972	300

Total de vítimas americanas no Vietnã

Mortos: 58.169

Feridos: 304.000

Observe que, dos mais de 58.000 mortos, mais de 10.000 foram mortes fora de combate.

Causa de morte e ferimentos (% do total)

	Morte	Ferimentos
Armas pequenas:	51	16
Fragmentos de bombas:	36	65
Armadilhas, minas:	11	15
Desafios:	0	2
Outros:	2	2

A taxa de mortalidade entre aqueles que chegavam aos hospitais foi de 2,6% (quase metade da taxa da Segunda Guerra Mundial).

Perdas da Força Aérea americana, 1962-1973

Aeronaves	2.257
Mortos	2.118
Feridos	3.460
Desaparecidos/capturados	586
Custo aprox.	US$ 3.130.000.000,00

Mortes inimigas pela aviação da Marinha americana 1965-1973

1965	4	1970	1
1966	8	1971	0
1967	16	1972	24
1968	6	1973	1
1969	0		

(fonte: Centro Histórico da Marinha americana)

Americanos desaparecidos

Exército	640
Marinha	412
Fuzileiros Navais	256
Força Aérea	674
Guarda Costeira	1
Civis	39

BIBLIOGRAFIA

Baker, M. *NAM: The Vietnam War in the Words of the Soldiers Who Fought There.* Berkley Books: New York, 1983.

Barrett, D. *Uncertain Warriors: Lyndon Johnson and his Vietnam Advisors.* University Press of Kansas: Lawrence, Kansas, 1993.

Brende, J. and Parson, E. *Vietnam Veterans: The Road to Recovery.* Plenum Press: New York, 1985.

Berman. L. *Planning a Tragedy: the Americanization of the War in Vietnam.* Norton: New York, 1982.

Cable, L.E. *Conflict of Myths: The Development of American Counterinsurgency Doctrine and the Vietnam War.* New York University Press: New York, 1988.

Carhart, Tom. *Great Battles of the Vietnam War.* Hamlyn: London, 1984.

Casde, T. *At War in the Shadow of Vietnam: U.S. Military Aid to the Royal Lao Government, 1955-1975.* Columbia University Press: New York, 1993.

Chinnery, Philip. *Air War Vietnam.* Bison Books: London, 1987.

Croizat. Victor. *The Brown Water Navy: the River and Coastal War in Indochina and Vietnam 1948-1972.* Blandford: Poole, 1984.

Currey, C.B. *The Disintegration and Decay of the United States Army during the Vietnam era.* Norton: New York, 1981.

Cutler, T. *Brown Water, Black Berets: Coastal and Riverine Warfare in Vietnam.* Naval Institute Press: Annapolis, 1988.

Dacy, Douglas C. *Foreign Aid, War and Economic Development: South Vietnam 1955-15.* Cambridge University Press: Cambridge, 1986.

Dalloz, J. *The War in Indo-China. 1945-54.* Barnes and Noble: Savage, Maryland, 1990.

Davidson, Lt. Gen. Philip B. *Secrets of the Vietnam War.* Presidio Press: Novato, California, 1990.

Dorr, Robert F. *Air War Hanoi.* Blandford: London, 1988.

Elliot, W.P. (ed.) *The Third Indochina Conflict.* Westview Press: Boulder, Colorado, 1981.

Farber, D. *The Age of Great Dreams: America in the 1960s.* Hill and Wang: New York, 1994.

Fitzgerald, F. *Fire in the Lake: The Vietnamese and the Americans in Vietnam.* Random House: New York, 1972.

Francillon, Rene. *Vietnam Air Wars.* Hamlyn: London, 1987.

Gardner, Lloyd C. *Approaching Vietnam: from World War II through Dienbienphu, 1941-1954.* Norton: New York and London, 1988.

Ha mmer, E.J. *The Struggle for Indochina.* Stanford University Press: Stanford, California, 1954.

Isserman, M. and Kazin, M. *America Divided: The Civil War of the 1960s.* Oxford University Press: New York, 2000.

Karnow, S. *Vietnam: A History.* Viking: New York, 1983.

Lee, Steven Hugh. *Outposts of Empire: Korea, Vietnam and the Origins of the Cold War in Asia, 1949-1954.* Liverpool University Press: Liverpool, 1995.

Mangold, T and Penycate,J. *The Tunnels of Cu Chi.* Berkley Books: New York, 1986.

Marolda, Edward J. *By Sea, Air and Land: An Illustrated History of the US Navy in the War in Southeast Asia.* Naval Historical Center: Washington, D.C., 1994.

Marolda, Edward J. *Carrier Operations.* Bantam: Toronto, London, 1997.

Melson, Charles D. *Vietnam Marines, 1965-73.* Osprey: London, 1992.

Moss, G. *Vietnam, An American Ordeal.* Prentice Hall: Upper Saddle River, New Jersey, 1990.

Nalty, Bernard C. *An Illustrated Guide to the Air War over Vietnam: Aircraft of the Southeast Asia Conflict.* Salamander Books: London, 1981.

Nichols, John B. *On Yankee Station: the Naval Air War over Vietnam.* Airlife: Shrewsbury, 1987.

Nolan, K. *Into Laos: The Story of Dewey Canyon II/Lam Son 719.* Presidio: Novato, California, 1986.

Oberdorfer, D. *TET.* Doubleday: New York, 1971.

Olson, J. and Roberts, R. *Where the Domino Fell.* Brandywine Press: St. James, New York, 1999.

Page, Tim and John Pimlott (eds.) *Nam: The Vietnam Experience 1965-75.* Barnes and Noble: London, 1995.

Pike, D. *A History of Vietnamese Communism 1923-78.* Hoover Institute Press: Stanford, California, 1978.

Plaster, J. *SOG: The Secret Wars of America's Commandos in Vietnam.* Simon and Schuster: New York, 1997.

Ross, R. (ed.) *Cambodia: A Country Study.* U.S Government Printing Office: Washington, D.C., 1990.

Schulzinger, R. *A Time for War.* Oxford University Press: New York, 1997.

Shay, J. *Achilles in Vietnam: Combat Trauma and the Undoing of Character.* Touchstone: New York, 1994.

Shawcross, W. *Sideshow: Kissinger, Nixon and the Destruction of Cambodia.* Simon and Schuster: New York, 1979.

Simpson, H. R. *Dien Bien Phu: the Epic Battle America Forgot.* Brasseys: Washington, DC, 1994.

Spector, R. *After Tet: The Bloodiest Year in Vietnam.* The Free Press: New York, 1993.

Stanton, S. *Green Berets at War.* Presidio: Novato, California, 1985.

Summers, H. *On Strategy: A Critical Analysis of the Vietnam War.* Dell: New York, 1982.

Thompson, James. *Rolling Thunder.* University of North Carolina Press: Chapel Hill, 1980.

Tucker, Spencer M. *Vietnam.* UCL: London, 1999.

Turley, G. H. *The Easter Offensive: Vietnam 1972.* Presidio Press: Novato, California, 1985.

Valentine, D. *The Phoenix Program.* Morrow: New York, 1990.

VanDeMark, Brian. *Into the Quagmire: Lyndon Johnson and the Escalation of the Vietnam War.* Oxford University Press: New York; Oxford, 1991.

Warner, W. *Backfire: The CIA's Secret War in Laos and Its Link to the War in Vietnam.* Simon and Schuster: New York, 1995.

Young, M. *The Vietnam Wars.* Harper Collins: New York, 1991.

ÍNDICE

Observação: Os números de página em *itálico* se referem a imagens; aqueles em **negrito** se referem aos assuntos tratados em profundidade nos quadros. Os nomes pessoais indochineses são dados pelo nome da família, que vem antes. Por exemplo: Vo Nguyen Giap será encontrado na letra "V", porque Vo é o nome familiar.

CRÉDITOS DAS IMAGENS

Abreviação: inferior (i), superior (s), meio (m), inferior direito (id), inferior esquerdo (ie).

POPPERFOTO: 196(i), 198-99, 200(i), 202(i), 205, 207(s), 208, 209, 210(s), 211, 212(i), 214, 215, 216(s), 217, 242, 250(s), 252(s), 256(s), 258, 259, 267(i),

TRH PICTURES: 3-4, 6, 7(s), 8, 9, 10, 11, 12, 14, 15, 16, 17, 18(s), 20, 21, 22-23, 25, 26, 28, 29 (Exército), 30, 31, 32, 33, 34(s) (Marinha), 34(i), 36 (Depto. de Defesa), 38(s) (Exército), 38(i), 39(s) (Depto de Defesa), 39(i) (Exército), 40-41 (Força Aérea), 42, 43, 44, 45, 48, 48, 49, 50, 51(s), 52(i) (Força Aérea), 52, 54, 55(s) (Marinha), 55(i), 56, 57, 58-59 (Exército), 60 (Exército), 61 (Depto. de Defesa), 62, 63 (Exército), 64(s) (Depto. de Defesa), 64(i), 65(s), 66(i) (Depto. de Defesa), 66(s) (Exército), 68, 69 (Exército), 70 (s) (Exército), 70 (i), 71 (Exército), 73, 75 (Exército), 76 (Exército), 77(s) (Exército), 77(i), 78-79, 80 (Exército), 81, 83 (Exército), 84(s), 84(i) (Marinha), 85, 86 (Marinha), 87 (Marinha), 89 (Marinha), 90(s), 90(i) (Depto. de Defesa), 91(s), 92(i) (Depto. de Defesa), 92, 93(s) (Exército), 93(i) (Marinha), 94, 965, 96-97 (Exército), 98 (Depto. de Defesa), 99, 100 (Exército), 102, 103, 105(s), 106(i) (Depto. de Defesa), 106, 107, 108, 110, 111(s) (Exército), 111(i), 112, 113(s), 113(i) (Exército), 114-115 (Marinha), 116, 118 (Marinha), 119, 120 (Marinha), 121 (Depto. de Defesa), 123(s), 123(i) (Marinha), 124(s) (Marinha), 125(i), 125, 126(s) (Depto. de Defesa), 127(i) (Marinha), 128 (Depto. de Defesa), 129(s), 129(ie e id) (Marinha), 130(s) (Marinha), 130(i) (Depto. de Defesa), 131 (Marinha), 132 (s e m), 132(i) (Marinha), 133 (Depto. de Defesa), 134-135, 136 (Exército), 137, 138, 139 (Exército), 140, 141, 142, 143, 145, 146 (Exército), 147, 148, 149 (Fuzileiros), 150(s) (Fuzileiros), 150(i), 151, 152, 154, 155, 156-157, 158 (US National Archives), 159, 160 (Fuzileiros), 161(s) (Fuzileiros), 162(i) (Depto. de Defesa), 162, 163 (Fuzileiros), 165, 166, 167, 168 (Exército), 169 (Fuzileiros), 171, 172 (Depto. de Defesa), 173, 174 (Fuzileiros), 175(s) (Exército), 175(i), 176 (Exército), 176 (Exército), 178-179, 181, 182(s) (Força Aérea), 183(i), 183, 186(s), 186(i) (Exército), 187 (Exército), 188, 189, 191, 193 (T. A. Davis), 194, 195, 196(s) (Depto de Defesa), 197, 200(s), 201, 202(s), 203, 204, 207(i), 210(i), 212(s), 216(i), 218-219 (Força Aérea), 220, 221, 222(s) (Exército), 222(i) (Depto. de Defesa), 223, 224, 226, 227, 228, 229, 230, 231, 232, 233, 234, 236, 237, 238 (Força Aérea), 239 (Exército), 240-241 (Marinha), 243, 244(s) (Exército), 244, 245 (Exército), 246 (Força Aérea), 248, 250(i), 251, 252(i), 254, 254 (Marinha), 255, 257(i), 260-261 (Depto de Defesa), 262(s), 262(i) (Marinha), 263, 265(s), 264(i) (T. A. Davis), 266 (Depto de Defesa), 267(s) (Depto. de Defesa), 268(s) (M. Roberts), 268(i) (Força Aérea), 269, 271, 271 (Marinha), 273 (Depto de Defesa).

ILUSTRAÇÕES:
Todas as artes de medalhas e insígnias: Mainline Design

ORBIS PUBLISHING: 7(i), 19(i), 24, 37, 51, 60, 67, 74, 99(i), 101, 110(s), 116(s), 117, 122, 126(i), 139, 144(s), 160(s), 180, 184, 192, 226, 229, 234(i), 249, 253(s).